孔氏南宗家庙头门

孔氏南宗家庙主殿大成殿

大成殿前的厢房

孔氏南宗家庙佾台

孔氏南宗家庙思鲁阁

孔氏南宗家庙圣泽楼

孔子及亓官夫人楷木像

先圣遗像碑拓片

南宗孔府大门圣府门

南宗孔府大堂内景

孔府后花园

孔府后花园——大中堂

孔传像

孔端友像

清雍正壬子年制家庙青铜编钟

清雍正壬子年制家庙石编磬

衢州文库 区域文化集成

東南闕里

衢州孔氏南宗家廟

衢州市文化广电新闻出版局 编

图书在版编目（CIP）数据

东南阙里：衢州孔氏南宗家庙 / 衢州市文化广电新闻出版局编. — 北京：商务印书馆，2016
（衢州文库）
ISBN 978-7-100-12745-5

Ⅰ. ①东… Ⅱ. ①衢… Ⅲ. ①孔庙介绍-衢州 Ⅳ. ①K928.75

中国版本图书馆CIP数据核字（2016）第284642号

所有权利保留。
未经许可，不得以任何方式使用。

东 南 阙 里
——衢州孔氏南宗家庙
衢州市文化广电新闻出版局 编

商 务 印 书 馆 出 版
（北京王府井大街36号 邮政编码100710）
商 务 印 书 馆 发 行
山东鸿君杰文化发展有限公司印刷
ISBN 978-7-100-12745-5

2016年11月第1版　　　开本710×1000　1/16
2016年11月第1次印刷　　印张 16.75
定价：48.00元

《衢州文库》编纂指导委员会

名誉主任：

陈　新（中共衢州市委书记）

杜世源（中共衢州市委副书记、衢州市人民政府市长）

主　任：

诸葛慧艳（中共衢州市委常委、宣传部长）

副主任：

童建中（衢州市人大常委会副主任）

陈锦标（衢州市人民政府副市长）

王建华（政协衢州市委员会副主席）

《衢州区域文化集成》编纂委员会

主　编：

诸葛慧艳　王建华（衢州市文化广电新闻出版局）

副主编：

杨苏萍　黄韬

编　委（按姓氏笔画排名）：

占　剑　刘国庆　陈　才　周宏波　赵世飞

崔铭先　潘玉光

《衢州文库》总序

陈 新

衢州地处钱塘江源头,浙闽赣皖四省交界之处,是一座生态环境一流、文化底蕴深厚的国家历史文化名城。生态和文化是衢州的两张"金名片",让250多万衢州人为之自豪,给众多外来游客留下了美好的印象。

文化是一个地方的独特标识,是一座城市的根和魂。衢州素有"东南阙里、南孔圣地"之美誉,来到孔氏南宗家庙,浩荡儒风迎面而来,向我们讲述着孔子第48代裔孙南迁至衢衍圣弘道的历史。衢州是中国围棋文化发源地,烂柯山上的天生石梁状若虹桥,向人们诉说着王质遇仙"山中方一日、世上已千年"的传说。衢州也是伟人毛泽东的祖居地,翻开清漾村那泛黄的族谱,一部源远流长的毛氏家族史渐渐清晰……这些在长期传承积淀中逐渐形成的文化因子,承载着衢州的历史,体现了衢州的品格,成为衢州人心中独有的那份乡愁。

丰富的历史文化遗产是衢州国家历史文化名城的根本,是以生态文明建设力促城市转型的基础。失去了这个根基,历史文化名城就会明珠蒙尘、魅力不再,城市转型也就无从谈起。我们要像爱惜自己的生命一样保护历史文化遗产,并把这些重要文脉融入城市建设管理之中,融入经济社会发展之中,赋予新的内涵,增添新的光彩。

尊重和延续历史文化脉络,就是对历史负责,对人民负责,对子孙后代负责。对此，我们义不容辞、责无旁贷。近年来，我们坚持在保护中发展、在发展中保护，对水亭门、北门街等历史文化街区进行保护利用，复建了天王塔、文昌阁，创建了国家级儒学文化产业试验园区，儒学文化、古城文化呈现出勃勃生机。我们还注重加强历史文化村落保护，建设了一批农村文化礼堂，挖掘整理了一批非物质文化遗产，留住了老百姓记忆中的乡愁。尤为可喜的是，在优秀传统文化的涤荡和影响下，衢州凡人善举层出不穷，助人为乐蔚然成风，"最美衢州、仁爱之城"已成品牌、渐渐打响。

《衢州文库》对衢州悠久的历史文化进行了收集和汇编，旨在让大家更加全面地了解衢州的历史，更好地认识衢州文化的独特魅力。翻开《衢州文库》，你可以查看到载有衢州经济、政治、文化、社会等沿革的珍贵史料文献，追溯衢州文化的本源。你可以了解到各具特色的区域文化，感悟衢州文化的开放、包容、多元、和谐。你可以与圣哲先贤、仁人志士进行跨越时空的对话，领略他们的崇高品质和人格魅力。它既为人们了解和传承衢州文化打开了一扇窗户，又能激发起衢州人民热爱家乡、建设家乡的无限热情。

传承历史文化，为的是以史鉴今、面向未来。我们要始终坚持继承和创新、传统与现代、文化与经济的有机融合，从优秀传统文化中汲取更多营养，更好地了解衢州的昨天，把握衢州的今天，创造衢州更加美好的明天。

文化传承的历史担当(代序)

由衢州市文化广电新闻出版局组织编撰的《衢州区域文化集成》与《衢州名人集成》出版发行了,这两套集成内容广泛,门类齐全,特色鲜明,涉及衢州的历史文化、民情风俗、文学艺术、乡贤名人等方方面面,是一项浩大的文化工程,是一桩当今的文化盛事,也是近年来一项重要的文化成果。古人说:盛世修志,盛世修书。这两套集成的应运而出,再次见证了今天衢州文化的繁荣和兴旺。

衢州是国家历史文化名城,地处浙、闽、赣、皖四省交界,是多元文化交汇融合的独特地域,承载着九千多年的文明,可谓历史悠久,人文璀璨,有着丰富多样又特色鲜明的地方文化。一方水土养一方人,一方人又创造一方文化,因此,就衢州的文化而言,无论是以儒家文化为核心的主流文化,还是质朴自然的民俗文化,都打上了鲜明的地域印记,有着别具一格的风采和神韵,这就是我们昨天的一道永不凋谢的风景!是衢州人的精神因子与文化内核,是衢州人文精神的源头。

一个地方的文化传统、文化内涵、文化底蕴、文化品位如何,靠的不是笔墨和口水,而是靠我们拥有的那份文化遗存,靠固有的文化资源和独特的人脉传承,靠历史留下的那份无需争辩的文化财富。这两套集成就是要对衢州优秀的文化传统与当代文化进行全面的整理,并进行深入研究,分类撰写,汇编成册，把那些丰富的文化内涵充分地展示出来，让那些久远的同时又是优秀的历史文化走出尘封，让那些就在身边的优秀当代文化更清晰，让它们变得可以亲近，可以阅读，可以欣赏，可以触摸，可以感受，让优秀的地方文化焕发光彩！

优秀的地方文化是我们与前人共同创造的宝贵精神财富，是我们共同的精神家园，是我们共同的文化之根，是我们世代传承的精神血脉。传承优秀文化，是我们今天应有的历史担当，也是当下经济发展社会进步的客观需要。习近平总书记在纪念孔子诞辰2565周年国际学术研讨会暨国际儒学联合会第五届会员大会开幕式上的讲话中指出："科学对待文化传统。不忘历史才能开辟未来，善于继承才能善于创新。优秀传统文化是一个国家、一个民族传承和发展的根本，如果丢掉了，就割断了精神命脉。我们要善于把弘扬优秀传统文化和发展现实文化有机统一起来，紧密结合起来，在继承中发展，在发展中继承。"我们出这两套集成的最根本目的就是要继承优秀的传统文化，又在继承中发展当下的文化，推进我们的文化强市建设，丰富城市的文化内涵，提升城市的知名度和美誉度，助推衢州经济社会的发展繁荣。

在今天新的历史时期，全市人民正团结一心，意气风发，开拓创新，为实现美丽的中国梦、美丽的衢州梦而奋发努力。在这种时代背景下，更需要有优秀的人文精神来凝聚人心，焕发激情，启迪心智，加油鼓劲！《衢州区域文化集成》与《衢州名人集成》的出版，就是顺应这一需要，通过接地气，通文脉，鉴古今，让昨天的文化经典成为我们今天追梦路上新的历史借鉴和新的精神动力！

衢州区域文化集成　编委会
衢州名人集成

2015年12月

目 录

原序一 ··· 001
原序二 ··· 003
凡　例 ··· 005
概　述 ··· 007

第一章　南　宗 ··· 014
　　第一节　南渡 ··· 014
　　第二节　封爵 ··· 017
　　第三节　世系 ··· 020
　　第四节　支系 ··· 025

第二章　家　庙 ··· 034
　　第一节　菱湖家庙 ··· 034
　　第二节　城南家庙 ··· 035
　　第三节　新桥街家庙 ··· 036
　　第四节　建筑特色 ··· 041

第三章 孔 府 ………………………………………………………… 051
第一节 机构 …………………………………………………… 051
第二节 特权 …………………………………………………… 054
第三节 田产 …………………………………………………… 061
第四节 宗族 …………………………………………………… 064
附：孔氏南宗府第遗址发掘报告 ………………………………… 071

第四章 祭 祀 ………………………………………………………… 087
第一节 礼仪 …………………………………………………… 087
第二节 丁祭乐 ………………………………………………… 092
第三节 佾舞 …………………………………………………… 099

第五章 家 塾 ………………………………………………………… 122
第一节 家塾 …………………………………………………… 122
第二节 著述 …………………………………………………… 125
第三节 名贤 …………………………………………………… 130

第六章 人 物 ………………………………………………………… 133

第七章 文 物 ………………………………………………………… 150
第一节 楷木像 祭器 乐器 古籍 书画 ……………………… 150
第二节 存碑刻目录 …………………………………………… 155
第三节 存碑文目录 …………………………………………… 167

第八章 艺 文·····180
  第一节 诗 楹联·····180
  第二节 文·····186
  第三节 杂记·····206

大事记·····209
附录：衢州孔子学术研究会论文选·····223
后记一·····245
后记二·····247

原序一

衢州作为国家历史文化名城，物华天宝，人杰地灵。在灿若星辰的历史文化长河中，孔氏南宗家庙是杰出的代表之一，是最值得衢州引以为豪的"家珍"。

有东南阙里之称的衢州孔氏南宗家庙，是与山东曲阜家庙并列的全国两所孔氏家庙之一。自建炎二年（1128）孔子第四十八世孙、衍圣公孔端友为避金兵战祸而率宗室成员随驾南下，赐家衢州之后，至今已800多年，其间家庙在衢城屡建屡毁屡迁。初，"权以州学为庙"，后相继建成菱湖家庙、城南家庙、新桥街家庙，并出现了六代衍圣公，十五世翰林院五经博士，三任大成至圣先师奉祀官及众多社会贤达和知识精英，衢州因此成为儒学圣地。历经800多年的生息繁衍和迁徙融合，孔氏南宗对衢州及周边地区的政治、经济、文化产生了深远的影响。

现为全国重点文物保护单位的孔氏南宗家庙，是孔氏南宗文化的标志，具有丰富的历史文化内涵。保护、利用好孔氏南宗家庙这一宝贵的历史遗产，不仅对弘扬优秀历史传统文化，而且对于我市的现代化建设也具有积极的促进作用。"宋室尚存前日传，孔庭犹记旧时碑。"在世界进入21世纪的时候，衢州文化界的同仁做了一件很有意义的工作，编纂了《衢州孔氏南宗家庙志》。由于世事变迁，史料匮乏，考证繁杂，编写困难之至。《衢州孔氏南宗家庙志》的出版凝聚了全体编写人员的心血和汗水，它填补了孔氏南宗家庙史和衢州文化史上的一项空白,对于衢州历史文化名城的保护和建设,对于衢州旅游业的开发、宣传,对于孔氏南宗家庙的研究、保护和发展,都具有重要的参考价值和现实意义。值此《衢州孔氏南宗家庙志》付梓之际,欣然命笔,权以为序。

蔡　奇

2000年11月

原序二

12世纪初,中国历史上处于宋室南迁时期。金兵入关,宋高宗赵构率旧臣南渡,至临安(今杭州)建都。伴随这段历史的是,山东曲阜孔子第四十八世孙衍圣公孔端友迫于形势紧急,亦扈跸南来,赐居衢州,遂成孔氏南宗系,衢州始有"东南阙里"之称,计算至今已有870余年了。

悠悠岁月,朝代更迭,桑田沧海,今天来系统叙述孔氏南宗的史实,显然是件既浩大又困难的事。市文化局担负起这一重责,组织专门人员南北奔波,览及故旧文史资料,终成孔氏南宗家庙志。在如此困难条件下完成这本书,于历史文化名城衢州有重要意义。也正因如此,对于成书中存在的缺憾该当别论了。且愿南宗家庙志能为我市孔氏南宗研究、儒学研究,起到真正的推动作用。

孔祥楷

2001年4月8日

凡 例

一、本志如实记述孔氏南宗随宋室南渡,赐家衢州,建立家庙以来的历史与现状。

二、体裁以志为主,兼用述、记、传、录、图、表等。设概述、大事记,以及南宗、家庙、孔府、祭祀、家塾、人物、文物、艺文等八章。

三、人物生不立传。入传人物系孔氏南宗后裔中较有影响者。除生卒年不详的人物外,一般按卒年为序。

四、中华人民共和国建立前,采用历史纪年,括注公元纪年。中华人民共和国建立后用公元纪年。古地名首次出现时,括注今名。

五、资料来源于有关档案、史书和新旧地方志,一般不注出处。

概　述

　　孔庙遍天下，而孔氏家庙，全国仅有二处：一在山东曲阜，一在浙江衢州。

　　衢州是国家级历史文化名城。南宋初期，曲阜孔氏南迁衢州，锡爵嗣封，建庙祀祖，已以"仲尼家"见诸诗文，史书则称"东南阙里"，历元、明、清三代而至于今。

"寓衢者乃其宗子"

　　南宋建炎二年（1128）冬，高宗于扬州行宫郊祀，孔子四十八世孙、衍圣公孔端友及从父、中奉大夫孔传奉诏侍祀。建炎三年（1129）春，金兵大举南下，锋芒直指扬州，高宗君臣仓皇南渡。在从父孔传的支持下，孔端友奉端木子贡手摹"孔子及亓官夫人楷木像"、北宋政和年间所颁铜印，率近支族属扈跸而南。二月壬戌，宋高宗"驻跸杭州……丁卯，百官入见。"（《宋史·高宗本纪二》）孔端友偕从父孔传等诣阙上疏，"叙家门旧典及离祖丧家之苦"，因功赐家衢州，以奉祀楷像。绍兴六年（1136），"暂以衢学揭虔"。至绍兴八年（1138），宋金对峙局面基本形成，宋高宗定都临安，乃于同年六月赐袭封衍圣公孔玠"衢州田五顷，奉先圣祠事"。至此，孔氏大宗已非孔端友时之流寓，衢州遂成为孔氏大宗裔孙世居、奉祀之所，孔氏家族的第二圣地。

　　衍圣公孔端友等离开阙里南下从跸时，以胞弟孔端操权主曲阜祀事。金熙宗天眷三年（1140），即孔玠（字锡老）在衢州袭封八年后，金朝始诰封孔端操之子孔璠（字文老）为世袭衍圣公。此后，孔子后裔因宋、金两个政权对峙而有两位衍圣公。

终南宋之世，以孔氏大宗南渡、战乱频仍等因，北方衍圣公爵位曾三度空缺，时间长达半个世纪，北宗因之一度中衰。而南宗，由于社会相对安定，在南宋王朝的支持下蔚为大宗。从四十八世孔端友开始算起，孔氏长支四十九世孔玠、五十世孔搢、五十一世孔文远、五十二世孔万春、五十三世孔洙先后诰封为衍圣公，是为"六代公爵"。其时，南宗后裔诗礼相承，贤才辈出，宦游于东南诸省，遂以衢州为中心，在浙、闽、苏、皖、赣、鄂等省份徙为众多支脉。

"宁违荣而不违道"

元大一统后，元世祖欲以思想的统一巩固其政治统一。北宗衍圣公孔浈因冒姓而夺爵，朝廷"议立孔子后"，历经廷议，确认"寓衢者乃其宗子"。至元十九年（1282），孔洙奉诏入觐，世祖令其载爵回曲阜承祀。孔洙以先祖庙墓在衢，固让其爵于曲阜之族弟孔治，且以母老乞南还，世祖赞曰："宁违荣而不违道，真圣人后也！"授孔洙为国子祭酒、提举浙东学校，并予护持林庙玺书等。于此，领中书省兼枢密院事、皇太子真金，曾以"读圣人书，不知圣人之后"在衢州，责备詹事府丞、礼部尚书张九思。因此，衍圣公爵位的承袭又延宕了13年，至元成宗元贞元年（1295），才正式诰封孔治。正宗由此罢封，而南、北复归统一。

南宗"公爵"虽让，而孔子之道始终未违。他们以此为契机，坚定地走向民间，致力于平民教育，或为学官，或为山长，前后相望，从而为儒学南渐、理学北传作出了贡献。

为"崇正道，植元气，不使泮涣分违，俾南北子孙，均沾恩典"，明弘治末年，衢州知府沈杰，缘于"南渡""让爵"等史实，疏请援例复爵。明廷遂于正德元年（1506），内旨授孔子五十九世宗子孔彦绳为世袭翰林院五经博士，后享受衍圣公次子之待遇。

在德让风范的激励下，南宗先后承袭的十三世[1]翰林博士及三任奉祀官，仍继续弘扬孔子之道和扈跸南渡的精神，如：孔彦绳选派驻杭执事官，董理万松书院；孔承美移建家店，并"作廨于西"；孔宪坤扩大家塾规模，以"承启"名之；孔庆仪以族长身份行监护之责，直至孔德成世袭衍圣公事定，等等。明清统治者，亦于南宗的"典礼"，逐代"有加"。明代复爵后，除规定翰林博士世袭外，还给予优免差徭、恩授官职等特权。至清代，顺治年间，将翰林博士舆导由皂盖改为黄盖，并允准循衍圣公三年入觐之例；乾隆开始，又恩准南宗"临雍"陪祀等。

辛亥革命后，北洋和民国政府仍旧尊孔崇儒。民国3年（1914），北京政府颁布《崇圣典例》，改南宗世袭翰林院五经博士为世职"奉祀官"。民国24年（1935），南京政府下令废爵，改封南北两宗宗子为"大成至圣先师奉祀官"，仍为世职。1949年，北宗奉祀官孔德成随蒋氏政权去了台湾，而南宗奉祀官孔祥楷留在大陆，历任沈阳黄金学院副院长、衢州市委统战部部长、市政协副主席等职，现为孔氏南宗家庙管委会主任，继续为弘扬传统文化作贡献。

"宗子去国，以庙从焉"

"庙于鲁者，礼也"；"宗子去国，以庙从焉，亦礼也！"在孔氏大宗南迁后的八百余年里，家庙屡建、屡毁、屡迁，计四庙、三迁、大小修葺数十次，今犹殿阁巍峨，两庑庄严，展现着北宋曲阜孔庙之规制、风貌。

州学家庙——衍圣公孔端友及其族属赐家衢州后，"朝命权以家庙寓学

---

[1] 从五十九世至七十三世共计十五世，其中明末清初六十四世孔尚乾、六十九世孔继涛未承袭即亡。

宫，春秋舍奠"，"袭封奉祀者率族拜跪"孔子及亓官夫人楷木像；孔端友复将唐吴道子绘"先圣遗像"摹勒于石，恭奉庙中。在继"开禧北伐"失败、"端平入洛"又告无望之前，南宋政权以家庙权驻州学，诚为最佳选择。由于对峙政权间的争战，"州学家庙"共存在了百有二十余年。

菱湖家庙——宝祐元年（1253），蒙古政权迅速崛起，南宋政权鉴于苟安江南的政治需要，以及孔氏大宗在衢州锡爵嗣封的现状，敕准衍圣公孔洙、知州孙子秀鼎建家庙"如阙里制"的请求，并拨款36万缗。庙建于"城中胜地"菱湖芙蓉堤，其"规模弘阔，比拟曲阜"，故龙图阁学士、礼部尚书赵汝腾在所撰碑记中盛赞其"枕平湖，以象洙泗；面龟峰，以想东山"。菱湖家庙于南宋端宗丙子岁（1276）毁于兵燹，前后仅存在20余年。

城南家庙——"元氏改物"之际，衍圣公孔洙徙建家庙于城南。受客观条件的限制，虽其"庙故书楼，已非宝祐之旧"，然经元末、明初，以及明中期三次大规模修葺，却存在了230余年。城南家庙的影响，可从保留至今的"崇文坊""道贯巷"等遗迹中窥知。

新桥街家庙——孔彦绳复爵后，城南家庙日久颓敝。明正德十五年（1520），翰林博士孔承美经巡按御史唐凤仪、布政使何天衢疏请于朝，诏许重建，拨给库银。遂由同知陆钟、通判曾伦、推官杨文升及所属五县知县督造，于正德十六年四月建成家庙和博士署，基本上保留了宋敕建家庙貌；鼎建至今已490余年，经万历、顺治、康熙、雍正、乾隆年间修葺、拓建，至道光年间完成今庙定型。此后屡毁屡葺。毁坏，当数日寇入侵衢州时；修葺，当称1984年开始，浙江省文物局、衢州市人民政府先后拨款维修。

曲阜、衢州家庙，皆为历代封建王朝"崇儒重道"之物化象征。但是，从衢州家庙迁建的历史和其独特的布局、结构，尚可窥见其主要特色。它已不像曲阜家庙那样异化为历代封建统治者完全意义上的官庙，而是既保留了宋代孔氏家庙的基本格局，又明显具有孔氏南迁的历史印迹。例如：菱湖家庙

"又别为室，以祠袭封之得祠者"，至新桥街家庙便发展为西轴线上之"五支祠""袭封祠""六代公爵祠"。它不像明代定型的曲阜孔庙那样有着三路布局、九进院落，仅在维持宋代家庙的三条轴线、三进院落的基础上，在仪门上悬"东南阙里"，大成殿上悬"泗浙同源"匾，且"后为堂曰'思鲁'，俾合族讲学"，"以志不忘阙里之旧也"，反映了当年"扈跸南渡"，反抗女真贵族南下掠夺，以及渴望祖国统一的爱国主义精神。因此，有的学者认为：真正的孔氏家庙在衢州！

"依庙而居"，"作廨于西"

孔府，这历代不倒的封建府第，是孔氏大宗世居之地。衍圣公南渡后，一如既往，"依庙而居"，其由一般住宅演变为衙宅合一的孔府，亦如曲阜，所不同者仅时间、规制、方位而已。

六代公爵及其宗子从南宋绍兴年间在衢州建立家庙开始，先后依州学家庙、菱湖家庙、城南家庙而居。鉴于州学家庙系权宜之计，而后由于家庙屡毁屡迁、爵位德让于北等诸多因素，衢州衍圣公府的规制远不及南渡前在曲阜时的府第，故鲜见于史载。

曲阜孔府成为衙宅合一的封建府第，滥觞于元，初定于明洪武年间。120多年后，南宗复爵不久，朝廷亦敕令"作廨于西"，由大堂、花厅、内宅为主体的三进院落，后为花园。它虽不似曲阜孔府九进大院的显贵、肃穆，却显得分外庄重、典雅。明清时称"翰林公署"，民国时改称"奉祀官府"。

日寇侵华时，毁去衢州孔府的大部分建筑。"文化大革命"期间，复被改建他用。1999年，衢州市人民政府"存前美而不泯"，投资1400万元，在考古发掘的基础上复建了府、园全部建筑，以翼精神文明之治。

南宗孔府的衍圣公、翰林博士、奉祀官，除兼领他职者外，其主要职能是依例侍祠、设塾教育，以及"统领见存裔孙"。

侍祠，始于州学家庙的"春秋舍奠"，后按宋廷所颁祭孔仪式进行。此后，家祭、公祭活动虽时有起伏，但经久不衰。民国时期，祭孔继续进行。最后一次盛大公祭活动是在民国37年（1948），由衢州绥靖公署副主任陈大庆代表汤恩伯主任恭任正献官，省府主席派专员致辞。

南宗家塾教育，萌芽于南宋初年孔传等家居时办的"私学"，发端于南宋后期的"思鲁堂"，兴盛于明清时期的家塾、书院，发展于清末民初的近代学校。其中，以南宗持续500余年派驻执事官董理的杭州万松书院（后称敷文书院）影响最大，为明清杭州四大书院之冠。

在设塾训导南宗裔孙的同时，南宗孔府尚以纂修宗谱、制定族规等维系族属。鉴于南渡、赐家的特殊环境，南宗对宗谱的延续尤为重视。孔传曾著《东家杂记》等书；孔端朝于"靖康之难"、"家所蓄藏，荡然云散"中，保存了古本《阙里世系》，并著《续阙里世系》等，都为今之孔氏家谱奠定了基础。此后，南宗后贤除不断刊订、增修宗谱外，还负责为各支派查验谱系。南宗的族规，元世祖钦定的孔氏家规虽已散佚，现存尚有明正德元年（1506）《钦定孔氏家规》等，这些族规家规为南宗裔孙制定了行为规范，并集中反映了"宁违荣而不违道"之精神。

"圣泽无疆浙水躔"

自宋室南迁、楷像遥来，随着衢州经济的发展，文化教育事业亦快速发展。其中，以南宋、明代两个文化高峰最为令人注目。

南宋时，衢州为东南诸省通往首都的要道，因"圣人居近"，而令宋室宗亲、达官名宦、理学大儒频频驻足。综罗百代的朱熹新儒学，其思想体系形成过程中的几个里程碑，继闽北建阳"寒泉之会"、赣北铅山"鹅湖之会"后，便是衢州开化的"三衢之会"。南宗名贤，诸如孔传、孔元龙等亦"肯堂肯构"，"其所发明，有补学者"，或留下传世佳作，或为名儒垂于青史。明代，孔彦绳复爵五经博士,适为王守仁"龙场悟道"之年。南宗后贤刻意中兴,于建庙作廨的同时,尤重学诗学礼。其时,南宗的家塾,已令王门后学邹守益"恍若游洙泗";所董理的杭州万松书院,复使王守仁到此讲学、题书、撰记等。

所遗憾者,孔氏南宗裔孙的鸿富著作和留下的班班文物,历经800余年的风雨沧桑、几度浩劫,大都散佚,亟待有识之士搜集、考订、研究。

孔子是伟大的思想家、教育家,其所开创的儒家学说,是中华传统文化的主体部分。研究、弘扬传统文化的精华,曲阜、衢州两座家庙是不可或缺的部分。

南宗家庙,"遐瞻阙里,实相辉映"!

第一章 南 宗

第一节 南 渡

北宋末年,金主问鼎中原。靖康二年(1127)四月,金兵攻陷汴京(河南开封),掳去徽、钦二帝,北宋灭亡。同年五月,宋徽宗的第九子赵构,在应天(今河南商丘)登基称帝,史称宋高宗,改元建炎,是为南宋。同年十月,宋高宗避敌扬州,以州治为行宫。

建炎二年(1128),宋高宗"诏东京所属官吏,奉祀器、大乐、仪仗、法物,赴行在所",计划于扬州南郊举行冬至郊祀大典。是年冬,孔子第四十八世宗子、衍圣公孔端友奉诏陪祀,在从父孔传的支持下,命胞弟孔端操和部分族人留守阙里,与孔传率领部分孔氏族人祭告先祖,辞别林庙,于十一月抵达扬州,参加壬寅冬至日郊祀。

建炎三年春,金兵大举南侵,杀过淮河,直指扬州,宋高宗仓皇南渡。孔端友偕孔传等,奉端木子贡手摹孔子及亓官夫人楷木像、北宋政和年间所颁铜印,率近支族人,随宋室南渡,一路颠沛流离。这段经历,民间流传"山神护圣像"的传说:

孔氏大宗南迁时,正值南方多雨季节,霪雨霏霏,天色灰蒙,江河横溢,道路泥泞。在兵荒马乱中,背负楷木圣像的衍圣公孔端友和孔传一行人,与宋室人马失散。这天,人们疲惫不堪,夜泊镇江北岸。正在酣睡之际,被追兵惊醒,他们只得摸黑拔篙起航。小船离岸不久,突然电光闪烁,雷声大作,风雨交加。一叶小舟,漂荡在江中,被狂风恶浪掀翻了。风浪中,孔端友紧抱住两尊楷木圣像,随波逐流,誓与先圣遗像共存亡。在这生死存亡之际,忽觉有三位神人托着他,顶风破浪,逆流而上。天微明,竟然到了南岸。登岸后,众人焚香祷谢。香火缭绕处,幻出篆写的"鲁阜山神"四个大字。衍圣公恍然大悟,原来是山神护圣像来了。后为纪念此事,衍圣公在衢州建有鲁阜山神祠。清乾隆时,有冯世科先生作《鲁阜山神祠记》,记下此说。

二月壬戌,宋高宗到达杭州。孔端友和孔子世家众成员也随后到达。赵构打算偏安于杭州。"丁卯,百官入见,应迪功郎以上并赴朝参。"孔端友与孔传率部分族人前往朝拜,上疏叙述家门旧典及离祖丧家之苦,请求赐家安居。高宗念其"扈驾南渡"之忠诚和奉像南渡之功德,赐家衢州。

三月初扈从统制苗傅及刘正彦兵变,"迫帝逊位于皇子魏国公(赵)旉,请隆祐太后垂帘同听政"。四月,在太后和众多大臣重将的支持下,兵变被平定,宋高宗复位。五月,高宗北上常州、镇江,最后移跸江宁府,改名建康(今南京),表示志在抗金。孔子世家族人滞留杭州,期盼宋高宗抗击金兵,收复中原,回归阙里。

七月,升杭州为临安府,准备移跸迁都。八月,高宗从建康出发回浙。九月,"谍报金人治舟师,将由海道窥江浙"。高宗只得一路南逃。由建康经平江府(今苏州)至杭州,又由杭州逃至越州(今绍兴)再由越州而明州(今宁波),最后逃到海上,经定海(今镇海)前往台州、温州。金兵下海穷追三百里,因遇台风暴雨,被迫引兵而去。

关于孔氏南宗族人到达衢州的确切时间,未见史料记载。据《宋史·高宗本纪》记载,建炎三年十二月丙子高宗"至明州";乙酉,金人大将兀朮"犯临安府"。可见至迟在建炎三年年底,滞留杭州的孔氏世家成员乘船离开杭州,历经千辛万苦,溯水而上,抵达衢州。先后随孔端友南迁的族人有端朝、端问、端己、端位、端植、端隐、端思、端弼、玠、瓒、琯等等。

建炎四年（1130）四月，金兵北撤，退守江北，宋高宗才返越州，题"绍祚中兴"匾，以其地为行都。同年，族长孔传出知峡州（治所在今湖北宜昌），衍圣公孔端友出知郴州（今属湖南）。

公元1131年，高宗改元"绍兴"。同年十月，升越州为绍兴府，以示"绍祚中兴"之意。绍兴八年，高宗定都临安。

此后，南渡的孔子后裔遂在衢州正式安家落户。金天眷三年（1140），与南宋政权对峙的金熙宗封孔端友留守之弟孔端操之子孔璠为衍圣公，主持曲阜祀事。自此开始，孔子世家内形成了两个宗子、两个衍圣公的局面。

宋金之间的争战形成了隔淮河对峙之势，南渡孔裔北归之途隔绝，但也被南宋王朝所重用。绍兴元年（1131），孔端朝赴任徽州黟县令。端问赴任洪州（今属南昌市）奉新县丞。端植去湖北，任通城令。端思在杭州就任府学教授。孔传曾知峡州，以功进秩右朝议大夫，后改知抚州军州事，兼管内劝农使，历中散大夫，晋封仙源县开国男。端隐为江陵府推官，端弼为大理寺评事。绍兴二年四月，"孔瓒补迪功郎，后知和州（今属安徽）"。

绍兴二年闰四月，直秘阁主管洪州玉隆观衍圣公孔端友卒，诏以其子玠为右承奉郎，封衍圣公。时玠年仅九岁，诸多政事及祀事，由其母及尊长孔传主持。孔传征得众宗室成员意见，上书朝廷，请建家庙于衢州。建炎年间，衢州处在追袭赵氏王室的东西两路金兵进军路线的中空地区，是两浙十三州府中，唯一没有遭受金兵烧杀抢掠破坏的地区。到了绍兴初年，衢州成了两浙各州府中社会最稳定、经济最繁荣的州府。绍兴六年（1136），诏"权以（衢州）州学为家庙"，并"计口赐田"，免租税，以供南宗按时祠祀，并赡养在衢族人。绍兴八年（1138）六月，诏赐衢州孔氏"田五顷"，供衍圣公孔玠祠祀。

靖康之变，曲阜中衰，而南渡族属因宋室南迁而形成南宗，衢州也就成为孔子后裔的第二故乡，史称"东南阙里"。他们以诗礼传家，贤才辈出，宦游于东南诸省。以衢州为中心，在浙江、福建、江苏、安徽、江西、湖北等地分徙出许多支脉。

第二节 封 爵

汉代以来,随着孔子地位的日益提高,"至圣苗裔"受到优待。对孔子嫡长裔孙的封爵,成为历代统治者尊孔崇儒的具体内容。

汉高祖十二年(前195),孔子第九世孙孔腾被封为奉祀君,圣裔奉祀自此始。至魏晋南北朝时期,虽然封号时有改变,但爵位大多是侯爵。唐玄宗开元二十年(732),册封孔子第三十五世孙孔璲为文宣公兼兖州长史,自此,孔子嫡长裔孙的爵位由侯爵晋为公爵。宋仁宗至和二年(1055),改封四十六世孙孔宗愿为衍圣公,取其"圣道隆替"和"圣裔繁衍"之意。直至民国24年(1935),"衍圣公"之名近900年基本保持不变。

北宋崇宁三年(1104)[《宋史》作宣和三年(1121)],孔子第四十八世嫡长裔孙、南宗始祖孔端友"袭封衍圣公……以示崇奖"。此后,南宋王朝又先后赐封孔氏南宗嫡长裔孙孔玠、孔搢、孔文远、孔万春、孔洙五代衍圣公,建立衍圣公传承体制。

宋亡元兴,元世祖忽必烈"议立孔子后,众臣皆以寓衢者为大宗",遂召"江南衍圣公(孔洙)入觐,命归曲阜袭封"。孔洙以衢州已建有家庙,又有五代先祖陵墓为由,不忍离去,毅然让爵于曲阜宗弟孔治。并以母老为由,乞求南还。世祖赞曰:"宁违荣而不违道,真圣人后也。"封孔洙为承务郎、国子监祭酒兼提举浙东学校,给俸养廉,并与护持林庙玺书。正宗之罢封自此始。此后,孔氏南宗失封达224年之久,其子孙"形同氓庶"。

明弘治年间,孔氏南宗嫡长裔孙封爵问题重新被提起。十八年(1505),衢州知府沈杰上《乞添授衢州孔氏官职及处置祀田疏》,奏请朝廷封爵孔端友嫡孙,以主奉祀。正德元年(1506),封孔子第五十九世孙、孔洙六世孙孔彦绳为翰林院五经博士,子孙世袭,是为孔氏南宗再受袭封之始。次年,诏北宗第六十二世孙孔闻礼为翰林院五经博士,后世以衍圣公次子为之,故后世对孔氏南宗以衍圣公次子视之。孔彦绳的袭封,是明朝廷对孔氏南宗地位的最终确认。清代为体现朝廷"尊礼先师""崇儒重道"之意,沿袭明制,仍封孔氏南宗嫡长裔孙为世袭翰林院五经博士。明清两代,自孔彦绳之后,孔氏南宗先后袭封了十三世翰林院五经博士。

清代对世袭翰林院五经博士的承袭有严格规定,主要经过四道程序。

第一道程序:考试。"雍正二年(1724),议准世袭五经博士有奉祀祠庙之职。若不事诗书,不识礼义,滥膺世职,有玷先贤先儒,殊负国家崇儒重道之意。嗣后请应袭博士之人,送部考试。"规定由翰林博士申文衍圣公府请考,衍圣公再向礼部咨文请考,待礼部批复后,给予凭证,由衍圣公札付翰林博士,应袭者方可凭咨保送赴部考试。考试内容为四书一篇,"果能文理通晓",礼部就将其注册在案,"后承袭时令衍圣公查案具题"。

第二道程序:服丧。翰林博士的承袭一般均为父死子继,乾隆初年规定承袭者必须先服"亲父丁忧",满27个月(不计闰)后,方准承袭。承袭过程中,如又有曾祖父母以下三代直属亲属亡故,一律丁忧,服满后再行题请承袭。

前任翰林博士亡故后,由家人亲供,将此事申报给西安县(今衢州市),逐级上报到衢州府、浙江布政司、浙江巡抚衙门,最后由浙江巡抚咨文衍圣公,由衍圣公报吏部、礼部备案。丁忧服满之后,由应袭之人手书"亲供",以资证明。

第三道程序:甘结。由里长、邻居及亲族,包括族长、各支房长对以上二道程序出具甘结,证明应袭者确系孔氏南宗嫡长裔孙,且部考合核,丁忧服满,理应承袭。

对于嫡长裔孙的承袭,里邻、亲族的甘结一般仅是形式而已。如没有嫡裔承袭,而由近支充任时,就须先由族长、房长认定,此时所出具的里邻、亲族甘结十分关键。

第四道程序:批准。将应袭者的亲供与里邻、亲族甘结,附上应袭者三代履历,由西安县逐级转呈,经衍圣公批示,呈请吏、礼部选任。吏、礼部批准后,给予文凭,咨文衍圣公府,转发至翰林公署。衢州翰林博士接到文凭后,必须在规定期限内到任,延期不得超过一个月,并将到任时间上报衍圣公府,转报吏、礼部,同时呈缴前任翰林博士的原发文凭。

民国3年(1914)2月,以袁世凯为首的北洋政府颁布《崇圣典例》,共计7章18条。内容规定:"衍圣公膺受前代荣典,均仍其旧。其公爵按旧制由宗子世袭,报经地方行政长官呈由内务部核准承袭";"圣贤后裔,旧有五经博士等世职,兹均改为奉祀官,世袭主祀"。依据这一规定,山东曲阜衍圣公世袭爵位得以保留,改衢州世袭翰林院五经博士为世职"南宗奉祀官"。孔子第七十三代嫡长孙孔庆仪为孔氏南宗第一代奉祀官。

民国8年(1919)重订《崇圣典例》,奉祀官的承袭由衍圣公咨文"地方行政长官呈明内务部核准"。承袭过程中仍需族长、各支房长及邻右出具甘结,附上应袭者三代履历,相关宗图,印花税洋1元,付衍圣公府掌书厅监印等手续费30元,一并呈衍圣公府,再由衍圣公府将相关文件及印花税交由山东省长转呈内务部。待内务部批准后,发给任命执照,经山东省长交衍圣公府,再札付南宗奉祀官收悉。此前原领执照应先期呈缴。

民国23年(1934),取得全国统治地位的国民党南京政府通过决议,以每年农历八月二十七日为国定"先师孔子诞辰纪念日",要求全国各地学校举行"孔诞纪念大典"。11月,国民党中央通过"尊孔祀圣"决议,任命孔子后裔为"大成至圣先师奉祀官",给予特任官(省部级)待遇。1935年3月,国民政府发布《简任在浙江之孔子嫡系南宗裔孙为大成至圣先师南宗奉祀官令》,给予孔氏南宗嫡长以简任官待遇。孔子第七十四世孙孔繁豪成为首任"大成至圣先师南宗奉祀官"。

民国33年(1944),孔繁豪死后,遗嘱第七十五世孙、繁豪弟繁英之子祥楷继任;民国37年(1948),由国民政府行政院院长张群批准,孔祥楷正式继任"大成至圣先师南宗奉祀官"。民国时尽管南宗奉祀官已改为世职,但其选任程序和清代基本一样，仍是南宗嫡长裔孙世袭。

第三节 世 系

孔氏繁衍数千年，子孙遍布各地。清康熙年间，六十七世孙、衍圣公孔毓圻曾说："孔子之道一日不息，则孔子之后一日不绝。"在经历了唐末五代之乱以后，宋初，在朝廷的大力扶持下，以四十三世孙、中兴祖孔仁玉为首的孔氏宗室又兴盛起来。传至四十六代时，正支初分为五支，后世以其先祖的爵位称呼其支派。即太子中舍、国子博士、中散大夫、侍郎、袭封。南渡祖、衍圣公孔端友即属袭封派，四十七世孙孔传属中散支。

南宗一脉，初为袭封、中散两支。其后聚居于衢州境内者，以所居里巷为别，有厅上、庙前、乌桥、巷内、南门、河下、闹市等称，而以世系分则为仁、义、礼、智、信五房。如今除城区外，衢、龙、江、常、开各县均有分布，而以衢县最多，遍布沟溪、廿里、白水、莲花、高家、航埠、后溪、峡川、长柱、石梁、河东、上宗、杜泽、大洲、下村、华墅、大川、外黄、樟潭等乡镇村，有族众数千人。

孔氏南宗世系从建炎三年（1129），四十八世孙衍圣公孔端友南渡至衢州开始算起，到七十五世孙孔祥楷，已28代，历时800多年。

第四十八世孙孔端友，字子交。北宋崇宁三年（1104）袭封衍圣公，官通直郎，除直秘阁，赐绯章服。南宋高宗建炎三年（1129）扈跸南渡，与从父、中奉大夫孔传，奉孔子及亓官夫人楷木像等而行。后赐家衢州，世称南渡祖。建炎四年（1130），特命权知郴州军州事，次年，以主管洪州玉隆观致仕，绍兴二年（1132）病卒。

第四十九世孙孔玠，字锡老，端友庶子绍兴二年（1132）闰四月，授承奉郎，袭封衍圣公，时年九岁。绍兴六年（1136），诏权以州学为家庙，并颁铜印。八年（1138）六月，赐祭田五顷，以供祠祀。绍兴二十四年（1154）卒，年31岁，终通直郎，赠中奉大夫，葬靖安乡之溪垄。

第五十世孙孔搢,字季绅,玠子。绍兴二十四年(1154)九月,授承奉郎,袭封衍圣公,时年九岁。淳熙年间,召入侍祠,因形貌似先圣,玉音嘉奖,擢知建昌军(治在今江西南城县)。终朝散大夫、浙东安抚使司参议,卒年48岁,葬五十八都秦家陇。

第五十一世孙孔文远,字绍先,搢子。绍熙四年(1193)袭封衍圣公,时年八岁。历吉州隆兴通判,终朝奉郎。卒年41岁,葬西安县白渡。

第五十二世孙孔万春,字耆年,文远子。宝庆三年(1227)(一说宝庆二年)袭封衍圣公。历衢州通判、泉州通判兼南外宗正丞,终奉议郎,葬西安孝悌里。

第五十三世孙孔洙,字思鲁,一字景清,号存斋,万春子。淳祐九年(1249)袭封衍圣公。宝祐元年(1253)衢州知州孙子秀奏请朝廷,给钱36万缗,鼎建家庙于城北菱湖。是年,孔洙添差通判衢州军州事。历吉州、平江军、信州通判,终承议郎,宋亡不仕。

南宋一朝,衢州成为当时孔氏家族的中心,朝廷重用了大批南宗子孙。南宋时孔氏南宗共出了五位进士,先后五人出知州、军。其中四十七世孙孔传封仙源县开国男,食邑三百户;五十一世孙孔应得官至资政殿学士、签书枢密院事,参与南宋最高军政大事;五十二世孙衍圣公孔万春兼任南外宗正丞,掌理皇室寓居南方各代宗室事务,以圣门之后掌皇室玉牒。

元至元十九年(1282),世祖忽必烈议立孔子后,众臣皆以寓衢者为大宗。遂召衍圣公孔洙赴阙,欲令其载爵回曲阜主持奉祀。孔洙以先世庙墓在衢,不忍离去,毅然让爵于曲阜宗弟孔治,并以母老为由,乞求南还。世祖赞曰:"宁违荣而不违道,真圣人后也。"拜孔洙为承务郎、国子监祭酒兼提举浙东学校,给俸养廉,并予护持林庙玺书。正宗之罢封自此始。二十四年(1287),再授奉圣大夫,福建道儒学提举。到任后病卒,年60岁,葬西安县靖安乡。洙敏而好学,精研经史,著有《存斋集》2卷,今佚。

孔洙让爵后,至明正德元年(1506),孔氏南宗嫡派失去世袭封爵达224年之久，孔氏南宗也由此失去了正统地位。但由于孔子的特殊地位，孔氏南宗族人仍以圣裔身份不断被恩授官职。据《孔氏南宗考略》的不完全统计，这一时期孔氏南宗先后有36人担任过行省至州、县各级学官，地域涉及今浙江、安徽、江西、江苏、湖南、湖北、福建、山东等十余省，为教书育人、传播儒学不懈努力。

第五十四世孙孔思许，先名公许，字与道，为孔洙晚出。

第五十五世孙孔克忠，先名宏，字信夫，一字献夫。思许无子，以孔洙孙、孔思俊子克忠为嗣。恩授福建福清州学正，永乐间官太常博士。明兴，孔氏恩例自克忠始。

第五十六世孙孔希路，又作希辂，原名希鲁，字士正，克忠子。恩授福州岳山书院山长。年70岁卒，配湛氏，合葬衢州。

第五十七世孙孔仪，字文伯，希路长子。饱饫经史，专司奉祀。年52岁卒，葬西安县天保乡十八都卜婆垄。

第五十八世孙孔公诚，字贵文，议子。公诚为人仁恕夷坦，恬淡自守。尝语人曰："我所以存存不舍，与所以遗子孙者，心田两字耳。心田若好，何福不长？彼巧取掠夺者，徒为子孙作祸胎耳。"年77岁卒（一说78岁），配刘氏，合葬十八都卜婆垄。

第五十九世孙孔彦绳，字朝武，公诚子。弘治十八年（1505），衢州知府沈杰奏请朝廷，请依宋儒朱熹嫡孙挺事例，授南宗嫡长孙孔彦绳官爵。正德元年（1506），明武宗诏孔子第五十九世孙、孔洙第六世孙孔彦绳为将仕郎，世袭翰林院五经博士，子孙世袭，并减祭田之税，是为孔氏南宗再次受袭封之始。正德十四年（1519）卒，年79岁。

第六十世孙孔承美，字永实，一字畅翁，号菱湖，彦绳子。正德十四年（1519）三月初七日承袭，省拜阙里林庙，会叙宗族。十五年（1520），乞请迁建家庙于西安县学旧址，次年完工，形成东为孔氏南宗家庙，西为翰林院五经博士署的格局。嘉靖八年（1529）卒，年50岁。

第六十一世孙孔弘章,字以达,承美子。嘉靖二十六年(1547)三月初十承袭。三十一年(1552),有仇奸缘间攻击南宗优免差徭之事,弘章稽历代优崇典故,具疏以闻。朝廷下其事于布政使司,议得优免。

第六十二世孙孔闻音,号鲁南,字知政,弘章子。万历五年(1577)六月初二日承袭。闻音对南宗谱系颇多订正,曾亲赴阙里会谱,订对宗次,谒墓拜族,开筵传疑,盘桓旬日。

第六十三世孙孔贞运,字用行,闻音子。万历四十三年(1615)二月初一承袭。顺治八年(1651)卒。

第六十四世孙孔尚乾,字象元,贞运子。未承袭即亡,其妻叶氏,年19岁,守节抚孤。

第六十五世孙孔衍桢,字泗柯,尚乾孤子。清顺治间,因改朝换代,案牍无证,衢州袭爵既废。衍桢乃援旧制,陈请于金、衢、严道道台李际期转请总督胨锦具题,覆核再四,于顺治九年(1652)承袭,时年17岁。是年改博士皂色舆导为黄色舆导,又请得三年入觐之例,贺万寿圣节。康熙三十七年(1698)六月十四日卒,年64岁。

第六十六世孙孔兴燫,字北衢,衍桢次子。其兄兴灿于康熙十一年(1672)八月病卒,年17岁。兴灿子毓培,康熙二十九年(1690)七月卒,年20岁。兴灿孙、毓培子传钟于康熙三十八年(1699)十月初十承袭,年11岁,康熙四十年(1701)正月初六日病故,无嗣。康熙四十一年(1702)十月二十日兴燫到任承袭,兼司杭州太和书院祠祀。康熙五十二年(1713)二月二十五日在杭州病故,葬万松岭方家峪。

第六十七世孙孔毓垣,字东安,兴燫子。康熙五十三年(1714)二月十二日到任承袭。五十七年(1718),浙江巡抚朱轼增拨拱辰门外濠田30亩,以供祀事。是年,以曲阜四氏学乡试耳字号例,题准浙江衢州府西安县孔氏后裔,每学政按试,于正额外先行广额进儒童入学两名,号称"无孔不开榜"。雍正十二年（1734）五月二十八日病故。

　　第六十八世孙孔传锦，字宫锡，号杏霞，毓垣子。雍正十三年（1735）七月二十一日到任承袭。乾隆三十六年（1771），乾隆帝东巡，诏传锦参与先贤、先儒之祭。五十年（1785），参加临雍大典，加一级，由文林郎晋阶奉政大夫。回衢，路经山东平原县，三月二十三日卒于桃源驿旅邸，年64岁。

　　第六十九世孙孔继涛，字念铭，原名继汤，传锦子。乾隆五十四年（1789）病故，年40岁，未承袭。

　　第七十世孙孔广杓，字衡观，号太古，继涛子。嘉庆元年（1796）承袭。三年（1798）参加临雍大典。十四年（1809）入京贺万寿圣节，献《圣德颂》，赏大缎两匹。二十年（1815）五月初五日病故，年51岁。

　　第七十一世孙孔昭烜，字亘青，广杓子。嘉庆二十四年（1819）承袭。道光元年至三年（1821—1823），孔氏南宗家庙大修，遂成现在规制。三年（1823），参加临雍大典。十三年（1833）六月初二病故，年41岁（《考略》作42岁）。

　　第七十二世孙孔宪坤，字静一，昭烜子。道光十四年（1834）准以代主祠祀，十九年（1839）八月初六日到任承袭，八月二十二日病故，年26岁。

　　第七十三世孙孔庆仪，字寿笺，号肖铿。七十二世宪坤无子，以母弟宪堂代袭。咸丰五年（1855）十月宪堂卒，无嗣，族议以传锦五世孙宪型之子庆镛为嗣。咸丰九年（1859），庆镛夭殇，族议以宪型族弟宪锦子孔庆寿为宪坤嗣。同治三年（1864）八月庆寿亡故，无嗣，族中争立宪型次子庆仪及宪锦次子庆元，以近支论则庆仪为宜，而另一派拥立旁支庆元，并以庆元年齿稍长为由，反对庆仪承袭。

　　同年十月，时任闽浙总督的左宗棠赴福建路过衢州，闻知此事，亲自主持了一场掣签活动。初十日，左公斋戒沐浴，备妥庆元、庆仪两份名签，率领同僚拜谒孔氏南宗家庙，祈祷于至圣，以示宜立之人。左公亲拔名签，结果未满五个月的孔庆仪成为孔氏南宗第十五世翰林院五经博士人选。

　　宣统元年（1909），庆仪入觐，钦加国子监祭酒衔。民国初任衢县民事长，后署台州太平县(今温岭)知事。会北洋政府颁布《崇圣典例》,改世袭翰林院五经博士为世职南宗奉祀官。民国12年(1923)冬,自杭州回衢,中途觏疾,至家卒,年60岁。

第七十四世孙孔繁豪,字孟雄,庆仪子,日本早稻田大学师范科毕业。民国13年(1924)承袭南宗奉祀官世职。24年(1935)南京政府下令废爵,改称"大成至圣先师南宗奉祀官",以简任职待遇。抗战期间,繁豪奉行政院令,恭护圣楷移驻浙南山区,28年(1939)驻龙泉,29年(1940)迁至庆元,33年(1944)卒于庆元,年54岁。

第七十五世孙孔祥楷,字子摹。繁豪无嗣,以弟繁英长子祥楷为嗣。民国37年(1948)被委任为"大成至圣先师南宗奉祀官"。

第四节 支 系

建炎二年(1129),宋室南渡后,孔端友与孔传开创孔氏南宗祖业。在衢州境外,南孔宗室主要支系大致分徙如下:

一、南宗派,为孔端友一系流寓后裔。

江夏支:第五十三世孙孔濂、孔沟,父万龄,祖文远,端友第五世孙,同迁湖北江夏,遂居此。

漳州支:第五十五世孙孔克权,父思溥,祖孔洙。克权随父思溥宦居,因元季兵乱,流寓福建漳州。

潮州支:第五十五世孙孔克法,旧名公法,字彦祥,别名学士、处士,娶贞惠赵儒人,克权弟,父思溥,祖孔洙。克法随父思溥宦居,因元季兵乱,流寓广东潮州。洪武十五年(1382),入籍潮阳,由练江居和平里。其子希江,字铭江,孙椿山移居惠来县武宁乡;子希涛,字铭涛,入籍海阳,卜居辟望(今汕头市澄海区)。其后子孙繁衍海内外,分支而出。

南浔支:第五十五世孙孔克安,父思俊,祖孔洙,端友第七世孙。克安卒葬于湖州南浔镇,其子希雯、希廉庐墓于此,遂居此。

杭州支:第六十六世孙孔兴燧,父五经博士孔衍桢,祖尚乾,端友第十八世孙。衍桢主杭州太和书院祀事,卒后葬于万松岭方家峪,兴燧遂寓居杭州,住候潮门内,其后裔世为驻杭执事官。

二、衢州派,为孔传一系流寓后裔。传有七子:问、已、守、位、植、隐、惟,其中守、惟无嗣,其余五支后裔一部分寓居衢州,另一部分大致分徙如下:

长支:孔端问一系流寓子孙。

抚州支:第四十九世孙孔琬,父端问,祖传。乾道二年(1166)任抚州临川丞,遂寓此,又称"临川支"。五传至思铭分出上杭支。第五十四世孙孔思铭,端问六世孙,元泰定二年(1325)宦游汀州,寓居福建上杭,子孙遂居此。九传至贞尔由上杭支分出大浦支。第六十三世孙孔贞尔,端问第十五世孙,迁居广东大埔天井湖,其后子孙还分居惠州一带。

镇江支:第五十一世孙孔应达,父㨈,祖㻬,曾祖端问。应达任金坛县学教谕,升润州学正,迁居句容福祚乡,子孙遂居镇江。八传至彦福分出玉溪支。第五十九世孙孔彦福,父公鑫,祖谟,端问十一世孙。彦福高祖文才于明永乐初游学入滇,寄居省垣,后彦福举家迁居云南玉溪县玉湖乡宋官屯。

长水支:第五十四世孙孔梁,父演,祖言,端问六世孙。梁由衢州迁居长水,寓此。

江山支:第五十五世孙孔克旸,字升夫,父思模,祖灝,端问七世孙。由衢州迁家于江山苦竹街。

荆门支:第五十五世孙孔克成,字集夫,父思朴,祖灝,端问七世孙。克成任滨州州学教授,迁汶水县尹。元至正八年(1348)转湖广荆门州刺史,年六十卒于官,因道阻未及归丧,遂葬于城东沙阳地,子孙遂居于荆门阳田村。其后子孙又不断迁徙,散居于湖北沙市、石首、公安、监利、松滋及湖南长沙、慈利、华容、益宁、湘乡、山阴、沱市等地,成为南宗一大支系,又称"长善益宁"支。六传至宏颐,分出公安支。第六十一世孙孔宏颐,字秀峰,端问第十三世孙,赐进士出身,知湖北公安县事,历户部主事,子孙居公安。

大理支:第五十六世孙孔希达,父克昌,祖思桂,端问八世孙。希达因案遣戍云南大理卫,遂居此。

应天支:第五十六世孙孔希和,父克进,祖思允,端问八世孙。明永乐间,克进仕宗人府经历,卒于官,葬句容福祚乡,子孙庐墓居此。

二支,孔端己一系流寓子孙。

兴国支:第五十三世孙孔润,字世宪,父万宪,端己五世孙。授湖广儒学提举,附籍于此。

青浦支:第五十四世孙孔思构,字基德,父涛,端己六世孙。元天历三年(1330)随父涛为吴江州判。时吴江青浦有孔宅,有至圣衣冠墓。第二十二世孙孔潜公避难于此,立有碑庙。隋大业二年(606),三十四世孙孔桢公为苏州长史,奉圣祖衣冠环璧合葬于此,筑亭立碑。时青浦孔宅主祀无人,遂依墓而家苏州。思构子克勋,又名世勋,入赘吴江县唐桥镇五都盛氏,生子名勋,居家于此,遂称唐桥支。三传至公镛,自唐桥支分出震泽支。第五十八世孙孔公镛,自唐桥迁居震泽。第六十世孙孔承彪于唐桥设分祠。

镇江支:第五十七世孙孔访,父希育,祖克闰,端己九世孙,自苏州迁居镇江罗家巷。

泰兴支:第六十一世孙孔宏鸾,父承吉,祖彦明,端己十三世孙。弘治三年(1490)自苏州迁居泰兴。

三支,孔端位一系流寓子孙。

常德支:第四十八世孙孔端位,字子著,父传,儒林郎,任常德府录事参军。因宋高宗南渡为金所阻不得北归,遂家于常德城东南六十里汉寿祝家岗。子抃,官儒学教谕,授修职郎,移居桃源县城西二十里木塘坪。子挺,字独立,授文林郎,移居龙阳县大围堤山湖。子孙散居于常德、桃源、龙阳、武陵一带,又称常桃汉武支。

四支,孔端植一系流寓子孙。

鄂州支:第四十八世孙孔端植,字子因,父传。端植随父传扈跸南渡,绍兴初,官鄂州通城令,居鄂州,又称"通城支"。

兴国支:第四十九世孙孔璿,字士评,父端植,祖传。璿进士及第,知兴国军州事,见城南三十里有孔子岭,遂居此。

镇江支:第四十九世孙孔璿,字仲玉,父端植,祖传。璿赐官迪功郎,迁居镇江莱村。

嘉鱼支:第五十二世孙孔廉见,字教哉,别号兴实,端植四世孙。因爱嘉鱼山水清奇,始居柘庄岭,转迁寿城湖之曹山巘,遂家于此。官至荆州府江陵县令,卒于任,归葬曹山巘东岸大林山。五支,孔端隐一系流寓子孙。

句容支:第四十八世孙孔端隐,字子宣,父传。端隐随父传扈跸南渡,绍兴间端隐进士及第,授文林郎,为江陵府观察推官,寓句容县福祚乡。

新城支:第四十九世孙孔琯,父端隐,祖传。自句容迁江西新城。

建德支:第五十四世孙孔思谦,父世基,祖学孝,端隐六世孙,自句容迁安徽池州府建德县,子孙遂居此。思谦九世孙孔贞运,中万历(1619)已未科榜眼。

湖州支:第五十五世孙孔克仁,字元夫,父思闻,祖润,端隐七世孙。克仁助明太祖创帝业时,由句容迁家于湖州。

合肥支:第五十五世孙孔克美,字敬夫,号永五,父思恭,祖济,端隐七世孙。克美任四川夔州府知府,未满秩,挂冠不仕。好游名山巨川,见合肥山水秀丽,遂家于此。

庐江支:第五十五世孙孔克珏,父思敬,祖世基,端隐七世孙。因元明之交避兵奔至太平府方姓家教授生徒,未及半载,复寓居庐江县东关外。洪武十二年(1379)卜居城北莲花塘,创置房产,营立家庙,依山傍河,子孙世守。二传至第五十七世孙孔谅,父希敬,祖克真,分迁至镇江湾沟。再传至第五十八世孙孔公让、公证、公谦兄弟,父永宁,祖希铭,分迁至营县。

三、其他派系

徽州支:第四十八世孙孔端朝,孔传兄若升之子,与从弟端友流寓衢州后,出任徽州黟县令,遂居黟县。

永康支:第四十八世孙孔端躬,父若钧。端躬宣和三年(1121)授承事郎,官大理寺评事。建炎中与子琈、瑒、玹、琪侍父若钧随高宗圣驾至台州章安镇,后弃官。时值父疾发作,于回道途中,见婺州永康榉川山川秀丽,遂家于此,又称榉川支。其后裔广布于今浙江永康、磐安、新昌、仙居、缙云等县山区,为南宗一大支脉。

钱塘支:第四十八世孙孔端思,世系失考。建炎中端思随孔传、孔端友南渡,滞留于杭州。后举家渡过钱塘江,避居于杭州乡间。五传至孔泌分出萧山支。第五十三世孙孔泌,明洪武初年由钱塘迁居萧山砾山之南。

吴兴支:第四十九世孙孔瓒,字纯老,孔端朝兄端节之子,祖若升。瓒官至和州知州,寓居吴兴。九传至公昉分出青镇支。第五十八世孙孔公昉,自吴兴迁居青镇。其后又从青镇支分出海宁、苏州两支。第六十二世孙孔忆洋,自青镇徙至海宁,遂称海宁支。第六十七世孙孔毓琛,字钟南,自青镇行医至苏州,居此。

高田支:第五十世孙孔烨,父卓,祖彦。四十八世孙孔彦,世系失考,随端友南渡,避金兵于温州。淳熙间,其孙孔烨举家迁往崇德(今浙江桐乡县崇福镇)清风乡高田村。其后又从高田分出五支。第五十六世孙孔颐静,自高田迁居桐城,遂称桐城支。第五十六世孙孔希邃,自高田迁居青河,遂称青河支。第五十七世孙孔孟贤,自高田迁居蒋桥,遂称蒋桥支。第五十九世孙孔彦起,自高田迁居长兴,遂称长兴支。第六十二世孙孔闻见,自高田迁居董桥,遂称董桥支。

长洲支:第五十五世孙孔克信,字达夫,父思正,祖澄,世系失考。克信曾任泗水教谕,游学江南,居此。

柞溪支:第五十九世孙孔彦显,世系失考,赘柞溪沈氏,遂承外家。

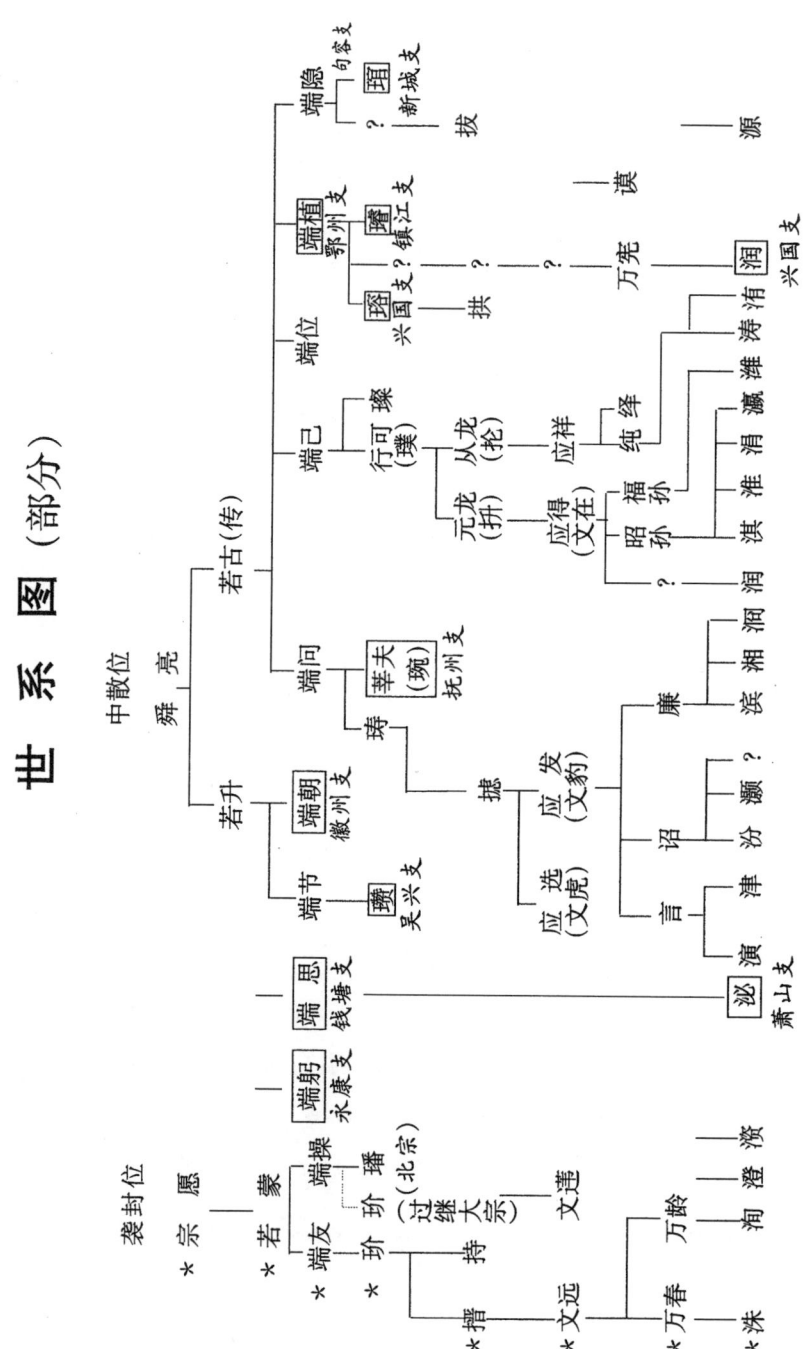

第一章 南宗 / 031

```
源
         ┌兴国支
      ┌润┤
      │  └思闻─克仁│湖州支
      │
      │思桓          │唐桥支
  清─涛┼思构─世勋│
      │思栗─克准─希经
      │思森─克诚
  淮─溓─思枢
  淇─思桢
                    │应天支
                ┌希和
                │        │柞溪支
  ?─滨湘润滑─思允─克进┤     溢─彦显
                └希凤
                        │江山支
              ┌克旸─希实       ?─彦穗
       ┌思朴模┤
  源─   │    └克惠─希升─证─公钊
       │思柏─克昭（过继大宗）
  汾─思机┤
       └?─希诚─议
       ┌思许（过继大宗）
  津─思演模栗┤
       └克忠（过继大宗）
                  │大理支
  │萧山支─桂─克昌─希达
  演─
  │梁水支
  长水支─克通─希文武
       ┌?─希   ─希敏坦
  资─  │思鼎─克显
       │        │长洲支
  淘─澄─思正─克信
       ?─克谦
       ┌思溥         │南浔支
  沐─  │思俊─克良─克安支
       └思许─克忠─希路─议─公诚─彦绳─承美─弘章
  *    *        *        *   *   *    *    *    *
```

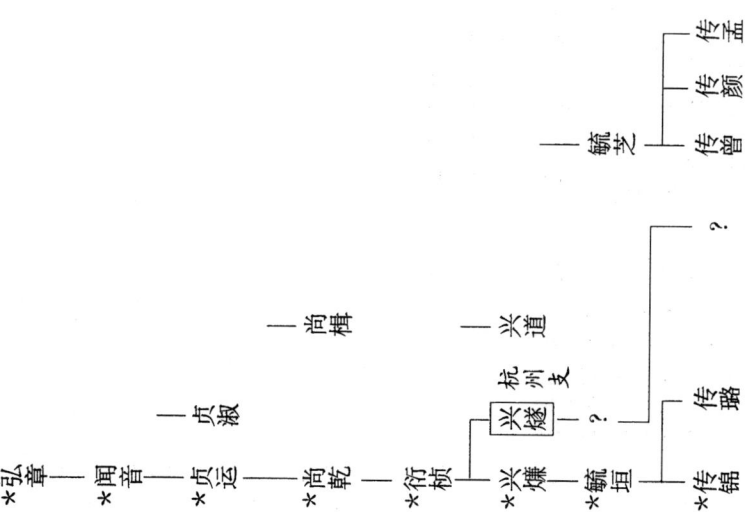

第一章 南宗 / 033

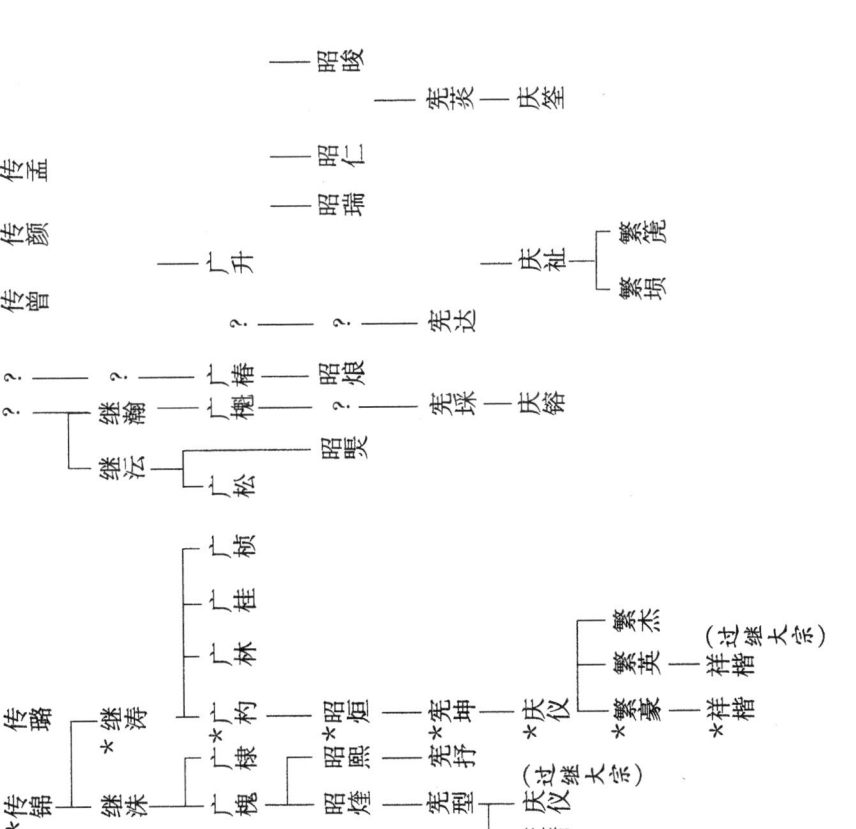

带＊者为孔氏南宗嫡长裔孙
带□者为孔氏南宗支派始祖

第二章 家 庙

衍圣公孔端友及其族人，赐家衢州后，于绍兴六年（1136）暂在峥嵘山衢州州学大成殿内设立孔氏南宗家庙，便于以例祭祀。

衢州州学，由知州高至临重建于北宋宣和年间（1119—1125），位于峥嵘山衢州府署西部，大成殿位于州学内东侧。暂以州学作为孔氏南宗家庙，是南渡初期较为理想的场所。绍兴六年（1136）、八年（1138），宋廷两次赐田，免除税赋，供南宗按时祭祀，并赡养南宗在衢族人。

在这以后的800余年中，孔氏南宗家庙，曾三迁其地，三次建庙，分别是菱湖家庙、城南家庙、新桥街家庙。

第一节 菱湖家庙

孔氏居衢一百余年后，即南宋宝祐元年（1253），鉴于家庙长期借用州学，难以开展陈列和祭祀等传统活动，衢州知州孙子秀上奏宋廷，要求正式建立南宗家庙。宋廷批准奏请，并拨款36万缗，选址城东菱湖芙蓉堤东侧原浮屠氏遗址，新建家庙。该项工程由孔子第五十世孙孔元龙等负责，宝祐元年仲夏动工，次年仲春朔完工，历时一年建成。

菱湖，为城东北一大景区。南渡后有不少达官贵人沿湖修建大批亭台楼阁、曲廊水榭以及书院等建筑，和峥嵘山遥相呼应，湖光山色，十分宜人。南宗家庙建于南岸，面对龟峰。赵汝腾在《南渡家庙碑记》中载"枕平湖，以象洙泗；面龟峰，以想东山"，称其颇具曲阜家庙的景色。

菱湖家庙规制略似曲阜，除庙门外，内有庙祠亭堂8座，中为玄圣殿，即大成殿，塑有孔子像，是祭祀孔子的场地；西为齐国公、鲁国太夫人祠，塑有孔子父母像，分别祭祀孔子的父亲叔梁纥及母亲颜氏；玄圣殿后为郓国夫人殿，即寝殿，塑有亓官夫人像，奉祀孔子夫人亓官氏；玄圣殿前东侧为沂水侯祠，塑孔子儿子孔鲤像，西侧为泗水侯祠，塑有孔子孙孔伋像，分别奉祀孔子之子孔鲤和孙孔伋；东西两庑还"别为室，以祠袭封之得祠者"，成为后世设置六代公爵祠、袭封祠的导源。寝殿之后为思鲁阁，取名思鲁，当有思念鲁地、思念故乡、思念先祖孔子林墓、思念阙里亲族之意。思鲁堂为孔氏南宗后族讲学之地，体现孔氏家族诗礼之风，也是孔氏南宗家塾教育之滥觞。思鲁堂东侧有咏春亭，供四方拜谒家庙之士休憩之用。全部建筑群共225楹，围以红墙，肃穆壮观。龙图阁大学士、礼部尚书赵汝腾为之碑记。

宋景炎元年（1276），即元至元十三年丙子，宋太后在元军包围临安后，于二月十一日诏谕诸郡归附元军。四月二十三日，兰溪人章焴率领农民起义军，攻破衢城，毁去菱湖、峥嵘山一带大部建筑，菱湖家庙也同时被毁。菱湖家庙从建成至被毁前后只存在22年。

第二节 城南家庙

菱湖家庙被毁后，其时正处于宋末元初战乱时期，衍圣公孔洙就将孔子和亓官夫人楷木像等重要文物移至己家，设坛祭祀。史称"以家为庙"阶段。

以后，城南家庙建于何时，家庙碑记中有两种不同记载。

一是《明初胡翰撰孔氏家庙碑》记载说：赵汝腾以后，菱湖家庙毁于寇，迁徙城南。南宋亡，元初，孔洙让爵后封国子祭酒，"归守江南庙，拓庙故书楼，其制非宝祐之旧"。后因兵革益盛圮坏不治，元至正十九年己亥（1359）秋，朱元璋义军攻占衢州，当时有部属王恺，任总制衢州军民事（因明朝尚未建立，属于军事管制时期),王恺亲至城南拜谒,发现家庙急需修理,就命有司"葺而新之"。告成之日,率领孔氏家族长幼,备牲礼,着祭服,到庙祭祀。这段记载充分说明,城南家庙迁于元初,修于元末。

二是《明弘治洗马罗璟重修孔氏家庙碑记》记载说:菱湖家庙元季毁于兵燹,荡无遗存。明永乐(1403—1424)初,礼部尚书胡濙过衢,命有司迁庙于城南崇文坊。这段记载,是迁庙还是修庙,《孔氏南宗考略》作者徐映璞认为是"胡濙命有司重为修葺"。他还认为,城南家庙,建于孔洙让爵之前是可信的。

其次,永乐年间不可能迁建孔氏家庙的另一个原因是,明初,儒家学说一度被攻击,明洪武十九年(1386),南宗祀田也被抄没入官,直至正统十年(1445)才批准发还。因此,如永乐初迁建家庙,一无祀田收入,二得不到朝廷支持。二说之中,胡濙过衢时命有司重修较为可信。

明弘治(1488—1505)初,吏部郎中周木(字近仁)使蜀经衢,谒拜家庙,见庙堂"岁久风雨震凌,不无朽弊",嘱衢州同知萧显(字文明)捐修拓建,适遇新任知府张俊到任,一起协力修建。这是城南家庙第三次修葺。

城南家庙规模较小,建筑比不上菱湖家庙,第三次修理后,仅有先圣殿、寝殿、大成门,殿前东为孔氏学塾,西为接待宾馆,共有建筑六座,围以红墙。洗马罗璟为之碑记。

城南家庙,按孔洙让爵前[让爵为元至元十九年(1282)]迁建,至明正德十五年(1520),共存在230余年。

第三节　新桥街家庙

明正德元年(1506),孔子第五十九世孙、孔洙第六世孙孔彦绳受封为翰林院五经博士,子孙世袭,中断224年之后,孔氏南宗嫡长又重获袭封。孔氏南宗地位比过去提高,城南家庙已不合使用。

明正德十四年（1519），五经博士孔承美主奉家庙祠事，曾赴曲阜拜谒林庙，会叙宗族，深受曲阜家庙宏伟壮观的影响，决心振作南宗家声。十五年，巡按御史唐凤仪来衢，承美以宋建菱湖家庙毁于寇，现在城南家庙浅狭卑陋，日久颓敝，要求迁移新址，重新建造。唐凤仪和布政使何天衢等具疏请予朝廷，诏许重建，拨给库银。同年十一月，由衢州府同知陆钟、通判曾伦、推官杨文升及衢属五县知县负责督造。选址新桥街原西安县学旧址，于十六年四月建成家庙和博士署。从此，"展奠有地，博士有居，斋宿牲庖，燕集弦诵之所，无勿备者。地位崇广，规制庄严，遐瞻阙里，实相辉映"。并"外建二门，以别庙廨"。武英殿大学士谢迁、刑部主事方豪各为碑记。这次迁建，确立东为家庙、西为翰林院五经博士署的格局。

明代新桥街家庙盛况可以从《诏建衢州孔氏家庙碑》图管窥：

龟峰之下，内城河畔是直面新桥街的大照壁，两侧为"德配天地，道冠古今"两座跨街牌坊。牌坊内侧各有一块下马石。主轴线上首为先圣庙门，其上有"万世瞻仰"匾。进为大成门，悬"东南阙里"匾，体现衢州作为孔氏南宗族人故乡的应有地位。再进为大成殿，悬"泗浙同源"匾，殿前两侧为东、西庑。最后是思鲁阁，悬"燕居"匾。考"先圣庙制：后殿、郓国夫人亓官氏殿，昔为先圣燕居之堂……藏孔子衣冠琴瑟之书"。思鲁阁的设立继承了"燕居堂"的遗风，一改宋阙里庙制祀亓官氏的传统，而陈设有关先圣孔子的东西。从这时起，思鲁阁上供奉孔子亓官夫人楷木像，阁下供奉《先圣遗像碑》。

东轴线首为恩官祠，位于大成门东侧，祠祀历代有功于孔氏南宗的官绅。祠后建筑，悬"圣泽同长"匾。再进为启圣祠，祠前有启圣门，门前有照壁，祠内祀孔子父母。

西轴线为一局部短轴线，大成门西侧为袭封祠，祠祀历代袭封翰林院五经博士者。祠后为六代公爵，祠祀南宗六代衍圣公。

西轴线西侧为翰林公署，即南宗孔府。首为大门，位于家庙西轴线与孔府主轴线之间，上悬"孔圣先宗"匾额。进门偏西侧纵向排列有三幢建筑，为南宗孔府主轴线。其一为南宗孔府二门，悬"翰林公署"匾；其二悬"尼山嫡派"匾，为南宗孔府大堂；其三是圣泽楼，为翰林院五经博士存放御赐诏书，赏赐之物的地方，也是翰林博士私人收藏之地。南宗孔府内宅未见于图。

南宗孔府的这种结构基本保持到清嘉庆年间未有大的改动，仅康熙年间将府门上悬的"孔圣先宗"匾改为"孔圣正宗"匾。

新桥街家庙建成后，至今470余年，屡加修葺拓建。

清顺治初年，北宗六十三世孙孔贞锐出任西安县知县，感念南北一脉，于顺治六年（1649），重修孔氏南宗家庙并捐俸置祭田，为之碑记。

清康熙十三年（1674），"三藩之乱"危及浙西，耿精忠乱衢三年，十万清军前后集居城区，涉及家庙，加上建庙已达150余年，岁久待修。"三藩之乱"平定后，五经博士孔衍桢、衢州同知杨道泰等督工修理，重建大成殿、廊庑及仪门等，并得到浙江总督、兵部尚书李之芳的支持，李之芳还为之作碑记。

雍正八年（1730），报部拨款，局部维修。

乾隆四十三年（1778），又报部拨银885两重修。六十八世孙孔传锦，重建庙前跨街两坊，将"道贯古今""德配天地"改为"道贯古今""德侔天地"。

道光元年（1821），知府周镐和继任谭瑞东，先后倡捐修葺，全城官佐及五县士民皆踊跃捐银、米、木料、砖瓦等，其中左营守备刘龙标出银580两，并采深山大谷巨木20余株。这次重修，将大成殿后已倾圮的思鲁阁移建至西北隅；大成殿北移，并因原殿基浅隘，阴湿气重，遂将殿基增高五尺，楹柱多易木为石；石阶墀、门庑也得到开拓；崇圣、报功诸祠皆修饰一新，"视旧制，进深高广增十之二焉"。规模扩大，形成"庋书有楣，藏器有库，燎庖有所，斋宿有房，内外堂宇，无不毕具，翚飞鸟革，顿易旧观"。重修由府学训导姚梦石，贡生徐世寯等具体负责，同年十月开工至道光三年（1823）四月完工，历时近两年。巡抚帅承瀛、学政杜堮、知府谭瑞东,各为之碑记。

同治三年(1864),驻衢闽浙总督左宗棠捐银700两,府、县两级也出资修建。

同治八年(1869),又进行局部修葺。

光绪八年(1882),金衢严道道台桑树勋饬三府所属官绅集款重修,桑树勋为之碑记。

光绪二十二年(1896),学政徐致祥主修,并改建博士署。

光绪二十六年(1900),因南宗家庙"垣墉倾剥,梁木渐就腐朽,正殿盖常瓦,每当北风紧时,恒致飞揭",前任郡守洪思亮量度工程,于这一年十月开工。二十七年秋知府世善到任,"急为具牒,得钱1700缗,委查令鳌董其役","由是鸠工庀材,土木咸作,败者易之,圮者葺之,正殿上一律更置筒瓦,琉璃映碧,顿异旧观"。工程于二十八年(1902)四月完工。世善为之碑记。

抗日战争期间,日寇两次践踏衢州,将家庙思鲁阁作为马厩,圣泽楼、奉祀官府内宅等被焚毁。民国35年(1946),国民政府曾拨款略作维修。

1957年10月19日,衢县人民委员会公布孔氏南宗家庙为第一批县级文物保护单位之一。

1961年12月,因大成殿梁架朽坏,思鲁阁山墙开裂,衢县人民委员会拨款修理。

1965年,衢县人民委员会再次公布孔氏南宗家庙为县级重点文物保护单位。

1966年,"文化大革命"开始,家庙棂星门石坊及家庙历代碑刻被砸毁。1970年,砍毁家庙古银杏两株。70年代初,家庙西轴线及孔府建筑被拆,改建为简易平房。

1982年4月25日,衢州市(县级市)人民政府公布孔氏南宗家庙为重点文物保护单位。

1984年开始,浙江省文物局、衢州市(县级市)人民政府先后拨款52万元进行维修。翻修大成殿353平方米,配置槅扇门18面,修理石台基及俏台192

平方米，大成门176平方米，配大门6扇，枹鼓石3对，修理东西两庑463平方米，更换梁柱44根，翻新屋面，拆建墙壁，重铺砖地，配置槅扇76面，修建围墙1 198米，孔塾208平方米，思鲁阁117平方米，更换梁柱14根，新铺楼板、修理楼梯及花格门窗。维修工程于1988年9月完工。12月28日，孔氏南宗家庙作为衢州市博物馆馆舍对外开放。

1989年12月12日，浙江省人民政府公布孔氏南宗家庙为省级重点文物保护单位。

1991年6月至1993年4月，重建圣泽楼。至此，家庙占地面积达3965平方米，建筑面积达1989平方米，保留了家庙主轴线、东轴线及西轴线的部分建筑。

1995年11月8日至10日，衢州市文化局承办"中国孔庙保护协会成立及首届年会"，来自山东、北京、上海等17个省、市42位各地孔庙的专家，共同探讨中国孔庙的地位、作用、保护及开发利用问题。在中国访问的"越南赴中国参观孔庙代表团"一行6人也列席会议。北宗第七十五世孙孔祥林出席会议，并和孔祥楷共同举办记者招待会。会上，两人联合签名赠送《论语》作为纪念。

1996年11月20日，孔氏南宗家庙被国务院公布为第4批全国重点文物保护单位之一。

1998年7月至12月，在浙江省考古研究所的指导下，衢州市博物馆组成"南宗孔府遗址考古发掘队"，对孔府遗址进行先后两期发掘清理工作，总发掘面积达2300平方米，基本搞清明、清两代家庙西轴线及孔府各建筑的规模、体量及变迁。

1999年5月，孔氏南宗家庙西轴线及南宗孔府复建工程正式动工，同时恢复南宗孔府后花园。工程完工后孔氏南宗家庙及其附属建筑总占地达14200平方米。

孔氏南宗把家庙、家塾、官署、内宅合而为一。整个建筑群坐北朝南，背靠菱湖（菱湖至清代后期逐渐淤积，改为农田，建国初成为菜地，现为东门菜市场和迎和住宅区），面对府山公园。

第四节 建 筑 特 色

孔氏南宗家庙的现址为明正德十五年（1520）迁徙之所，建筑空间基本为清道光年间大规模修建后的格局，现存建筑多数为晚清遗构。作为全国仅有的两座家庙之一，家庙建筑具有其独特的布局和构成。

照壁，又称万仞宫墙，表示孔子学问之博大，位于家庙主轴线的最南端。新桥街在照壁与庙门之间穿过，这样既使家庙入口形成一个相对独立的空间，同时又与公共街区保持紧密的联系。家庙照壁最早见于明代《诏建衢州孔氏家庙碑》，已毁，未恢复。

先圣庙门，即家庙的正大门，现存建筑为1987年重建，为三开间门厅式建筑，单檐歇山顶，两侧连接八字形墙垣，正对照壁。

庙门八字形墙垣两侧各有"文武官员至此下马"碑一块，已毁。新桥街东西两侧跨街有牌坊两座，名为"德配天地""道冠古今"，乾隆年间依曲阜例改为"德侔天地""道冠古今"，已毁，未恢复。

进入庙门为第一进院落，6株古银杏树挺拔参天（原为8株，两株毁于"文化大革命"中），为家庙增加几分肃穆安静气氛。右侧墙上嵌着七块明清家庙碑刻，记叙着历代修缮家庙的情况。院内原有棂星门石坊一座，"文化大革命"中被毁。

大成门，又称仪门，明弘治年间已有记载。现存为硬山式建筑，三开间加两挟屋，梁架采用三柱分心式，前后檐为方形石柱，月梁形阑额，脊檩缝各间设实榻大门，筒瓦屋面。明代大成门一度为重檐歇山顶建筑，清康熙年间已改为单檐，并保持至嘉庆年间，现在的硬山式建筑应是道光年间重修后的形制。三开间加两挟屋的形制，恰同于金代曲阜北宗孔庙大成门的规制，保留了宋金时代的风格。

进门为第二进院落，是家庙建筑群的主要空间，院内古柏盘虬缠结并配以灌木丛。目前古柏仅存四株，两株已枯，这些古柏与家庙内的古银杏树相传均为明正德年间迁建时所栽。院内两侧为东、西庑，为三三九开间，向院内设廊。清末，东庑祀中兴祖孔仁玉及孔传，西庑祀南渡祖孔端友。院中由细卵石与石板铺成甬道，尽端是高高的佾台，周围以石栏环绕，是祭祀孔子时表演佾舞的地方，拾级而进，便是家庙的中心建筑大成殿。

大成殿建在五尺高台上，重檐歇山式建筑。同时由于殿基与佾台形成一个二层台结构，使大成殿巍峨庄严且等级较高，突出孔子的历史地位。周围的建筑与庭院，均起陪衬烘托作用。大成殿通面阔16.6米，通进深15檩，计16.5米，平面近于方形，保留了江南地区宋元时期大殿作纵向长方形和方形平面的风格。大殿的柱网结构并非严格成对应关系，其外周檐柱皆为石制，面阔、进深皆三间，而内柱木构，次间缝柱列较檐柱次间缝柱列收进约2米，形成五开间格局。其梁架结构上檐九架前后双步廊用四柱，下檐亦为双步廊结构。内槽为七架梁结构，其中三、五架梁以瓜柱承之，再用梁承檩，构架中前后槽及下檐皆用柱承檩，这种抬梁式与穿斗式相结合的构造颇为特殊。正是这种构造，使脊檩至室内地面高差10米，七架梁底皮至地面7米余，显得殿内空间高敞。而且整个结构简洁无华，未用斗拱，亦少雕饰，建筑风格庄严简朴。屋面铺灰色筒瓦，檐口施勾头滴水，翼角发戗起翘。清末殿内塑孔子及伯鱼、子思三像，久圮，现存三尊王侯像为1993年由浙江美术学院应真华教授设计，美院工艺师祝鹏杭负责重新塑造。

西轴线上，首为"孔圣先宗"大门，现存为1999年复原重建，三开间加两挟屋，单檐硬山式建筑，两侧连接八字形墙垣。通面阔15.08米，通进深6.12米，明间设实榻大门，为抬梁式结构，次间、梢间为穿斗式结构。此门为家庙西轴线与南宗孔府共用的大门。

穿过甬道，进为五支祠，现存为1999年复原重建，五开间硬山式建筑，前有廊，通面阔14.90米，通进深8.05米。明间、次间为抬梁式，梢间为穿斗式。五支祠祀孔氏南宗仁、义、礼、智、信五房支祖，史志、碑刻均不载，始于何时无考，仅民国徐映璞撰《孔氏南宗考略》提及。

再进为袭封祠,为家庙特有建筑,现存为1999年复原重建,三开间硬山式建筑,通面阔9.7米,通进深6.3米。明间为抬梁式,次间为穿斗式,明间后墙前有祭台。袭封祠祀孔氏南宗十五代世袭翰林院五经博士,始见于明《诏建衢州孔氏家庙碑》。

再进为六代公爵祠,为家庙特有建筑,现存为1999年复原重建,三开间硬山式建筑,面阔、进深、梁架、祭台位置、始建年代均与袭封祠同,只是六代公爵祠是敞开式的,无门无窗。六代公爵祠祀孔氏南宗六代衍圣公。

最后为思鲁阁,为家庙最有特色的建筑,三开间二层单檐建筑,二坡顶硬山式结构,前檐上下层皆有廊庑。思鲁阁建筑始于南宋菱湖家庙的思鲁堂建筑,其后一度未见,明代《诏建衢州孔氏家庙碑》中始见思鲁阁,在大成殿后,取代明弘治时寝殿的地位,为三重檐歇山式建筑,面阔五间,体量颇大。清康熙年间思鲁阁已变为重檐歇山顶,但保留了五开间的形制。道光元年(1821)大修时迁至大成殿西北侧现址。阁上供奉孔子及亓官夫人楷木像,阁下立孔端友勒石吴道子稿本摹刻的《先圣遗像碑》。

东轴线,首为孔塾,有前后两进,为南宗私塾教育之地。首进三开间,硬山式建筑,明间开门,与次间有分隔,二进亦为三开间硬山式建筑,现存为20世纪80年代修复,有所改动。

二进孔塾西侧紧邻着的是报功祠,又称恩官祠,始见于明《诏建孔氏家庙碑》,三开间硬山式建筑,现存有所改动。恩官祠祀官绅中有功于孔氏南宗者,如南宋宝祐年间衢州知州孙子秀,明正德年间衢州知府沈杰,巡按监察御史唐凤仪,清同治年间浙江巡抚左宗棠等。

报功祠前有泉,汇水成池,池名无考,池边东北角有一株古银杏树。

再进为崇圣祠,祠前有崇圣门,均为三开间硬山式建筑。崇圣祠原名启圣祠,始见于明《诏建衢州孔氏家庙碑》。清雍正二年(1724)追封孔子五世先祖为王,改称崇圣祠,又称五王祠,现存建筑有较大改动。

最后为圣泽楼,原名御书楼,作陈放朝廷谕文、诏书、赏赐物品之用。始见于明代《诏建衢州孔氏家庙碑》,但当时位于翰林公署轴线上,这种格局至少保持至清嘉庆年间,其后一度未见,民国时改建于崇圣祠后现址,民国31年(1942),被日寇烧毁。现存五开间二层硬山式建筑为1991年至1993年重建。

家庙西侧为南宗孔府。清光绪二十二年(1896),浙江学政徐致祥主持重修家庙,并重建翰林公署,生员吴炯独资捐建,确立南宗孔府最后的规制。抗战时孔府大部分建筑被毁,南京政府拨款修缮,因经费不足只修了内宅。20世纪70年代孔府大部分建筑被拆改为平房,惟二层楼内宅改建成一层后仍在使用。

1998年7月至12月间,衢州市博物馆的考古人员对南宗孔府及家庙西轴线进行科学发掘。在此基础上1999年至2000年5月,家庙西轴线及南宗孔府得以全面复原。

南宗孔府与家庙西轴线共用一个大门与外界相连,入门向西有门直通南宗孔府,自南向北,纵向共有照壁、大门、大堂、花厅、内宅五部分。

照壁,长7.14米,宽0.8米,高5.16米。按中国传统风水之说,住宅临街开门不好,故往往在门后设一照壁以挡邪气。

孔府大门,面阔三间,进深二间,通面阔9.33米,通进深4.61米,明间、次间各用三柱,为穿斗式硬山建筑。次间檐柱与中柱间有墙分隔,形成一门夹两厢的形制。大门上悬"圣府"匾额。

穿过大门,走过13米长的通道来到大堂。大堂面阔三间,进深四间,通面9.64米,通进深8.09米。大堂是衢州世袭翰林院五经博士处理家族内部纠纷,管理乐舞生、礼生、庙户、佃户的地方。门上悬"翰林公署"匾额。

花厅,五开间,通面阔14.54米,通进深6.2米。花厅是翰林博士会客之地,厅内悬"世恩堂"金字匾,世恩堂为最后一任翰林博士孔庆仪这一支的堂名。

花厅与内宅间有两搭厢,清末民国初年主要作为翰林博士孔庆仪之妻、孔府太夫人的佛堂及休憩之地。

内宅,五开间,二层楼,通面阔17.59米,连搭厢通进深16.85米。一楼明间为女眷们休息、就餐的公共场所。堂上悬"百龄仁寿"匾。此匾为光绪戊戌年(1898)第七十一世孙孔昭熙之妻王氏百岁大庆前由浙江学政徐致祥恭送。二层民国时并不住人,而是陈设翰林博士有关服饰及祭孔礼、乐器之地。

内宅后为孔府后花园,微波荡漾,绿树成荫,亭台楼阁,假山水榭一应俱全,是翰林博士休憩之地。

孔氏南宗家庙始终作为一种家庙建筑在生存发展,并发挥作用。从历代对家庙的称呼来看,南宋礼部尚书赵汝腾称之为南渡家庙,元代金华学者胡翰称之为孔氏家庙,明代开化方豪称之为衢州孔氏家庙,清代知府谭瑞东称之为衢郡至圣家庙,现在则将之定名为孔氏南宗家庙。

作为孔氏南宗家庙,它拥有一般文庙,甚至是曲阜孔庙所没有的建筑。如五支祠、袭封祠、六代公爵祠,还有报功祠、思鲁阁和咏春亭。这些建筑虽然等级不高,以三开间为主,建筑风格平实、单一,既没有北方宫廷建筑那样雄壮,也没有江南富户私宅那样的雕梁画栋,却是孔氏南宗家庙所独有的。

建筑的不同,带来功能的差异,主要反映在祭祀对象的特殊性。在这些建筑里不仅祭祀孔氏南宗五房支祖(五支祠),而且还祭祀孔氏南宗袭封爵位的历代祖先(袭封祠、六代公爵祠),祭祀有功于孔氏南宗的历代官绅(报功祠),供奉有关孔子及亓官夫人的古物(思鲁阁)。这些祭祀对象也是一般文庙,甚至曲阜孔庙所不具备的。大成殿内祭祀孔子祖孙三代更是南宗家庙独有风格。

在相当长的时间内,孔氏南宗的匾额文化也相当有特色。如"东南阙里""泗浙同源""圣泽长流""圣泽同长"等等,表达了孔氏南宗是孔氏家族南渡嫡派后裔,孔氏南、北两宗同宗同源、共同发展等深刻含义。至迟在清嘉庆年间,家庙、孔府仍悬挂着这些匾额。

简朴无华的建筑结构和装饰意趣是现存孔氏南宗家庙在建筑上的显著特

点。孔氏南宗家庙无论从它的封建等级或从其建筑规制来看，都具有重要地位。但纵观家庙各单体建筑，却不见颇具等级制意味的构件——斗拱。这与曲阜孔庙大成殿内外檐的遍施斗拱，同属江南的海宁盐官海神庙绍兴禹庙，甚至衢州周宣灵王庙等民间庙宇建筑的遍施斗拱有显著不同。

在装饰方面，衢州、金华地区在明清时民间建筑中大量采用各类木雕艺术构件，使得建筑富丽堂皇，满目生辉，具有很好的装饰效果。而孔氏南宗家庙则不然，除檐口略作装饰外，室内几乎不见木雕装饰构件，柱、梁、檩、枋等皆简洁无饰，充分体现一个"朴"字。

而作为一种礼制建筑，孔氏南宗家庙的建筑更多地体现了儒家的传统思想，家庙建筑布局、配置乃至各个方面均反映了儒家的礼治思想和宗法伦理道德的观念。

等级观念是儒家思想的重要内容，反映在建筑上就是要求建筑群空间布局主从分明，秩序井然。衢州孔氏南宗家庙建筑的空间环境是沿数条纵轴线展开的，以中轴线为主，起始于照壁，从庙门、大成门到俯台、大成殿，建筑由低到高，规模自小而大，循序渐进，达到建筑群的高潮。正是这种层层院落组成的序列，使人逐步产生一种庄严崇敬的心态，感受到严谨和致密的等级制。其余建筑也严格依轴线布列，东轴线上从孔塾、报功祠到崇圣祠、圣泽楼，西轴线上从五支祠到袭封祠、六代公爵祠，乃至南宗孔府轴线等，均井然有序，有主有从。在总体布局上，家庙追求排列整齐，左右对称，以及直线延伸的格局，从明代至清末家庙三轴线的形成、完善并最终确立也体现了这一点。而且各个单位建筑皆作方整、对称设置，体现儒家"正心""正名""正位""正物"的观念。尊卑观念、三纲五常的宗法伦理在家庙建筑中也表现突出。从祭祀孔氏南宗五房支祖的五支祠，到祭祀南宗十五世翰林院五经博士的袭封祠，再到祭祀南宗六代衍圣公的六代公爵祠，最后是供奉先圣楷像、先圣遗像的思鲁阁，整个西轴线构成完整的家祠系统，显示尊卑有等、长幼有序的道德规范。

第二章 家 庙

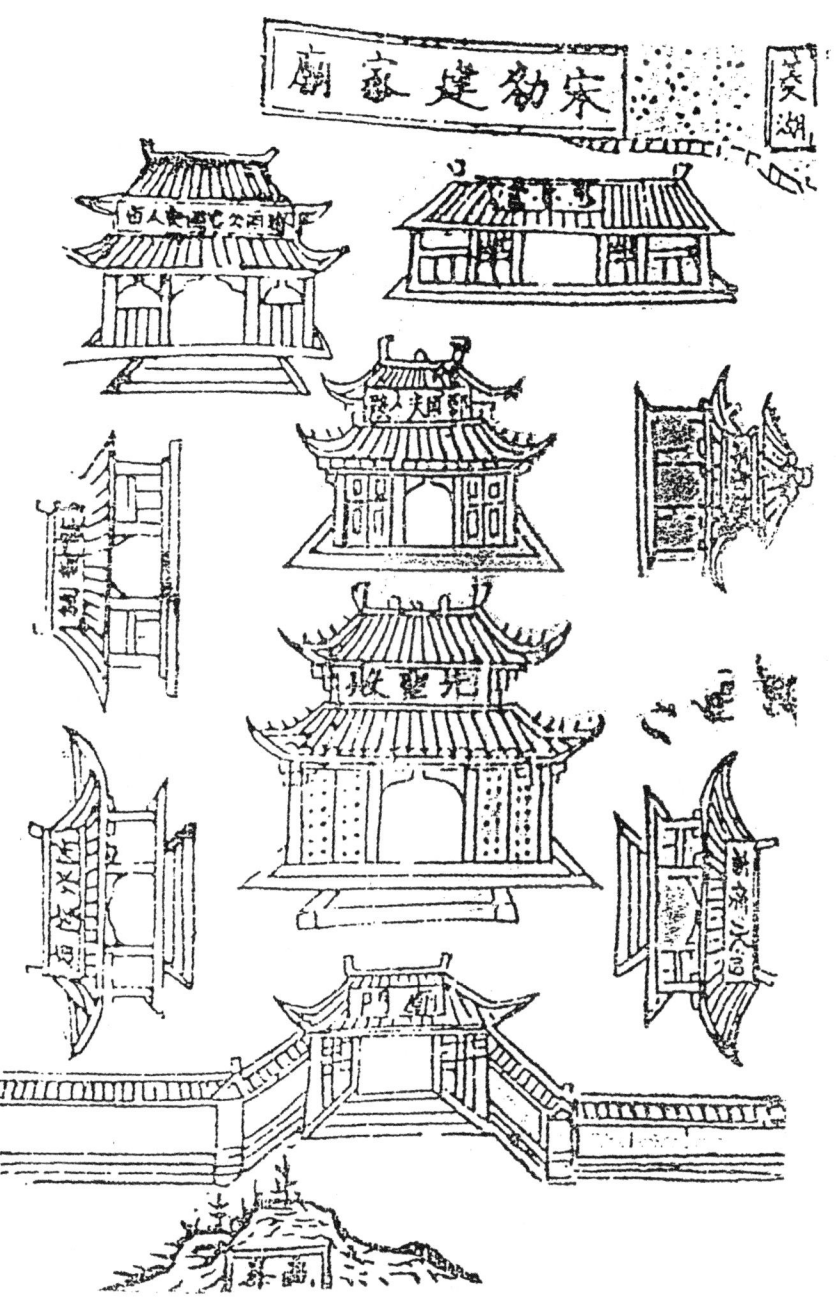

菱湖家庙图

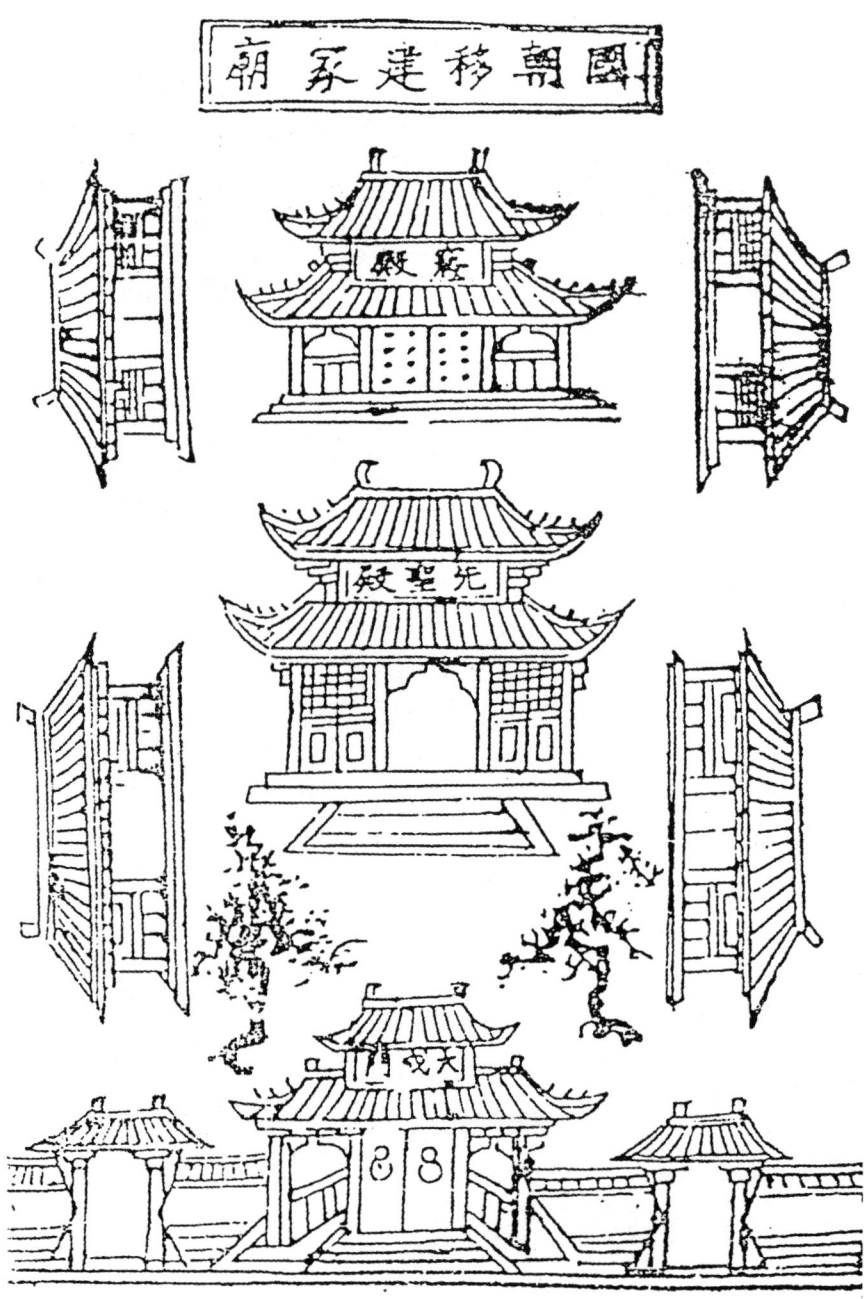

城南家庙图

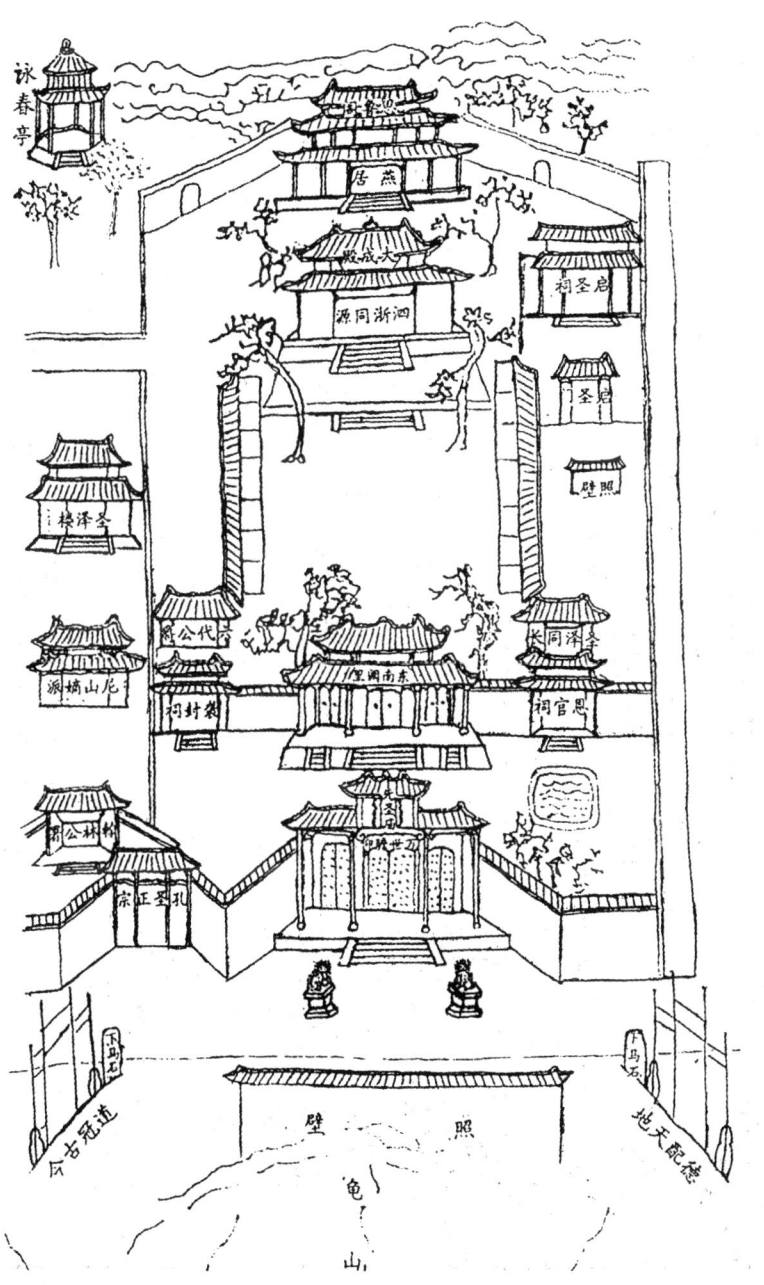

明《诏建衢州孔氏家庙碑》图

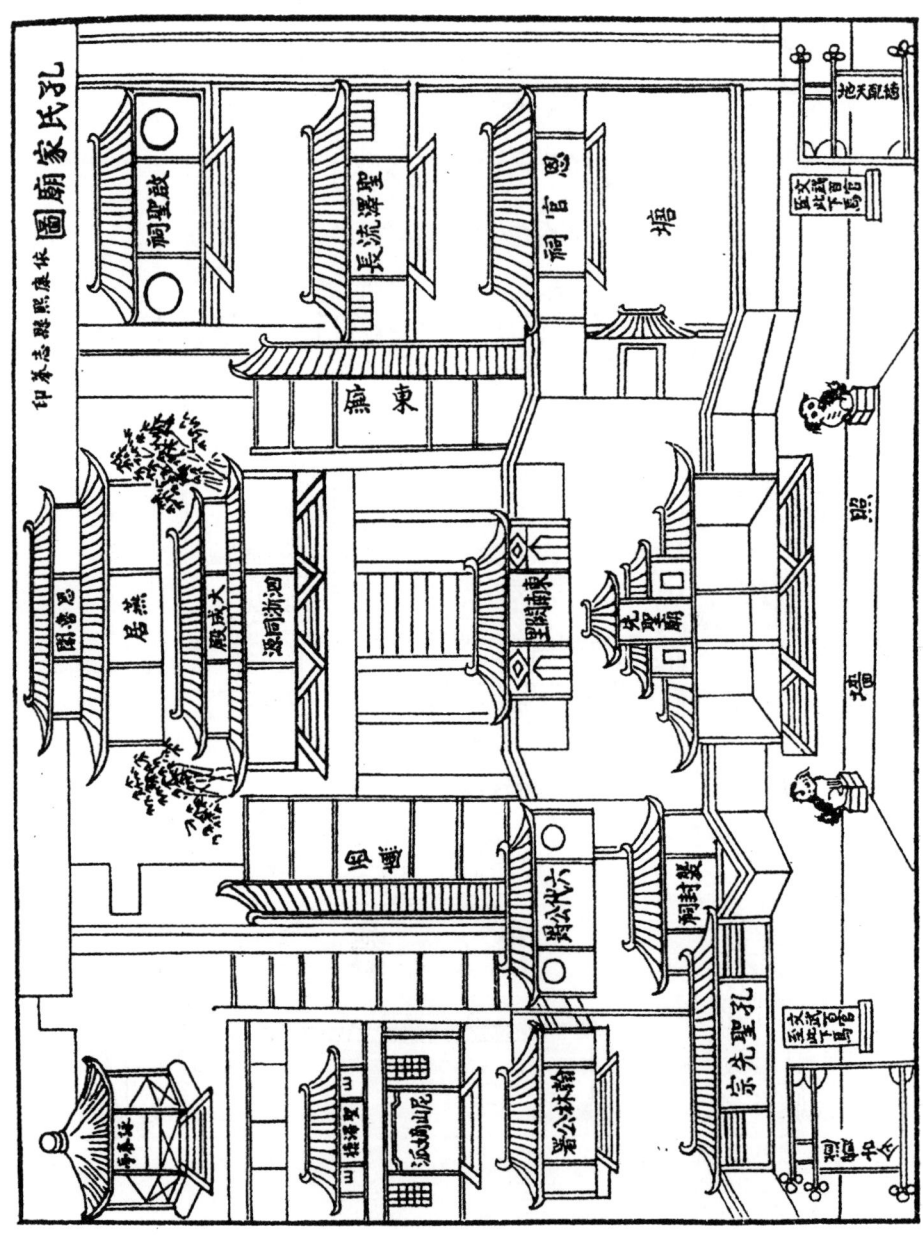

清康熙孔氏家庙图

第三章 孔　府

自汉代董仲舒提出"罢黜百家，独尊儒术"以来，孔子及其儒家学说逐步确立起"至尊"的地位，历代统治者推崇孔子并泽被其后人。孔子后裔作为"至圣苗裔"不断受封袭爵，甚至建立起官方机构孔府，专门处理孔氏家族内外事务。

在北方，山东曲阜有一座衍圣公府，称为北宗孔府；南方的浙江衢州，与孔氏南宗家庙相连的为南宗孔府。明正德年间至清末，此处是世袭翰林院五经博士署，民国时改称大成至圣先师南宗奉祀官府。

第一节　机　构

宋代衍圣公，其品级未见于史载，虽贵为公爵，实为虚衔，是对孔子嫡长裔孙的一种恩赐，不在百官班列之内。且宋代衍圣公可兼领他官，并不年年主持在衢家庙内的祭祀活动，孔氏南宗未能形成衍圣公府衙门。

元至元十九年（1282），五十三世孙、衍圣公孔洙让爵，南宗失封达224年之久。孔氏南宗诸事权归族长。

明正德十五年（1520），翰林院五经博士孔彦绳之子，第二任翰林博士孔承美呈请朝廷建家庙，并于家庙西侧另立一门，建世袭翰林院五经博士署，简称"翰林公署"，正式建立起南宗孔府。

明代世袭翰林院五经博士，简称袭封翰林博士，秩正八品，允许升迁。

明代，南宗孔府的机构不见于史载。翰林博士门下差役费用由朝廷承担，并将经费列入衢州府及相关各县的年度税赋预算之中。如明初，"孔博士员下门子一名，银六两；孔氏家塾门子一名，银三两；孔博士员下皂隶二名，每名银六两。"由西安县承担，总计力役四人，耗银二十一两。还有银差，"常山县编孔博士柴薪皂隶二名"，"每名银一十二两"。

万历九年（1581）执行一条鞭法之后，改为"孔氏世袭翰林院五经博士门下柴薪皂隶二名，每名银一十二两，共银二十四两，加闰，常山县编"，"门子一员，银六两"，"西安县编"，"皂隶二名，每名银六两，共银一十二两，龙（游）江（山）二县各一名"，"看守家庙门子二名，每名银六两，共银十二两"，"西安县编，俱加闰"。总计差役7人，耗银54两。

清代也对此作出了相应的规定：同治五年（1866）"卑府复查役食银两，向由各县编支，内西安县编支看守孔氏家庙门子工食银十二两，博士门子工食银六两，龙游县编支博士皂隶工食银六两，江山县编支博士皂隶工食银六两，常山县编支皂隶工食银十八两四钱一分四厘。以上共计额编各役工食银四十八两四钱一分四厘，由县按季给领"。

清代沿袭明制，孔氏南宗嫡长裔孙仍袭封翰林院五经博士，简称衢州翰博、衢州博士、翰博等，官秩仍为正八品。翰林博士作为朝廷正式委任官吏，必须参加官吏考核，谓之"京察"，考核合格可按年资升转。在南宗孔府与衍圣公府的往来公文档案中记载：世袭翰林院五经博士孔传锦加二级，世袭翰林院五经博士孔广杓纪录一次。清雍正帝定"京察"为三年考核一次，于子、卯、午、酉年进行。考核分称职、勤职、供职三等，列一等的加级。孔传锦有两次考核列一等，故加二级。官吏有功者，亦须登记在案，以备日后升迁，称之为纪录。孔广杓因有功而被记录一次。翰林博士升迁最快的，就是参加临雍大典。康熙五十年（1711），翰林博士孔传锦临雍陪祀，礼成"俱俱受赏赉，加一级，由文林郎（正七品）晋阶奉政大夫（正五品）"。翰林博士还可能因其他政务有功而加官晋爵。光绪二十七年（1901），翰林博士孔庆仪"于衢防肃清案内办团出力，赏给五品顶戴"。

翰林博士作为朝廷正式官员，有官方印信，称之为"关防"或"钤记"。清制"凡官无印信者，奉部议令各省由藩司衙门定式，令官匠镌刻钤记颁发"。衍圣公府规定所属翰林博士等属官的应用钤记，由衍圣公府拟定式样，"咨部查验"后，由衍圣公府镌刻颁发，还规定"凡一切私戳，均令提取销毁在案"。

据现有资料，清代翰林公署印信共有三种。其一为"世袭翰林院五经博士孔关防"。其二为"世袭翰林院五经博士孔传锦钤记（花押）"。其三为"衢州孔氏世袭翰林院五经博士之钤记"。

清初，衢州翰林博士取得三年入觐之例后，南宗孔府设有赍奏、随朝、伴官等属官。到了清末，几经增减，大致有督理1员，典籍1员，司仪2员，司乐2员，掌书2员，书写4员，驻杭州、驻龙游执事官各1员，散执事官4至8员，乐舞生32名，礼生12名，卫士10名，洒扫丁16名，由博士分别选用，报部备案，其中执事官以上计22人，视正、从八、九品，以年资议叙，合计92人。

民国3年（1914）2月，以袁世凯为首的北洋政府颁布《崇圣典例》，共计7章18条。内容规定："衍圣公膺受前代荣典，均仍其旧。其公爵按旧制由宗子世袭，报经地方行政长官呈由内务部核准承袭"；"圣贤后裔，旧有五经博士等世职，兹均改为奉祀官，世袭主祀"。根据这一规定，山东曲阜衍圣公世袭爵位得以保留，改衢州世袭翰林院五经博士为世职"南宗奉祀官"。孔子第七十三代嫡长孙孔庆仪为孔氏南宗第一代奉祀官。民国8年（1919）重订《崇圣典例》，规定奉祀官"每员岁俸银币100元"。

民国24年（1935）11月，国民党中央通过"尊孔祀圣"决议，任命曲阜孔子后裔为"大成至圣先师奉祀官"，给予特任官（省部级）待遇。1935年3月1日，国民政府发布《简任在浙江之孔子嫡系南宗裔孙为大成至圣先师南宗奉祀官令》，给予孔氏南宗嫡长以简任官待遇。南宗等"其他奉祀官支简任俸，自初级起，晋级由内政部核定，未成年而承袭者，支半俸，不支学费"。

民国25年（1936），核定南宗奉祀官俸额，"由内政部按照该奉祀官支俸额，编具岁出概算，送由主计处，提请中央核定，预算核定后，可由浙江省政府向国库具领，就近转发"。

民国33年（1944），国家岁出预算书，按南宗奉祀官府职员实有人数，专任1员，义务职4人，公役1人编制。

奉祀官月支430元，年支5160元；应领基本生活补助费月支220元，年支2640元；应领薪俸月支172元，年支2064元；合计奉祀官月收入822元，年收入9864元。南宗奉祀官府生活补助费公粮代金临时费，月支6017元，年支72204元；本机关月支6017元，年支72204元。应需公粮，以职员5人，平均每月每人9斗，工役1人，每月5斗计，合计月支食米50斗，以民国33年（1944）12月庆元县米价每斗112元5角计，每月折国券5625元，年支67500元；合计奉祀官府每月额定支出17659元，年支出211908元。

民国奉祀官府机构：奉祀官下设秘书1员，仪制科科长、科员各1员，保管科科长、科员各1员，总务科科长1员，收发1员，监印1员，司书2员，报内务部批准任命。礼生以下，名存实亡，亦无款可给。民国28年（1939），圣楷南迁，增设留衢主任1员及卫士16名。

民国时期尽管南宗奉祀官改为世职，但其选任程序和明清基本相同，仍由南宗嫡长裔孙世袭。民国政府还以国家岁出预算的形式确保了南宗奉祀官府的经费，并给予南宗奉祀官以很高的待遇。

第二节 特 权

自宋以来，乃至明清政府，给予南宗孔府以种种政治特权，如恩授官职，

"无孔不开榜",给予三年入觐等等,其中影响最大的就是免差特权。

免差特权,即豁免相关人户的赋役负担。在中国2000多年的封建社会中,统治者为维护和加强等级制的统治,一方面强迫广大农民和其他中下层群众承担繁重的赋役义务,同时又作为一种政治特权,大量豁免官僚绅衿们的赋役负担。

南宗孔府的免差特权,范围相当广泛,不仅翰林博士本身能够享受,一些与其有关的或依附于他的人,包括庙户、仆役、礼生、乐舞生、府庙属官以及孔氏南宗族人等等,也能够得到优免。

孔氏南宗家庙的庙户设置,史载不详。清末额设洒扫丁16人,每年祭祀时都要到庙廷听差。另设卫士10人,以护卫家庙。还有南宗孔府内的家人、契买世仆等,为了使他们更好地在府内劳作,不致因差徭所役,也优免其差徭。这些庙户、仆役,"耕种之外,复供应庙墓洒扫及一应府中催粮、办祭、搬运口粮、祭器岁修、各处水火更夫,轮番值宿,伺候呼唤……并无暇隙"。

在家庙庙廷执事的除庙户、仆役外,还有礼生和乐舞生。礼生,又称奉祀生,祭祀时赞礼、捧献爵帛、洗擦祭品。乐舞生,祭祀时演奏乐舞。

乾隆五十四年(1789),礼部批准"浙江衢州圣庙与各省、府、州、县文庙一例,所有额设礼生四十名,应准其照直省、府、州、县文庙乐舞生之例……如遇考试,准免府、州、县考,与诸童生一体院试"。孔氏南宗家庙礼生不经考试就获得童生资格,可以直接参加学政主持的秀才考试。

明清时,礼生、乐舞生在家庙内执役,身列儒户,"照廪膳生员事例,除本身优免外,供给二丁"。这里"供给二丁"就是免礼生、乐舞生本户内二丁的一切差徭,"以供本生往来盘费"。

南宗孔府清末额设执事官以上各种职官计22人,视正,从八、九品,以年资议叙。这些官员均有部咨文凭,并规定品级衔封,在身份地位上与朝廷职官同等,根据"优免则例",是当然的优免对象。

在南宗孔府的免差特权中，最大的一项就是对广大南宗族人的优免。清代《续修江西临江孔氏支谱》载有一则《宋朝优免赋役帖》：

> 江南西道行平章事临江军知军孔端木奏称。本县六十二都孔伯巽等，系先圣四十世孙吉州推官孔绩留寓本县地名西江，欲得依仿衢州府孔传等依例优免赋役。端炎（疑为理宗"端平"年号之误）元年二月十日，三省同奉御笔，依下平章省转咨金部、移咨江南西道平章事下、临江军下新淦县，照将孔伯巽等户内茶、盐、酒、醋杂泛科差，查与优免。依奉拘得六十二都部图里递边明等，再行审问，孔伯巽等委系先圣遗裔，是的重申定夺。蒙再行下委，的于各户给与文帖一宗附执照免。准此，照验。依奉将孔伯巽等户内茶、盐、酒、醋杂泛科差尽行优免，给与文帖一宗附执备照外，就将上司文书开到六十二都户，计花名开坐于后。

说明至少在宋端平元年（1234）以前衢州府孔传后裔已依例优免赋役。优免的内容包括"茶、盐、酒、醋杂泛科差"，即免除"茶、盐、酒、醋"等附加税，免除差派的府、州、县吏役和杂役等等。对于孔氏族人的优免还需颁给优免赋役文帖一宗作为凭证，而且要详细开列优免对象的姓名、户数等于文帖之后。

元代孔氏南宗嫡派的优免特权史载不详，五十三世孙孔津曾"以寓衢缘由，并历代优免赋役典故，具陈朝省，当蒙行移，一体存恤"。可见尽管孔洙让爵使孔氏南宗失去大宗地位，但朝廷仍给以免差特权。

明初，孔氏南宗一度丧失免差特权。正统元年（1436）七月，顺天府推官徐郁为"褒崇道学事"，上书朝廷，言及"孔氏子孙流寓浙江衢州府居住，未得均沾恩泽，与民一体当差。有司不加优容，甚至将夫作贱役一概差遣。……建言及乞敕该部转行各处,将圣贤子孙体访上闻,照例优免差役"。自此,孔氏南宗嫡派子孙又重获免差特权。

明正德元年(1506),五十九世孙孔彦绳被恩授为翰林院五经博士,子孙世袭,孔氏优免之例得以延续。明嘉靖三十一年(1552),有"仇奸缘间攻击差徭",六十一世孙、世袭翰林院五经博士孔弘章"稽历代优崇典故",上书朝廷。"朝廷下其事于布政使司,议得优免。"

清代承袭明制,"圣朝尊礼先师,恩及苗裔。除正供外,一切杂泛差徭,概行优免"。孔氏南宗嫡派自然也在优免之例。南宗孔府世袭翰林博士也频频为孔氏南宗各地支派的优免之事上书。

> 衢州孔氏世袭翰林院五经博士纪录一次孔广杓为呈送谱牒恳请钤印援例移免地方差徭事。据寄居浙江衢州府开化县族人孔传旺呈前事呈称,切照南宗至圣苗裔,自宋南迁至今,户多丁繁,俱皆星居散处,流寓不一。欣□圣朝尊礼先师,惠及苗裔,无论流寓何处,一切杂泛差徭,概行优免。兹旺实□圣裔,名在谱牒,由江西铅山分支,现今寄居衢州府开化县三十二都十里铺地方。于乾隆五十一年三月间,续修族谱可据。伏查铅山子姓,曾于乾隆十七年五月间,蒙宗主详请衍圣公府,将谱牒盖印,并蒙衍圣公颁给府字九号给帖一张,帖给铅山四十都孔毓伟收执在案。今旺六十六代祖孔兴显,又迁于开邑居住,事同一例,若不早为呈明,恐将来鱼目混淆。理合呈验谱牒,伏乞据情照例详请衍圣公盖印核发,并赐文移知开邑,优免里役杂差。计呈验家乘四部,计八本,给帖一张。等情到职。据此,本职覆盖孔传旺谱系,确系真正子孙,现寄居开邑,并无假冒情弊。兹据前情,理合备文详请大宗主给帖盖印收执,仍祈知照地方官,嗣后凡遇杂泛差徭,照例豁免,以维成例而示优异,实为公便。施行。乾隆五十五年三月初四日。

各地属南宗孔府管辖的孔氏支派也纷纷上书衍圣公府，乞请优免差徭。

具禀五品执事官孔广台等寄居江西兴安县为恳恩移咨重修优免碑以厚圣裔以广呈仁事。始祖衍景、衍任，系先圣六十五代孙，其先世一迁临江，再迁临川，三迁金溪，复迁建宁。衍景兄弟于康熙年间，始由建宁迁居兴安岑北上八都中军坂。历溯其源，诚圣裔之正派，阙里之后嗣。历朝凡系至圣苗裔，无论流寓各省地方，除完正供外，一切杂泛差徭，概蒙恩免。即临江临川金溪建宁等处，皆得例免。台等世居岑麓，百有余年。未得均沾皇恩优渥，一体优免。道光三年，恭逢皇上举行临雍盛典，谨将族谱呈请衢州博士赍进京陪祀毕，转诣阙里请钤先大宗主之印。蒙博士体先圣垂裕恩，推国朝优恤之典，移文来兴安照例优免。旋蒙申宪俯赐勒碑。至是遂得与曲阜一体同仁。今碑文剥落，人丁日增，恐世远年湮，难以稽查。故宜更正，急为重修，永免差徭。合将族姓五十余户，总立圣裔户，以重圣脉。除完正供外，一切练保、社正、里长、丁役、派捐、杂泛等项，概行蠲免。优乞宗主大人垂怜远族，恩准移文兴安县，遵照前事，许令重修勒石县治，以昭久远，则感宗主收恤之恩于无既矣。沾仁上禀。道光十九年五月日。

孔氏族人优免差徭的范围，不仅限于曲阜大宗主衍圣公，衢州南宗宗子世袭翰林博士，而是包括全国各地所有后裔。浙江开化，江西铅山、临江、临川、金溪、兴安，福建建宁等处孔氏族人均在优免之例。当然，要成为"至圣苗裔"，要经过衍圣公府验印谱牒，并颁发给帖。孔氏族人的优免差徭是以谱牒为凭证的。

孔氏族人所享受的优免内容，包括练保、社正、里长、丁役、派捐、杂泛等所有差徭。在清代地方差役中，有所谓金派练地、保正、门丁、禁卒、衙役之类的项目，因为这些项目大多是"服之于人"的低贱勾当，为一般稍有身份的地主士绅们所不齿。而孔氏族人属于"至圣苗裔",身份"不得等诸编氓"(即编户平民),所以也照例予以免除。

为更好地享受免差特权,往往将孔氏族人"总立圣裔户,以重圣脉"。清雍正九年(1731)重编西安县黄册,西安县总计编立了141庄,而将孔氏南宗嫡派独立一庄为142庄,体现其特殊地位,也为享受免差特权提供了保证。"恐世远年湮,难以稽查",一些孔氏族人还勒石立碑于县治,求得"永免差徭","以昭永远"。

除了免差特权之外,影响较大的特权就是恩授官职。

南宋时期,孔氏南宗族人正途出仕一般有两种情况。其一为参加进士考试。四十八世孙孔端隐以进士及第出仕,官至文林郎,江陵府观察推官。其二是入太学,成为上舍生,取旨授官。嘉熙二年(1238)五十一世孙孔应得补入太学,淳祐元年(1241)赐同进士出身,出任吉州泰和县主簿,累官至资政殿学士,签书枢密院事,参与南宋最高军务,成为孔氏南宗任职最高之人。

而更多的南宗族人则因恩例授官出仕。四十九世孙孔莘夫,以孔氏最长者,恩授迪功郎,监南岳庙,兼庙学教谕。五十世孙孔持,为衍圣公孔搢之弟,恩例授迪功郎,监温州天富盐场。五十世孙孔摅,恩授迪功郎,官至池州铜陵县主簿。应该看到,南宋时期恩例授官,一般均自职官最低一级迪功郎,从九品起,官品虽不高,差遣的也是监庙、监场等官职,但毕竟是给南宗孔氏族人提供了一个出仕的机会。

到了元代,孔氏南宗正宗罢封,这一时期出任最多的就是学官。民国学者徐映璞在其所著的《孔氏南宗考略》一书中,记载了元代孔氏南宗34位名贤的小传,其中26人有担任学官的经历。

孔氏南宗族人凭借圣裔的身份,由行省札付出任书院山长、县学教谕、州学正、路学录、路学正等教职。五十二世孙孔纯曾任西安县学教谕,五十三世孙孔滨授饶州路学正。也有受命于礼部,出任路府及上中州教授的。五十三世孙孔津授常州路教授。更有五十二世孙孔万宪,以孔氏特授湖广儒学提举,主管一省教育行政。不少南宗族人以学官为进阶,进而出任县尹、知州、路知事等地方行政长官。五十三世孙孔淮曾任江山县尹,孔涓曾任延平路知事。

明初,部分孔氏南宗族人以明经举出仕,如五十四世孙孔思模、孔思柏先后以明经举充衢州府儒学训导。部分族人则因岁贡、选贡等原因,进入国子监,肄业后选授官职。如五十五世孙孔克准,永乐四年(1406)以郡庠贡入太学,选授工部都水司主事;五十七世孙孔谧,景泰(1450—1456)初岁贡,由国子生出任江西抚州府乐定县丞;五十九世孙孔彦绶,嘉靖戊戌(1538)岁贡,授南京江浦县训导。

明代孔氏南宗族人恩授官职自克忠始,永乐间五十五世孙孔克忠由福建福清州学正,官至太常博士。其后五十五世孙孔克安、克良、克厚、克谦,五十六世孙孔希路等纷纷被恩授书院山长、州儒学教授等学官。

清代,孔氏南宗也出了不少岁贡、拔贡生,如雍正间拔贡孔兴正;乾隆间岁贡孔毓楫、孔衍寿;嘉庆间岁贡孔传纲;光绪岁贡孔昭声、孔庆耀等。但孔氏南宗的恩例则集中体现在参加临雍大典,议叙恩贡出仕上。

雍,即辟雍,为周王朝为贵族子弟所设的大学,取四周有水、形如璧环为名。临雍即天子亲至辟雍,举行祭孔大典。衍圣公及翰林院五经博士均应率族人参加陪祀。

乾隆五十年(1785)临雍大典。六十九世孙孔继洙随父翰林博士孔传锦参加,礼成,"纪录一次,并赏八丝大缎二匹,貂皮二张,墨十六盒,御《论》一部,筵宴一次"。孔继瀚、孔继潭兄弟,临雍陪祀,礼成,送监肄业,期满,议叙恩贡,以直隶州州判分别分发河南、直隶。

嘉庆三年(1798),衢州翰林博士孔广杓率族人临雍陪祀。其弟广林、广桂、广桢,从弟广槐、广棣陪祀,获赏,"议叙如例"。

道光三年(1823),以衢州翰林博士孔昭烜为首参加临雍大典。六十八世孙孔传曾钦赐恩贡。七十一世孙孔昭煁陪祀,"赏赉如例"。

咸丰三年(1853),七十世孙孔广椿临雍陪祀,议叙从九品。其子孔昭烺临雍观礼,赏给恩贡,后成为左宗棠的幕僚。

孔氏南宗恩贡、岁贡,与其所获得的"无孔不开榜"的特权是分不开的。"曲阜设四氏学,乡试编耳字号中一名,每科取中皆至圣裔,故有无孔不开榜之话。"康熙五十七年(1718),题准浙江衢州府西安县孔氏后裔,读书人众,依"曲阜四氏学乡试耳字号例,先行广额进儒童入学"。每次学政在衢主持乡试,允许在正额外入学两名,由此孔氏南宗就在正额外获得两名秀才名额。光绪二十六年(1900),衢州发生震惊中外的教案。事后,西安县学奉上谕,停考三科,惟孔氏学子,仍允许应试。

此外,清政府还给南宗孔府其他一些特权。

顺治九年(1652),将世袭翰林院五经博士舆导的颜色由明制的皂色(黑色)改为黄色。黄色与皇舆同色,"其制甚贵,后世多未敢行"。

同年,由翰林博士孔衍桢具呈,请循三年入觐之例,贺万寿节,衢州翰林博士有觐典自此始。嘉庆十四年(1809),翰林博士孔广杓入贺万寿节,献《圣德颂》,赏大缎两匹。宣统元年(1909),翰林博士孔庆仪入觐,钦加国子监祭酒衔,从四品。

第三节 田 产

朝廷对孔府赐给田产,可以追溯至汉代,但最初是采邑食户。汉元帝初元元年(前48年),赐褒成君孔霸食邑800户,给予关内侯待遇。袭封者并不直接占有土地,不参与地方政务,而是享有关内800民户的租赋收益。

两汉魏晋南北朝,孔子后裔封官至侯爵,食邑从800、1000至2000户不等。唐代玄宗以后孔子封文宣公,封户却时增时减,甚至全废。宣宗大中元年(847),"从宰相白敏中奏,给文宣公岁绢百匹以充享祠,而采邑复废"。

宋真宗大中祥符元年（1008），以祭祀孔子名义，始专赐祭田百顷。于是，采邑食户变为赐田领有。

南宋绍兴六年（1136），高宗"诏权以州学为家庙，计口量赐田亩，除蒸尝外，均赡族人，并免租税"。这是孔氏南宗第一次获赐田产。绍兴八年六月，赐衍圣公孔玠衢州祭田5顷，以供祠祀。孔氏南宗钦赐祭田仅此5顷，以后并未再加。

元初孔洙让爵后，由衢庭族长主祀事，祭田也归族长掌管，但仍以圣庙为户。元末明初，五十五世孙孔忠昌继任族长，死后，其子孔希达接管祭田。

明洪武十四年（1381），明太祖下令全国重造赋役黄册，不许以神庙立户，祭田于是就以孔希达为户，"以民田入额起科"。由此五顷祭田失去了其特殊地位，与民田一样起科纳粮。十九年（1386），由于孔希达为杨彦文陈情事，明太祖"以暴横不法"，全户问戍云南大理卫。祭田被抄没入官，佃户郑马经等各收入户，重新成为国家的编户齐民。祭田一失就是60年。正统元年（1436），孔氏南宗嫡派重获免差特权。十年（1445），浙江按察使司佥事彭贯奏请将祭田拨还孔圣子孙，"管业供祭，仍纳官粮"，但"改科重粮一百二十六石零"。

明弘治十八年（1505），衢州知府沈杰上书朝廷，请授南宗嫡长裔孙彦绳为官的同时，"又言其先世祭田，洪武初，轻则起科，后改重征税，请仍给轻，以供祀费"。正德元年（1506），武宗授孔彦绳为世袭翰林院五经博士，并减其祭田之税。

据《（康熙）衢州府志》载"万历四十年条编银数"：西安县每亩征银5分9厘，孔氏祭田5顷，每亩征银1分5厘3丝2忽2微，仅为西安县平均田赋的四分之一。

清代《（康熙）西安县志》载：西安县每亩征银8分5厘4毫，米7合9勺；孔氏祭田5顷，每亩征银1分5厘3丝2忽2微，无米。由明末至清初，孔氏祭田赋税未变，且税额占西安县平均田赋的比例降至17.6%。此赋率一直沿用到清末。

民国时期,南京政府仍给祭田定以极低的赋税。据1948年《重修浙江通志初稿》中《田赋》一章统计,孔氏祭田正税为全省最低,仅为全省一般田亩平均正税税率的二十分之一,每亩仅收2分7厘。

孔氏南宗对祭田严格管理。明正德元年(1506)颁布的《钦定孔氏家规》中规定:对祭田置簿籍四本,写明田产"坐都,土名,四至,画图,丘段,承佃人户姓名",二本存于翰林博士及衢庭族长手中"永为存照",二本存于府、县。后来祭田又发拨孔氏南宗仁、义、礼、智、信五房管理,由五房分别完纳国赋,收取佃租,承办祭品。

祭田作为孔氏南宗家庙祭祀的经济来源,是物质基础。而家庙祭祀活动则是立庙之本。为使家庙祭祀永远持续下去,就要严守祀田。明代《钦定孔氏家规》第六条就规定要"守祀田","严禁子孙庶免盗卖","如有卖者、买者,许子孙并佃人随时首告,当就追究前产仍供祭祀"。但盗卖祭田之事仍有发生。

嘉庆十二年(1807),衢州翰林博士孔广杓申称"今族内有不肖子孙毓诏者,俨恃辈尊入泮,把持族务,胆敢将义枝祭田盗卖于异姓。……职仰体公爷推念族谊之志,赎回并且代伊完粮办祭,以全圣祀"。结果孔毓诏不思盗典之罪,悔过自新,于次年十二月十六日申刻,带同不识姓名之人,酗酒闹入翰林博士府,倚众勒逼翰林博士归还义枝祀田,却不将翰林博士所付代赎金原价退还。嘉庆十四年(1809),翰林博士孔广杓再次呈文衍圣公称:"职不得已,鸣于本邑,又蒙胧讯断,不为清理,以致仁字号子孙,从而效尤。似此盗典盗卖,随之两号已盗,三号旋踵,祀典无盗,所关匪细。"最后还是礼部批复"向孔毓诏追出代赎之价,交还孔广杓。并将此项代赎祭田,另择义字号公正房长经营,收租供祀。并清查各号祭田,有无失落情事。仍申明例禁,嗣后如有私典私卖者,即行照例治罪"。这样方平息此事。

清代,孔氏南宗不断获赐田产。康熙五十七年(1718),浙江巡抚朱轼增拨拱辰门外濠田30亩，以供祀事。逾年，又续给三十亩。官府又担心有权有势的士绅来争夺濠田所有权，规定"嗣后读书上进，有中得状元者"，濠田收益全部改归状元公所有，故俗称状元租。咸丰年间，濠田一度被典卖。同治初年，浙江巡抚左宗棠倡捐赎回翰林博士濠田。

同治八年（1869），浙江督学徐树铭奏将龙游荒田约二千亩，拨入衢州孔庙，作为祀产。九年、十一年间，又先后将龙游龙永安、龙秋天、龙向义等户名下的无主荒田拨入衢州翰林博士孔氏户，计田1622亩1分2厘，地2亩5分5厘，山15亩4分5厘，塘6亩4分6厘，历充族中赈济及拨补家塾经费。

民国时衢县有孔氏田4240亩，孔氏地1108亩，孔氏山359亩，孔氏塘161亩，祭田495亩。根据现有资料统计，其在衢县、龙游两县族田田产总计当在万亩左右。

衢县南宗孔府田产集中于城郊及孔氏南宗聚居地沟溪、慈姑垄、官村、石坑口等地；龙游县田产集中于衢江以北的西乡和北乡，从团石、箬塘、泽随、雅村到塔石、模环、下宅、横山、志棠等乡镇均有分布。这些孔氏田、孔氏山、孔氏塘均为轻粮地，其正税、附税均比一般民田、民山、民塘要低。赋税也由承佃田地的佃户支出。

第四节　宗　　族

孔氏宗族组织同其他姓氏宗族组织一样，都是以父系血缘为纽带联结起来的一种社会关系。但孔氏宗族组织比起其他宗族，更为严密，宗法思想和制度对其家族的支配和影响更深，使得孔氏宗族在整个中国封建社会中一直绵延不断。

纂修家谱、宗谱是南宗孔府族权统治的重要表现（详见第五章第二节）。

除了修谱，宗主的族权还表现在制定家规，对族人言行、生活等各方面进行干预和规范。现存孔氏南宗《钦定孔氏家规》，共计七条，是明正德元年

(1506)衢州知府沈杰制定,并上奏朝廷钦准刊行。

第一条:遵制典。要求孔氏南宗子孙严守本分,遵崇制典,不得觊觎北宗衍圣公之职。为恐后世南北两派子孙"互相嫌隙,妄起争端",因此严立规诫,"行令在衢子孙永遵制典,恪守祖风","有违者以不忠不孝之论,审之重典,永不叙录"。

由于元代孔洙让爵,使孔氏南宗失去大宗地位,罢封达224年之久。虽然明武宗封赐南宗嫡长裔孙世袭翰林院五经博士一职,但官秩仅正八品,与明代正二品的衍圣公地位相差太远。知府沈杰从维护统治,维护家族稳定出发,为孔氏南宗制定了这一条家规,目的就是为了避免"妄起争端",以免造成混乱。

第二条:端教源。一方面对世袭翰林院五经博士提出要求,"家庙主典,事无巨细,悉以主之","必须修明圣教,身先督率,躬行实践","不得倚官欺凌子姓"。另一方面也对翰林博士的权力作出规定,"若子姓倚众恃长欺凌博士,即以悖旨灭祖论",允许博士移文浙江巡按监察御史,"径自提问发落"。

孔氏南宗家庙是祭祀至圣先师孔子之地,主理好家庙,也就端正了教化的源头,体现朝廷"崇儒重道"之意。对于翰林博士来说,其主要职权就是"主典家庙"。为了更好地行使其权力,对于敢欺凌翰林博士之人,以违背圣旨欺师灭祖论罪,从而保证了世袭翰林博士的宗子地位。

第三条:示劝惩。对于家规的权威性做出规定:"敢有子孙奸顽不守家规……不公不法,轻则从博士家规教戒",给予翰林博士以教戒子姓的特权;"重则移明官府断问,削除家谱姓名,不许沾朝廷恩惠免差入庙,死不许归葬圣公坟墓"。孔氏南宗族人最大的特权就在于免差特权,而一旦在家谱上除名,不许入家庙,死后也不许归葬家族坟地,不承认其为"至圣苗裔",也就失去了免差等种种特权。家规中规定凡"结交恶党,三五成群,赌钱饮酒,为非为恶,生事害人,行凶撒泼,倚强欺弱,教唆词讼,败伦伤化"等等,均在禁止之列。

第四条:防冒姓。由于孔氏族人的免差特权,使得一些异姓之人冒姓孔氏，以图逃避差徭。为使"冒姓隐差之弊可革，而游惰之民可无"，对冒姓者，"许本姓邻里首告"，将"冒籍之人治以重罪"，"知而不举者，一体连坐"。

其实即使是姓孔的，也未必一定是圣裔。山东曲阜就有内孔、外孔之分。内孔是中兴祖孔仁玉的后代，是真正的圣裔，而外孔则是五代时林庙洒扫户的后代，与内孔六十户族人世为仇敌。虽经编入曲阜民籍，但外孔多因年代久远而难以稽考，以冒入流寓而鱼目混珠。

随着孔氏子孙增多，为使族属代次有序，便于管理，宋代开始采用辈字或取同偏旁字为名。如第四十七世辈字大多为"若"，四十八世为"端"，四十九世取"王"部字为名，五十世取"才"部字为名，但仅局限于曲阜一带，并为孔氏南宗所沿用，而没有推行到孔氏全族。五十四世孙、衍圣公孔思晦在元代仁宗年间（1312—1320）规定，从他开始，凡五十四世孙均以"思"字为统一行辈用字，五十五世为"克"字，五十六世为"希"字，五十七世又以"言"部字为名，自此孔氏家族始用统一的辈字。明建文二年（1400）定五十八至六十五世八字，为"公、彦、承、弘、闻、贞、尚、胤"，其中"弘"字在清乾隆年间为避皇帝讳而改为"宏"（南宗仍作弘字）。"胤"字在康熙年间为避皇太子讳改为"衍"字。明末，崇祯二年（1629），六十五世孙、衍圣公胤植又定六十六至七十五世辈字，为"兴、毓、传、继、广、昭、宪、庆、繁、祥"。清同治二年（1863），七十五世孙、衍圣公孔祥珂又定七十六世至八十五世辈字，为"令、德、维、垂、佑、钦、绍、念、显、扬"。民国7年（1918），七十六世孙、衍圣公孔令贻又定八十六至一百零五世辈字，为"建道敦安定，懋修肇彝常，裕文焕景瑞，永锡世绪昌"。凡孔氏圣裔之后，不论曲阜还是流寓，必须用此行辈。

第五条：严诡寄。即严禁将"他人田产冒作孔氏己业"，以"隐弊差徭"。如有"诡寄"，"许子孙相举，邻里首告，追究作弊之人，依例治罪"。为防止"诡寄"，要求孔氏各户买卖田地"随时明告到官，总候造册之年查封"。

"冒姓"和"诡寄"都是"隐蔽差徭"的一种手段，这种行为不利于封建国家利益,严重影响到国家财政赋税收益。封建国家与衍圣公府之间争夺民户的斗争一直存在,并成为朝廷的一大困扰。知府沈杰从维护统治出发,并不希望南宗孔府成为第二个衍圣公府,制定了这两项家规,以希能革其弊。

第六条:守祀田。严禁子孙盗卖祭田。

同时还有有关"恤族"的规定:"岁收祀田租利,立一义仓",责令翰林博士,"除每岁祭祀并修庙外,若有多余籽粒,周济本族贫难无倚子孙",使他们免于"移流失所"。"恤族"也是族权的一项重要内容,这种对族人经济上的有限帮助,有助于缓和宗族内部矛盾,加强族人对宗主的依附关系。

第七条:责报本。规定"南渡孔氏子孙,每十年一赴阙里,谒拜圣祖家庙,祭扫山林,以展木本水源时思之敬"。目的是为了"流寓清白,不致泮散分离",显示"我朝国家一统,文明之化普及南北,而褒崇之恩无暇弥矣"。

孔氏南宗与曲阜北宗联系频繁。明洪武初年,五十四世孙孔思模至阙里拜谒陵庙,会叙宗族。"南还之日,衍圣公孔希学,曲阜令孔克伸,兖州知府卢熊,各以诗赠行。"阙里族人、松江府学教授思言无子,以思模少子克信为嗣。宣德元年(1426),五十五世孙孔克准,以太常寺丞的身份钦命诣阙里致祭。衍圣公孔彦缙,曲阜世职知县克中,立石纪事。家规的规定只是把这种频繁往来制度化。

这七条家规,从内容上说虽简单,却是纲领性的孔氏南宗族规。清代南宗孔府仍沿用之,而且颁布至各地南宗支派遵照执行。

明正德元年(1506),朝廷封南宗嫡长裔孙为世袭翰林院五经博士,相当于衍圣公次子待遇,即地位相当于大宗子次子。康熙三十八年(1699),南宗应袭翰林博士、六十八世孙孔传钟就曾称呼六十七世孙、衍圣公孔毓圻为"圣公宗主老伯大人",落款"侄名正肃"。这可以视为宗法上伯侄关系的一种体现。但大多数时候,无论衍圣公与呈文人行辈关系如何,南宗族人均以衍圣公为"大宗主"。咸丰五年(1855),南宗族人孔广松呈禀文,就称衍圣公为"大宗主大人",而自称"宗末孔广松"。

由于曲阜衍圣公的大宗主地位,就连曲阜孔氏六十户与南宗流寓户的待遇也是不尽相同的。北宗六十户,与衍圣公关系更密切,又世居故乡,得到衍圣公的庇护较多。朝廷"重先圣因以恤桑梓",因而享受免粮地、轻粮地的优惠,差徭优免的范围也较广。而南宗作为流寓户,由于与大宗主关系较远,又远离故土,得到宗主的庇护较少,所享受的特权也较少。曲阜专门设有"四氏学考试",获取功名、特权的机会也较多。而流寓户却定例不准考曲阜四氏学,"即使如河南仪、宁、考三县,浙江衢州、江苏句容等处,均知真正流寓孔氏,然亦不准来考四氏"。

衢州孔氏南宗嫡派作为真正流寓,也获得一些非同一般的待遇。曲阜至圣庙额设执事官40员,其中定三品2人,四品4人,五品6人,七品8人,八、九品各10人。虽然一般均由曲阜族长、举事兼任,而孔氏南宗族人中也有被遴选任职的。道光二十五年(1845)五月二十二日,第七十世孙孔广松"蒙衍圣公府委署圣庙五品执事官"。

在孔氏家族中,作为孔氏南宗嫡长裔孙的世袭翰林院五经博士,地位也并不低。乾隆十三年(1748),乾隆帝驾幸阙里,致祭林庙,事后衍圣公府呈送"十二氏子孙官员加级册",开列各官员排名。衢州翰林博士孔传锦仅次于曲阜世职知县孔传松,排在第二位。

对于孔氏南宗族人以及隶属于衢州翰林博士管辖的孔氏族人来说,衢州翰林博士也就是他们的宗主。康熙三十四年(1695),广东南海孔氏族人、六十七世孙孔毓发呈文衢州翰林博士孔衍桢,就称其为"南宗子家大人""南宗子家老爷"。南海孔氏源自唐元和十二年(817)岭南节度使孔戣祖。戣祖曾孙昌弼于唐光化三年(900)迁居岭南,子孙分居番禺、南海、顺德等处。孔毓发等虽非南宋初年南渡而来的南宗支派,但因地处南方,也归衢州翰林博士统辖,可算作广义上的南宗族人。

为加强与各地支派的联系,衢州翰林博士还曾巡游各地进行"收族"活动。南海孔氏子孙孔毓发在呈文中就提到"南宗子家大人辱临祠庙,题赐省城匾额,复兴顾发等叠滘房祖祠,印给衣巾相礼札付"。

明清时,衢州翰林博士还可通过推荐南宗各支派所在书院奉祀生加强与支派联系。

乾隆十三年(1748),衢州翰林博士孔传锦呈文衍圣公,言及"家庙书院,世奉蒸尝,后子姓繁衍,散居于杭州省会及金华府属之永康县,并与衢接壤之邻省江西建昌府新城县等处亦建有书院"。其中"杭州府钱塘县敕建敷文书院,正殿额设奉祀生一名,寝殿额设奉祀生一名"。金华府永康县信安书院,为明代敕建,"正殿额设奉祀生一名,寝殿额设奉祀生一名"。江西建昌府新城县贤溪书院,亦为明代敕建,"正殿额设奉祀生一名,东配额设奉祀生一名,西配额设奉祀生一名,寝殿额设奉祀生一名"。

清代对奉祀生的选任、顶补制定了严格的程序:先由衢州翰林博士呈文衍圣公作出推荐,并附上奉祀生的年貌、三代履历清册,由衍圣公咨文礼部备案;礼部批准后,封发"执照"(即任职证明书)给衍圣公,由衍圣公咨文浙江巡抚及提督学政立案,再转札翰林博士知照该生。奉祀生因故开缺后,执照要呈缴衍圣公转呈礼部。

大宗主衍圣公,对衢州翰林博士拥有绝对的管辖权。

衢州翰林博士必须随时将情况报明衍圣公府。乾隆七年(1742),衢州翰林博士孔传锦呈文衍圣公府报明"于乾隆六年九月初八日告圣……于乾隆七年七月十二日卯时生长子继涛……另具书册,伏乞大宗主照详备案"。衍圣公府认为南宗嫡长裔孙的诞生,"攸关世职储承主鬯,是赖我宗所当慎重者也",因此诸如结婚、生子这类事也应在"循例报明"之列。

衢州翰林博士的承袭要经衍圣公呈报批准,南宗孔府的种种特权也是依衍圣公府特权之例申请而得。世袭翰林博士虽有品级,却不能直接和地方州县进行文移交往，每遇公文，必须先禀衍圣公，再由衍圣公府转移办理。衍圣公一旦在翰林博士问题上违例犯错，则要负直接责任。

乾隆五十年（1785），衢州翰林博士孔传锦病故。乾隆五十四年（1789）闰五月，传锦子孔继涛未承袭，病故。同年十二月，衍圣公"将故博士孔传锦嫡长孙孔广杓题请承袭"。由于"向来五经博士承袭例在丁忧服满之后"，次年正月礼部议"广杓虽系例应承袭之员，但孔广杓于上年闰五月丁亲父孔继涛忧，现在尚未服满，与例不符，未便先准其承袭，应后服满之日再行题请"；衍圣公孔宪培"并不查明孔广杓现在服制未满，题请承袭殊属不合，应请交部察议"。同年三月，吏部议衍圣公孔宪培"殊属违例"，将其"照违例令公罪罚俸九个月例，罚俸九个月"。

在衢州翰林博士这一南宗宗子之下，设族长一人。以族中"行辈尊崇，齿德兼优"，"为阖族德望"之人出任。衢庭族长的权利也相当大，特别是在失封的这224年间，它取代宗子主持家庙祀典。宗子承袭后，以族长主持崇圣祠的祀事。族长负责"董司族务，每月呈报丁口卯簿，督同县役指催孔庄钱粮"。清代南宗族长"向拨膳田，计租十担有零，以为尊贤养老之资"。尽管族长一般为公推，但如有不伦之举，"难以率族"，也可"扣除另举"，由衢州翰林博士申文衍圣公檄饬循例更换。

族长以下孔氏南宗分仁、义、礼、智、信五房，每房各设支长一人。祭祀时出任散执事官，参与助祭。

南宗孔府设有22位执事官以上职官，一般均由孔氏南宗上层族姓来充任，是朝廷"优渥圣裔"，"推恩而得"。各支房长是族长人选。朝廷在选授这些职官时必须由翰林博士推荐，经衍圣公批准保举，朝廷才给以札付，正式充任职官。按照宗法制的嫡庶远近关系作为其用人基本原则。

上层族人通过纂修家谱，制定家规，"收族"，"恤族"，加强对子姓的族权统治，使孔氏家族能够绵延不断地发展。

附：

孔氏南宗府第遗址发掘报告

衢州市博物馆

为配合南宗孔府（包括孔庙西轴线）复建工程，经报请国家文物局批准，1998年7—9月，衢州市博物馆成立了"南宗孔府考古发掘队"对孔府遗址进行了第一期发掘。总发掘面积2300平方米。1998年10—12月，完成遗址的第二期发掘。

发掘前，我们查阅了有关文献记载，作了较深入的调查。据了解，孔府及家庙西轴线建筑在抗战中被日军破坏较重，解放初由某单位使用，70年代初，该单位又新建砖木结构的一层简易房，残存的孔府、孔庙西轴线建筑彻底被毁。

第一期发掘，我们在预定的勘探区内先打三条长65米、宽2米的南北向探沟，从东向西编号分别为T_1、T_2、T_3。整个发掘工作大致可分为两个阶段。第一阶段是对三条探沟的清理，经清理，在T_1南端距地表0.3—0.4米深的层面上，清理出卵石、青砖铺砌的甬道，北端清理出三合土地面；T_2南端清理出砖块浆砌的排水沟，中部有卵石铺砌的甬道，并发现地面阶沿石，北端清理出阶沿石、覆盆、柱础、砖砌的残墙等；T_3未见建筑遗迹。第二阶段为全面扩展清理，经过清理，我们发现暴露出的建筑基址、甬道等遗址基本处于同一平面，距地表深度在0.25—0.40米之间，应为同一时期建筑，这也与我们前期的调查结果相符，证明孔府毁圮时间距今并不久远。

第一期发掘，初步了解了孔府遗址范围内宋至清代各个不同时期的文化堆积；弄清了清代孔府及孔庙西轴线各个建筑的柱网结构；确定了清代孔府的范围、建筑格局；并获得了一批可供判断建筑遗址年代的陶瓷器标本和滴水、勾头、瓦当、鸱吻等建筑构件及有关孔庙、孔府的碑刻。

第二期发掘在第一期发掘的基础上，改用探方法布方。共布4×4米探方

61个；考虑到实际操作，探方间隔为2×2米。实际发掘面积约2000平方米，在距清代孔府遗址0.2—0.5米深的层面上，发现了明代孔府大堂、圣泽楼及两座天井遗迹，另外，还有一些被严重扰乱、较难作整体分析的散乱遗迹。

现将孔府遗址两期发掘主要收获报告如下。

一、地层关系

（一）孔府建筑遗址位置因处于城区，发掘表明，该处自唐代以来就为居住地，千余年来，由于居民建房的需要和历史的变迁，使地层大幅度增高，不同时代的建筑在此屡建屡毁，现选择第一期发掘的T_2中段东壁，即第二期发掘的T_D组6号探方东壁剖面为例介绍如下（地表至生土堆积厚240厘米，野外分8层）。

第一层厚30厘米。其中表面厚4—5厘米为混凝土浇筑地面，余为黑色黏土，质松散，且有少许煤渣灰、碎瓦、碎砖堆积。依据堆积迹象及有关资料表明，多数为70年代初孔府建筑全部被毁后新建简易住房时所回填之土层。最表层的混凝土层为80年代至今居民陆续改造地面而浇筑形成。

第二层：厚35—40厘米。黑灰色土堆积，伴有少量民窑青花瓷片。从第一期发掘清理出的孔府建筑遗迹及孔庙西轴线建筑遗迹的所处层位和这一层位内所伴出的青花瓷片、钱币等遗物来分析，当为清代堆积层。

第三层：厚35—40厘米。黄灰色土堆积，伴有少量民窑青花瓷片等遗物。从第二期发掘所暴露的建筑遗迹来看，其位置正处在这一层之间，加上分布在该层各处伴有的青瓷器的纹饰、器形、年款及钱币等实物的佐证，应为明代。

第四层：厚20—25厘米。碎瓦、碎砖及黄褐色土堆积，并伴有少量香糕砖、青瓷韩瓶、青瓷莲瓣碗、黑釉盏等遗物。该层出土的香糕砖为当地宋代常用的建筑用材；青瓷韩瓶（俗称老鼠汤瓶、鸡腿瓶、行军瓶等）亦是当地宋代流行的器皿，据调查在衢州、江山等地发现有多处烧制窑址，为婺州窑宋代盛产的产品之一；青瓷莲瓣碗在器形、装饰、胎质、施釉、釉色等方面与当地衢县王家乡瓜园村南宋咸淳十年史绳祖墓出土的龙泉青瓷莲瓣碗相同[1];黑釉盏也是本地区宋元时期部分窑场烧制的产品之一。按上述伴出遗物的特征可表明此层当为宋元堆积。

第五层:厚16—22厘米。黄褐色黏土堆积。

第六层:厚55—60厘米。棕黄色黏土堆积,内含少许白色黏土。伴出物少,仅在第五层下端厚10厘米内见有极少碎瓦和碎砖及红沙泥。第五、第六层:泥质较细,泥色相对较纯,除第六层上端包含少许无明显特征的碎瓦、碎砖外,伴出遗物极少,故难确切判断其时代,但参照第四层迹象类推,估计属宋早期至隋唐之堆积层。

第七层:厚32—36厘米。褐色黏土堆积,伴有少量碎瓦、碎砖。泥质黏性较好,呈褐色,仅伴有少许碎瓦、碎砖。从碎瓦迹象来看,色青灰,厚而粗笨,内壁有制坯时留下的粗麻布纹,依据碎瓦情况来推测,该层时代约可推到汉代。

第八层:黄褐色黏土,未见任何文化遗物,系生土。

(二)层次分布情况

(1)根据第一期发掘T_1、T_2、T_3剖面观察,除有建筑遗迹的部分之外,其他地层分布情况与上述第一、二层的堆积迹象基本类同。

(2)上述介绍的1—8层堆积叠压关系与第二期发掘的T_A、T_B、T_C、T_D、T_E 5组的各探方剖面地层堆积相比,除有建筑遗迹打破关系的外,大部分堆积情况与第三层以下各层的情况基本相同。

(3)值得说明的是:① 在T_B组第9、10、11号探方内堆积与上述介绍的有所不同,即在第一期发掘清理出的清代袭封祠和六代公爵祠之间地面下端的明代界墙墙基以东位置上,分别为:9号探方堆积有厚20—30厘米的纯碎瓦、碎砖、浆砌瓦当、勾头、滴水的三合土浆块及少量的砖雕建筑构件、"圣宫"篆

---

[1] 衢州市文管会:《浙江衢州南宋墓出土器物》,《考古》第11期,1983年。

文瓦当、缠草纹、"寿"字纹滴水等。10号探方堆积厚30—40厘米，11号探方堆积明显增厚，最厚处达80厘米，且10、11号探方内堆积与9号探方堆积物相同。三个探方的此类堆积层自南至北呈斜坡状逐步增厚。② 在 T_C 组11号探方内东至 T_B 组第11号探方的西边和西至 T_D 组第11号探方的东边，即六代公爵祠地面下端堆积大量的红、黑色的煤渣灰，也自南至北呈斜坡状增厚，北端最厚处达140厘米。

其次是前面所介绍的 T_B 组的9、10、11号探方内的废弃建筑构件堆积层和 T_C 组11号探方周围的煤渣灰堆积层，根据剖面的斜坡状分析，该处历来为一较低的洼地，是在明代孔府拆毁后新建清代孔府时回填形成的，其时代应为清代。

二、明代遗存

（一）明代孔府建筑遗迹

自明代始建孔府以后，曾经过多次大规模的修建工程，所以明代遗址受到了严重的破坏，发掘清理出的各单体建筑遗址极不完整，但仍能分辨出自南往北依次为外院（笔者将其编为"1号天井"）、大堂（明《诏建衢州孔氏家庙》碑上该建筑标注为"尼山嫡派"）、里院（笔者将其编为"2号天井"）、圣泽楼及遗址东侧的孔府与孔庙之间的界墙等遗迹，现将各建筑遗迹情况分述如下：

（1）1号天井（外院）

1号天井呈长方形，南边长12米，北边长11.54米，其中东侧院墙散水宽0.52米，西侧院墙散水0.42米；东侧进深8.85米，西侧进深9.82米，其中南侧院墙散水东端宽0.58米，西端宽0.83米。整个天井用条砖组成南北向的长方格，在长方格内用10至13厘米大小不等的卵石分别以纵横方向铺墁成几何图案，天井四周有泛水。四周的排水沟用青砖和卵石铺砌而成，其中南面排水沟内外沟壁用侧砖一丁一顺砌成，其余三面排水沟沟壁则用侧砖45度角斜砌，使上部形成大小相等的菱角牙子，再用碎砖在菱角牙子之上砌筑成人字纹的壁面,在其上用扁形卵石横向侧砌成席纹的护沿,内外沟壁有收分。排水沟沟底则全部用卵石横向铺墁,天井东、南、西各边院墙下的散水也是用卵石纵向铺砌而成。排水沟各边深度不同,其中南边沟深0.18米,西边沟深0.22米,北边沟深0.33米,东边沟深0.38米,根据沟底的深度推断排水口应在东南排水沟南端,由于这一段排水沟东壁曾经修砌改动过,因此,排水口可能被毁。天井南侧正中有一口民国时期打成的水井,西北角有一后期形成的石灰浆池,因此天井卵石地面破坏较为严重,但四周排水沟卵石铺墁的沟底基本完好。

(2)大堂(明《诏建衢州孔氏家庙》碑上标注为"尼山嫡派")

该建筑遗址在1号天井北面,因清道光重修孔府大门时遗址遭到严重破坏,现仅存1号天井北面排水沟北壁之上,清道光修建的孔府大门前檐阶条石及基础之下一段长1.8米、高0.24米的红砂岩条石基础。根据明代《诏建衢州孔氏家庙》碑所标该建筑的所在位置、规模,结合1号天井和2号天井之间的距离以及清道光修建的孔府大门完全叠压在遗址之上,我们推断大堂遗址就在1号天井和2号天井之间。

(3)2号天井(里院)

2号天井位于1号天井北面,距1号天井北面排水沟壁13.5米,为明时孔府第二进院落。天井呈长方形,南面边长11.4米,北边长11.25米;东面进深为8.05米,西面进深为8.17米,天井中间嵌有一条宽0.36米东西走向的麻石条基础,将天井分为南北两部分,条石之上可能是一道隔墙。从条石基础中间一块长2.6米的条石及其东端有一呈正方的石块看,隔墙中段的这块条石之上设有门。天井北面地面全部用普通卵石铺墁,南面地面除用普通卵石铺墁以外,在西北角和东北角上分别用黑白两色卵石铺砌成黑白动物图案,西北角可以清楚地看到有一白底黑色奔鹿图案,东北角图案遭到破坏已很难辨认是何种动物图案。排水沟内壁用侧砖一丁一顺砌筑,外壁则用整块侧砖45度角斜砌,使上部形成规整的菱角牙子,再在菱角牙子之上用碎砖砌成人字纹壁面,沟壁有收分,沟底有卵石横向铺墁而成。排水沟贯通整个里院,其宽度分别为南面0.21米,东面0.36米,北面0.42米,西面0.43米;其深度分别为东南角0.16米,东北角0.23米,西北角0.24米,西南角0.25米。天井的西南角有一条宽0.25米,深0.26米,长1.6米的小沟将院子里的积水引向其南端的陶质排水涵管。涵管总长9.8米,东西向,在距东端8.65米处的西端又拐头向北,它是由长0.30—0.32米,直径0.18—0.20米的陶质涵管对接而成,各节涵管接缝处外面用长0.28米,宽0.25米的板瓦包砌以防渗漏。

（4）圣泽楼

该楼遗址位于2号天井北面,前檐基础即2号天井北面排水沟北壁,残存0.28米高。在该遗址的东北角残存有一块面积约5平方米的三合土地面,该地面的北沿和东沿呈直线相交,交角处有一长为0.35米见方的柱顶石窝,北沿外有一条侧砖砌筑的护边,其外残留少量的麻石碎块。三合土地面厚7—9厘米,上饰斜方格纹。我们从三合土地面北边沿拉延伸线,再测量延伸线西端到2号天井西北角排水沟北壁距离,刚好和从天井东北角排水沟北壁到三合土地面北沿距离一样是8.68米,证明该建筑进深为8.68米。再从三合土地面东沿向南拉延伸线测得比天井宽出10厘米。根据建筑与天井的关系和古建筑左右对称的规律,推算出该建筑面阔约为11米左右。

（5）孔府、孔庙界墙墙基

界墙墙基南北走向,其北端距孔庙西庑北端后檐墙外皮4.66米,现存高度0.40米,由0.20—0.25米大小不等的卵石砌筑而成;已发掘长度为64.6米,按墙基不同厚度可分为三段,从北端往南第1段长为31米,厚为0.45米;第二段长14.2米,厚为0.60米;最后一段长19.3米,厚度0.40米。在界墙和孔庙西庑后檐之间没有发现建筑遗址,这和明代《诏建衢州孔氏家庙》碑上所画的布局情况完全吻合。在界墙北端往南29.9米处有一段厚0.42米的碎砖席纹砌法砌成的东西走向的墙基,其西端和界墙直角相交,东端延伸至孔庙大成门西侧围墙。

(二) 遗物

孔府遗址第二期发掘出土遗物整理情况如下:

本期清理共收集各类遗物标本105件。经鉴定整理出:青花瓷器8件、青瓷器2件、陶器11件、金属器3件、杂项2件。现根据不同质地分述于后。

(1) 瓷器10件。

青花瓷小碗。1号天井南排水沟东端沟底出土。残存底部,内底心饰有单凤穿花纹。外底心饰有双线圈"大明嘉靖年制"款。残高2厘米,底径4厘米。

青花瓷碗。1号天井南排水沟东端沟底出土。残存底部,内底心饰单线圈"大明成化年制"款。外底足砂底有跳刀痕迹。残高2.5厘米,底径4.8厘米。

青花瓷渔樵耕读盘。明代孔府界墙墙基北端东南出土。残存底部,内底饰双线细圈,绘青花山水、渔夫、人物、大雁等图案。外底足心饰双线圈。残高2,底径11.4厘米。

酱色釉青花瓷杯。T_{E4}出土,坐标200×160×30厘米。敞口、弧腹、圈足。外施酱色釉至圈足,外底足心施白釉,并有"玩玉"两字款。内有锦纹、金鱼、北斗七星、祥云等青花纹饰。胎质细腻、制作精巧。高5.6厘米,口径8厘米,底径3.1厘米。

青花瓷碟。T_{C11}出土,坐标310×120×80厘米。深盘口,弧腹,矮圈足。内口至底部饰单线圈一道,青花山水等纹饰。外壁素面,底足心双粗线圈一道,高3.7厘米,口径13.6厘米,底径6.1厘米。

莲塘游禽纹青花瓷碟。T_{E8}出土,坐标214×160×20厘米。残存底部,内壁有荷叶纹、双线圈、游禽纹等。外无纹饰,底足心饰双线圈。矮圈足。残高1.6厘米,底径4.8厘米。

独诵人物图青花碗。T_{D2}—T_{D3}之间隔梁中出土。残存底部,内底心有独诵人物、寿松、岩石等纹饰。外底足心有双线圈"大明嘉靖年制"款。残高1.5厘米，底径4.2厘米。

青花瓷杯。T_{D4}—T_{E4}之间隔梁中（1号天井北排水沟西端沟底）出土。敞口，平沿，内壁素面，外口沿下饰双线圈，花卉等纹饰。底足心双粗线圈。高5厘米，口径8.5厘米，底径3.6厘米。

青瓷杯。T_{F9}出土，坐标150×90×60厘米。直口，斜壁内收，砂底。内外施青绿釉，外施釉不及底。胎质粗糙。高4.4厘米，口径7.8厘米，底径3.7厘米。

青瓷杯。T_{D9}出土，坐标400×110×70厘米。敞口，微弧腹，高圈足。施青釉，内施满釉，外施釉不及底。胎质粗糙，底厚重。高4厘米，口径7.3厘米，底径3.5厘米。

（2）陶器11件

砖雕建筑构件。T_{B11}出土，共9件。残，根据造型看，为屋脊或屋檐上饰件。

花卉瓦当。T_{B4}出土，坐标210×200×30厘米。残，椭圆形，正面印缠枝花纹图案，花卉外有单线一圈。直径14.5厘米，厚1.5厘米。

兽纹滴水。T_{B4}出土，坐标280×60×40厘米。残，莲弧形，正面模印奔鹿回头望月，造型生动、图案清晰。长20厘米，宽10厘米，厚1厘米。

（3）金属器3件

万历通宝1枚。T_{C6}出土，崇祯通宝1枚。T_{C5}出土。

白铜钥匙1把。T_{A5}，建筑排水沟内出土。钥匙头为扁形带钩状。有把，把呈六棱形状，把尾部为塔刹形状，整体素面，简洁。长15.7厘米，宽1.2厘米。

（4）杂项2件

抄手砚1方。T_{B4}出土，坐标240×120×40厘米。残，石质，素面，形制仿宋抄手砚。有使用过痕迹。长13.3厘米，残宽7.5厘米，厚2.5厘米。

象牙簪1件。T_{D1}—T_{D2}之间隔梁中出土。圆柱形，素面，握手处有弦纹6

周。尾部像陀螺形状。残长7.6厘米,直径0.3—0.7厘米。

三、清代遗存

(一)遗迹

本次发掘清理的遗迹分三部分:(1)孔府遗迹;(2)孔庙西轴线遗迹;(3)孔庙、孔府界墙遗迹。

(1)孔府遗迹

孔府建筑遗迹坐北朝南,距地表深度为0.30—0.40米,自南向北分别为:照壁、头门、大堂、花厅、位于大堂西侧的孔府侍卫队宿舍及位于照壁至头门间、头门至大堂间、大堂至花厅间的三段以卵石、石板、碎砖等铺砌的甬道、天井。此外,在孔府头门东次间向南8.50米处,清理出一口后期开挖的水井(下称孔府井)。

① 照壁

照壁墙基为红砂岩条石交错砌置,长7.14米,宽0.80米,深0.95米。

② 头门

孔府头门明次间各用三柱,面阔三间、进深两间,通面阔9.33米,通进深4.61米。明间面阔3.45米,次间面阔2.98米,明、次间梁架均为穿斗式。自南向北,前间进深1.86米,后间进深2.75米,前檐下檐出0.82米,后檐下檐出1.13米,阶条石宽0.40米,各柱顶石边长0.27米,柱顶石下砌一层砖,厚0.09米,东西山墙墙基宽0.25米,深0.30米,由红砂岩条石筑砌,其上存有一皮用开砖空斗填碎砖灌泥浆砖墙,明间、次间中柱间设槛垫石,次间中柱间有条砖横砌隔墙遗存,残高0.20米,次间后檐柱间有条砖顺砌槛墙遗存。

③ 大堂

孔府大堂面阔三间。通面阔为17.64米,通进深8.09米,明间梁架为抬梁式,面阔3.78米,次间梁架为穿斗式,面阔2.93米,次间前后檐柱间有开砖空斗填碎砖灌泥浆砌筑的槛墙遗迹;大堂前檐出1.05米,后檐出为0.82米;前阶沿石宽0.60米,阶沿石外有一条东西走向宽0.15米、深0.12米排水沟,沟底为卵石铺砌;大堂室内为0.45米厚的三合土地面,明间前金柱覆盆式柱顶石边长0.54米,明间后金柱柱顶石边长0.40米,次间柱顶石边长0.27米,各柱顶石下有平砖砌筑的磉墩,厚0.12米。山墙墙基为红砂岩条石砌筑,宽0.25米,高0.30米,其上存有开砖空斗填碎砖灌泥浆砖墙一皮,高0.15米。

④ 花厅

花厅为五开间建筑,通面阔14.57米,通进深6.23米,墙基宽0.25米,明间梁架为抬梁式,面阔3.88米;次间、梢间梁架为穿斗式,东次间面阔2.69米,西次间面阔2.65米,东梢间面调2.60米,西梢间面阔2.75米。前檐柱柱中向南1.37米处,为阶沿石遗迹,残长7.45米。花厅各柱顶石边长为0.27米,柱顶石下平砌一层砖,厚0.07米。

距现存地面0.05米深处,还清理出另一组排列的柱网之磉墩,面阔为五开间,梁架为穿斗式,明间面阔3.70米,次间、梢间面阔2.71米,墙基宽0.25米,磉墩为五层开砖平砌而成,边长0.27米,厚0.16米,次间前檐柱有条砖顺砌槛墙遗址。上一层地面柱网排列和这一层柱网排列在面阔开间上是基本相同的,各为五间,只是进深稍有不同,上一层进深小,这一层进深大,各缝用柱也有区别,上一层和这一层的室内地面高度是同在一个高度之上,这可以从这一层砖砌磉墩上皮到地面高度恰好是柱顶石的厚度得到证明。这些迹象可以证明:上一层柱网,正是在此层建筑基础上,经后期修复而成。

⑤ 侍卫队营房

坐西朝东向,东面紧临大堂西山墙,通面阔8.55米,通进深4.65米,北墙基宽0.32米,为碎砖斜砌灌浆而成,其余三面墙基宽0.25米,为红砂岩条石砌筑,明间东面有一室内小天井,天井南北长3.32米,东西宽0.68米,排水沟北向宽0.18米。室内地面系碎砖瓦、废土回填夯实而成。柱顶石边长0.27米,其下平砌一层厚0.06米的砖块。次间中柱柱顶石上存有一只鼓形础,高0.14米,径0.16米。

⑥ 甬道

孔府遗址甬道、天井自南向北，共残存三段：

（A）照壁两侧"Y"形甬道汇中，甬道中间有麻石板铺成的御路，石板宽0.53米，残存2米(长)；御路两边铺砌卵石，照壁距头门阶沿石23米。

（B）大门至大堂间甬道：长13米，宽3.33米，中间铺设1米宽的麻石板御路，两侧铺砌宽1.40米卵石。

（C）大堂至花厅间，有两个以卵石、碎砖铺砌的天井，天井南北长4.70米，宽1.30米。

（2）孔庙西轴线遗迹

孔庙西轴线建筑遗迹坐北朝南，距地表深度为0.3—0.4米，自南向北分别为：孔庙西轴线大门，五支祠，袭封祠，六代公爵祠。大门至五支祠、五支祠南面至孔庙中轴线间、袭封祠至六代公爵祠间三段是以卵石、长方砖铺砌的甬道。

① 孔庙西轴线大门

孔庙西轴线大门南面为"八字门"形式，面阔五间，通面阔为14.96米，通进深6.12米，山墙墙基宽0.25米，西山墙红砂岩条石墙基之上残留一皮开砖空斗填碎砖灌泥浆砖墙，残高0.15米，明间面阔3.82米，次间面阔2.68米，梢间面阔3.20米；次间、梢间梁架为穿斗式，由南向北，第1间进深残存2.20米，第2间进深1.94米，第3间1.98米，后檐下檐出0.78米；明间前金柱柱顶石边长0.42米；明间前檐柱覆盆式柱顶石边长0.68米，其余柱顶石边长0.27米；大多数柱顶石底部未经处理，直接置于地面（即下层垫土），仅发现一只磉墩例外，其底部砌有三层条砖的磉墩，厚为0.15米，西次间缝前檐柱外残留一段条砖糙砌的八字墙，长0.82米、宽0.25米、高0.20米。

② 五支祠

五支祠面阔五间，通面阔14.90米，通进深8.05米，墙基宽0.25米，明、次间梁架均为抬梁式，梢间梁架为穿斗式；明间面阔3.80米，次间面阔2.80米，梢间面阔2.75米；后檐柱柱顶石边长0.27米，明、次间后金柱柱顶石边长0.40米。室内为三合土地面，厚0.05米，三合土中，卵石含量较大，柱顶石下夯筑碎砖瓦礤墩，厚0.15米，值得一提的是：在清理五支祠明间西缝前檐柱礤墩时，发现一件残存尾部的鸱吻，经对比，该鸱吻与现存孔庙大成殿（清道光三年重修）所饰鸱吻在胎质、造型、纹饰、工艺、尺寸等方面均相同，应为同期之物。

③ 袭封祠

袭封祠面阔三间，通面阔9.70米，通进深6.37米，明间梁架为抬梁式，次间梁架为穿斗式。明间面阔3.82米，次间面阔2.97米，明间前檐柱柱顶石边长0.27米，前金柱柱顶石边长0.40米，明间北面有一祭台遗迹，长2.87米，宽1.31米。东西山墙及后檐墙墙基用红砂岩条石砌筑，宽0.25米，两次间前檐柱间有单砖顺砌槛墙遗迹。室内为三合土地面，厚0.04米，地面饰正方格纹，边长0.60米，四周饰长方格纹补边，边长0.26米，柱顶石下有五层砖砌成的礤墩厚0.20米。

④ 六代公爵祠

六代公爵祠面阔三间，通面阔9.70米，通进深6.30米，明间梁架为抬梁式，次间梁架为穿斗式，明间面阔3.82米，次间面阔2.97米，明间北面有一祭台遗迹，长2.69米，宽1.28米；前檐阶沿石宽0.35米，明间前檐柱柱顶石边长0.27米，前金柱柱顶石0.40米。室内为三合土地面，厚0.04米，地面饰斜方格纹，边长0.53米，其中长对角线0.92米，短对角线为0.56米，柱顶石下为三层砖平砌的礤墩，厚0.12米，后檐墙和东山墙墙基用红砂岩条石砌筑，宽0.25米，西山墙和孔府花厅东山墙共用。

⑤ 孔庙西轴线甬道

（a）西轴线大门至五支祠甬道：长18.12米，宽2.37米，中间铺砌0.32×0.17米的长方砖路心,两边铺设卵石,两边有泛水。

(b) 五支祠南面至孔庙中轴线甬道:长9.53米,宽1.36米,甬道中心为大块卵石铺砌,两面为小块卵石铺砌,边沿为长方形砖侧砌。

(c) 袭封祠至六代公爵祠甬道:袭封祠西次间北面有一条长2.92米,宽1.05米的卵石铺砌的甬道与六代公爵祠的西次间南面相连。

(3) 孔庙、孔府界墙遗迹

孔庙、孔府界墙遗迹南北残长66.21米,宽0.25米,为红砂岩墙基,上存有开砖空斗填碎砖灌泥浆残墙数段,残高0.15米,另一段为半砖斜砌砖墙,残长4米。是由孔庙西大门、五支祠、袭封祠、六代公爵祠的西山墙和各院院墙组成。界墙北端距现存孔庙西庑后墙西北角墙外10.83米,南端距现存孔庙中轴线头门西面围墙18.30米,界墙南端向东15.48米处,残存另一条南北向红砂岩墙基。

(二) 出土遗物

(1) 瓷器

青花瓷碗3件。分三式。

Ⅰ式:青花瓷小碗,残存底部,底有"嘉庆年制"四个篆体字款,残高2厘米,底径2.4厘米。

Ⅱ式:青花瓷碗,残存底部,残高3厘米,底径6.5厘米。

Ⅲ式:青花瓷碗,残存底部,残高3厘米,底径6.3厘米。

鼻烟壶1件

珍珠地人物花卉鼻烟壶,一面为人物花卉,另一面为"今日花开又一年"诗句,左右边为珍珠地,造型小巧玲珑。残高4.7厘米,宽2.7厘米,底1.1厘米。

(2) 建筑构件

滴水6件。分二式。

Ⅰ式:模印祥云,阳文"寿"字,外沿为粗细两道双线勾菱边,长18厘米,宽11厘米,厚1.3厘米。

Ⅱ式：模印花草纹,外沿饰一道凸弦纹勾菱边,残长17厘米,宽7厘米,厚1.3厘米。

勾头1件。

正面为模印花卉,阳文"寿"字,葵边,做工精细,纹饰清晰,长18厘米,宽8厘米,厚1.2厘米。

瓦当,6件。分二式。

Ⅰ式：模印椭圆形阳文篆体"圣宫"二字,上下排列,外饰双圈。直径14.2厘米,厚1.2厘米。

Ⅱ式：模印椭圆形阳文篆体"圣宫"二字,上下排列,外饰双圈,直径13厘米,厚1厘米。

鸱吻：3件。分三式。

Ⅰ式：残存尾部,残长20厘米,宽15厘米,厚7.5厘米。

Ⅱ式：残存尾部,残长27厘米,宽15厘米,厚5厘米。

Ⅲ式：残存尾部,残长19厘米,宽12.5厘米,厚5厘米。

(3) 碑刻

清光绪"重修衢郡至圣家庙及复建祠署碑记"三通。青石质,高35.5厘米,宽68厘米,厚3.5厘米,共16行,满行8字,碑文隶书,字径高2厘米,宽3厘米,金衢严道道台桑树勋撰文,衢州知府刘国光书丹(碑文略)。在孔庙中轴线与西轴线的界墙墙基中段西侧第一层堆积内出土。

清光绪捐修孔氏祠署文武官员题名碑一通。在孔府中轴线表层发现,收集。青石质,高35.5厘米,宽68厘米,厚3.5厘米,碑文楷书,共20行,满行20字,字径高1.5厘米,宽1.5厘米(碑文略)。

(4) 钱币

康熙、乾隆通宝各2枚。道光通宝1枚。

大清小铜币1枚。

体形小,中间为对书"大清铜币"四字,周上部有"丙午"二字,周下部有"当制钱二文"五字,字体清晰。正面为双龙戏珠,较模糊,紫铜质。直径1.2厘米,厚0.1厘米。

紫铜花钱1枚。

一面为"摇钱树"图案,另一面图案难辨,图案下方有"百文□□□"。直径3厘米,厚0.2厘米。

(5)生活用品

蚊帐钩饰1件。

铜质,小巧玲珑,残存上部,有"大吉"铭文,残长8.5厘米,宽4.5厘米。

四、结语

(一)一、二期发掘的主要成果:

(1)两次清理,确定了明、清两代孔府的范围、建筑格局及清代孔府各单体建筑的柱网结构等。

(2)发现了明、清两代孔府、孔庙的界墙,确定了孔庙范围及清代孔庙西轴线建筑格局、各单体建筑柱网结构等。

(3)获得一批可供判断建筑遗迹年代的陶器等标本及可作复原设计依据的部分建筑构件。

(4)从清理过程及孔府井采集的标本分析,该井建于民国时期,使用至"文革"时期废弃(井口用石板盖住,并在石板上堆积废土),这与当地老人对该井"建于20世纪30年代,1949年后一直为军队所用"的回忆基本相符。

(二)初步了解孔府遗址范围内宋代至清代各个不同时期的文化堆积,并获得宋至清代的一批遗物标本,从一个侧面反映了当时衢州的社会发展状况。

通过一、二期的发掘,获得的资料填补了史料记载的多处空白,其中,一期发掘成果还为孔府及孔庙西轴线建筑全面复建提供了可靠依据。

孔府遗址发掘工作，在市文化局的领导下，得到了省人大教科文卫委员会、浙江省文物局、省考古所、衢州市政府、市人大、市建设规划局、市社科联、市文物局等部门的大力支持。浙江省文物考古研究所刘军、李小宁、徐新民、张书恒等先生亲临现场指导发掘，刘军、王海明先生并对发掘资料的整理给予认真的指导。发掘期间，国家文物局罗哲文、清华大学郭黛姮、东南大学朱光亚等专家、学者曾亲临现场视察，并给予热情指导，在此一并表示感谢。

参加发掘者：柴福有、张云土、陈昌华、潘三古、汤春山、张屹。

执笔者：柴福有、汤春山、陈昌华、张云土、潘三古。

2000年7月8日

（原文发表于《南方文物》2001年第一期）

第四章 祭 祀

孔府祭孔是孔子后裔行"孝道",又是历代帝王行尊圣之礼的一项隆重活动。孔氏南宗家庙建立以来,祭祀活动久兴不衰,尤在清代,祭祀活动更为隆重。

第一节 礼 仪

汉武帝采董仲舒之议而"独尊儒术"之前,虽有汉高祖过鲁"祠孔子以太牢"之举,但祭祀还没有国定仪制。取董氏之议后,祭祀遂形成国定礼仪,并逐渐提高其规格。唐太宗贞观十一年(637),尊孔子为"宣圣尼父",并修建"宣尼庙"。唐玄宗开元二十七年(739),追孔子为文宣王,庙墙粉紫红,南面座像,享帝王之仪。宋真宗大中祥符元年(1008),加谥孔子为"玄圣文宣王",祭以太牢,享帝王之祭。至此,祭孔的一切礼仪,已称大备。

南宗的祭孔礼仪,自南宋绍兴(1131—1162)年间开始兴起,并颁布祭孔的礼仪条例,之后年年进行,代代延续。其仪式仿效曲阜家庙进行。随着庙址的屡次迁移,祭器不断增加,仪式更加隆重。元代是在春秋二季的仲月举行,每年如常。明洪武四年(1371),规定祭祀时必须准备的祭品和礼物及乐器名称与数量。

洪武十五年(1382),重新颁发祭奠礼仪的要求和说明,规模较以前更大。成化十二年(1476),祭器中增加笾、豆等,佾舞增加舞生数目,仪式盛大。清顺治元年(1644)，明确规定祭祀日为每年春秋季的仲月(农历二月、八月)上丁之日。雍正三年(1725)，颁布制造祭器、乐器的式样，统一规格。乾隆八年(1743)，规定丁祭乐章(即祭祀的乐曲典谱)，颁发天下。这样，祭祀的礼仪日益繁多复杂，祭祀的器具也逐渐增多配套。这一整套祭祀规定从此成为确定的制度。

按仪制规定，祭孔有多种规格和相应的礼仪，也建立一定的机构管理祭孔事宜。祭孔时孔府还委派一定官员，主要有：正献官(主祭)、分献官、典仪官、监祭官，还有引赞、鸣赞、乐舞等礼生以及执事人员。

祭孔时演奏"钟鼓之乐"，这是继承西周、春秋时期的风气。编钟与编磬在钟鼓乐队中醒目突出，同时琴瑟箫笛各乐器一应俱全，组成雄壮的乐队阵容，但没有筝的介入，这是因为"筝"与"争"谐音，含有"中和之乐不与世争"的意思。

自南宋以来至清末民国时期，孔氏南宗的祭孔活动经久不衰，最盛时每年有大小祭祀50多次。

四大祭：在每年的春夏秋冬四季的仲月上丁之日举行祭仪，所以又名"四大丁"。这是一年内最隆重的祭仪，尤以春祭、秋祭更为隆重。大祭前夕，除了主祭官员和执事人员忙于大祭的准备工作外，衢州乡下的沟溪、孔家、马伯淤、慈姑垄等地的孔子后裔也都沐浴后换上干净整洁的衣服，参加大祭礼仪。

四仲丁：大祭后的第十天进行祭仪，这是"四大祭"的余波，其规格大逊于"四大祭"。

八小祭：不祠太牢而祠以少牢，谓之"小"。每年清明节、端阳节、中秋节、除夕、元月初一、十月初一、孔子生日、忌日举行祭仪，共八次，所以叫"八小祭"。

节气祭：在每年二十四节气举行祭仪，仪式简单，不邀宾客、族众，不祠太牢、少牢，只设祭品于簠簋笾豆之中，行三叩首礼。祭拜：每月初一、十五举行，不祠任何祭品，只行简单的三叩首礼。

特别祭：孔子生日、忌日逢十年、逢百年之祭仪，隆重于八"小祭"的生、忌日之祭。遇有重要事变，如清初平"三藩之乱"后，兵部尚书李之芳与总督陈秉直驻辔衢州，孔府举行隆重祭仪，奠祭孔子，庆祝胜利。又如清道光年间，家庙拓建而成，举行隆重祭仪。

一、祭官

南宋时孔氏南宗衍圣公，明清时孔氏南宗翰林院五经博士，民国时孔氏南宗奉祀官的主要职责，是代表帝王、执政者祭祀孔子。南渡后，孔氏南宗家庙以衍圣公主祭。自孔洙让爵后，由族长主祭。族长的确认，以贤而不以长，即以贤德为首认标准，排行长位的、年龄辈分大的不一定能担任族长，故历任南宗家庙族长的，都是品学兼优者。自五十九世孙孔彦绳开始恢复承袭制之后，就以翰林院五经博士主祭，并由执事官助祭。而以行辈最尊、年龄最高的族长主祭崇圣祠。报功祠由五经博士主祭，但不着朝服，意为"以孔姓之情谢恩官之德"。其他各祠，均以族属有爵位且德高望重者担任主祭，如五支祠由值年之房的长者主祭，袭封祠和六代公爵祠由袭封这一支派员主祭。这一规定，至清末仍如此。民国时期，改由奉祀官主祭。

二、执事、礼生

孔氏南宗家庙祭孔执事4—8人。每逢丁祭大典，大成殿需鸣赞、引赞、读祝礼生12人，四配需用8人，两庑需用8人，崇圣祠需用4人，其余8人以司陈设盥洗等项，共应用礼生40人。礼生人员之增补，照阙里惯例，本氏族内尽数选充，如不够，则挑选西安附近之俊秀补足。

在孔府内所设的司乐丁，专门管理祭孔事宜，具体有：掌管祭孔乐章，排练八佾舞、六佾舞，保存乐器、舞具、祭器，训练乐舞生等。

三、祭器

根据仪注，孔府有许多祭器，主要有：

盛酒浆器皿：爵、壶、尊、瓶、杯。

盛食品器具：簠、簋、笾、豆、铏、勺、俎、登。

盛织物器皿：篚、盝。

乐器：龠、琴、瑟、笙、笛、篪、埙、钟、鼓、磬、柷、节、拊。

舞具：干、麾幡。

还有香炉、烛擎、祝文版，等等。

礼器以铜、锡、铁制作。几经战乱，失而复制。光绪（1875—1908）末年，第十五世五经博士孔庆仪，依式增置使之完整。计有：铜爵52只，锡铏10个，锡勺5个，锡簠22个，锡簋22个，锡笾44个，锡豆88个，锡尊10个，锡登10个，锡壶3个，锡尊3个，竹篚3个，木俎3架，铜炉10个，锡烛擎11对，锡瓶1对，木帛盝10个，祝文版1座。后毁于民国31年（1942）日寇攻陷衢州之时。

四、祝文

祭祀时所读祝文，内容大体相同。孔氏南宗家庙祝文原件已无查，现据文庙版本录之。

正献祝文：

维先师德隆千圣，道冠百王，揭日月以常行，自生民所未有。属文教昌明之会，正礼节乐和之，时辟雍钟鼓咸恪，荐以馨香泮水，胶庠益致，严于笾豆。兹当仲春（秋），祇率彝章，肃展微忱，聿彰祀典，以复圣颜子、宗圣曾子、述圣子思子、亚圣孟子配，尚飨。

崇圣祠致祭祝文：

维王奕叶钟祥，光开圣绪，盛德之后，积久弥昌，凡声教所，覃敷率循，原而溯本，宜肃明烟之典，用申守土之忱，兹届仲春（秋），聿修祀典以先贤颜氏、先贤曾氏、先贤孔氏、先贤孟氏配，尚飨。

五、祭式

祭孔时间定在每年的春秋两季的仲月丁日。月用仲，仲即每季的第二个月，亦即中间之月，含有"正"之意。日用丁，丁为"阴火"之意，以火为文明之象征。

祭祀前十天，须考核、确定、落实乐生、舞生人员，进行教演，务使纯熟。合格之后，再进一步集中学习乐、舞、礼等各项技艺和规范，随时听候管理和调遣。乐生、舞生务必用心演习，不出差错，以免祭祀时出现闪失，影响礼仪。

祭祀前五天，将祭祀用的钟、磬、篪、笙、箫、鼓、笛等乐器和尊、爵、豆等器具洗刷干净。

祭祀前三天的卯时或辰时（早上六点或八点），主祭乘大轿，在吹打乐中由分献官、典仪官以及礼生、乐舞生相拥进入家庙居住，并沐浴、习礼，以示"心正意诚"。孔府和家庙仅一墙之隔，相互间有小门可通，平日不必从大门出入。习礼期间，主祀官及其他官员等人，有时也可以离开家庙归府，但一定不能从大门出进，只能从小门离庙归府，这叫"明进暗出"。离府回家庙习礼，也是从小门进的。

祭祀前一天，执事人员忙于准备祭品。至当天未时（下午四时），将盐、猪血、芡米、稷谷、菱角、果脯、束脩放于簠簋笾豆之中，灌浆酒于爵壶之内，陈织帛于筐篚之上。同时在与大成殿相接的东庑之端，搭设起象征性的帛坊、酒肆。至深夜亥时（晚上十点）前后，屠夫操刀宰杀牛、羊、猪三牲（由于孔子可以享受太牢之礼，因而三牲得用整牛、整羊、整猪）。到祭祀之日的子时（晚上十二点）许，宰杀完毕，陈三牲于俎上。

此时，架立在大成殿前东西两侧的钟鼓齐鸣，报告大祭之日已到，"神""圣"将至，于是大成门、大成殿及东西两庑焚香点灯燃烛，一时青烟缭绕，灯火通明。与此同时，掌馔者将祭品一一分放和摆设在大成殿及东西两庑的神龛前，并由执事者逐一检查，以免遗漏或错放。上述事情在丑时前完毕。接着全体人员包括前来参加祭祀的朝廷官员易服换装，准备迎"神"接"圣"。

当时交寅卯之时，钟鼓三鸣其声，预示着"神""圣"即将降临。参加祭祀的人员按制就位，乐舞生起舞（跳六佾舞），赞礼生唱礼，敬迎"天神""社神"、"稷神"和孔子及其昭穆以及中兴祖、南渡祖等先祖的降临。

接着举行"三献礼"，其程序为初献、亚献、终献。主祭者从东阶上神座，从西阶下复位，每次行三跪九叩之礼。助祭者分献也是这样。初献时献奠帛、献爵、读祝文。三献之后，意味着"神""圣"已受食收帛，于是送"神"别"圣"，再行九叩首之礼。尔后主祭、助祭在丹墀下各自就位，至礼毕。此仪式大约需要一个多时辰。

在大祭之日，除了上述在大成殿的祭仪外，还要分派人员对崇圣祠、五支祠、六代公爵祠、袭封祠、报功祠进行祭奠，祭式较简单。在大成殿祭孔，是代表朝廷，对各祠的祭奠是家祭。对各祠的祭仪大致是能"献之爵尊，爱之心诚，一跪三拜"就行了。

祭日参祭人员也"饮福受胙"一餐。从衢州四乡赶来的孔姓子孙，在晚上分享俎上之肉、尊中之酒后，还分到一份束脩和馒头。

第二节　丁　祭　乐

自乾隆八年（1743）确定丁祭乐章，颁发天下，各文庙均以丁祭乐章为准绳，按祭祀乐六章为定制。但在祭器、祭品、乐器、佾舞等数量、质量上远不及家庙完善正规。

孔氏家庙祭祀享受太牢的权利，祭器、乐器、佾舞要求之高，形式之全，规格之严，均为文庙望尘莫及。

一、祭品

放于登中的：

名曰"太羹"。煮肉成肉汁尚未成糊状即可。

放于铏中的：

名曰"和羹"。用猪膂肉加五味烧煮成羹汁。

放于簠中的：

黍,又称"芗合"。选择颗粒完好者,煮汤捞成饭。

稷,又称"明粢"。选拣圆好之颗粒,煮汤捞成饭。

放于簠中的:

稻,又称"嘉疏"。用粳米煮成汤,捞上,蒸熟成饭。

粱。取似粟而颗粒大者,煮成汤并捞起蒸熟而成饭。

以上四粮全用则黍稷盛于簋,稻粱盛于簠。如仅用一簋一簠,则黍盛于簋,稷盛于簠。

放于笾中的:

形盐。刻盐如虎形。

枣。拣圆洁甘美者。

栗。拣圆洁者去皮用其肉。

稿鱼。将鱼剖腹去鳞,以盐搓后晒干。用时,以温水洗净,切成片,用酒浸泡。

鹿脯。用干鹿肉煮熟切片。

榛。拣洁净之仁,按颗粒堆砌,下丰上锐。

芡。拣洁净之实,如砌榛法堆砌。

菱。用之如砌榛法。

黑饼。以荞面做成饼,以糖食为馅,印饼如掌心大小,约二十枚。

白饼。以白面做成饼,如作黑饼法。

放于豆中的:

菁菹,又名蔓菁。形如萝卜,切小片以汤芼之,淡用。

芹菹,又名芹菜。以汤芼之,切成段,淡用。

韭菹。拣韭菜细嫩者,切去本末,取中一段,淡用。

笋菹。用干笋,盐水煮过切成段。

醓醢。用猪脊肉切成小块,加五味调酱油烹煮成羹汁。

鱼醢。用鲜鱼去鳞切成小块,如制醓醢法。

鹿醢。用鲜鹿肉切作小块，如制醓醢法。

兔醢。用鲜兔肉切作小块，如制醓醢法。

豚舶。用猪肩膊肉，取方大块抹以油、酱、盐、蜜、醋、酒蒸熟。脾析。用牛羊肚子百叶，刷去黑皮，切成细条，放于沸汤中焯过，加油、盐、醋、蜜、葱、姜、酒拌匀再炒。

放于尊中的：

酒。以香冽为上等。

二、乐器

琴4张，瑟2张，凤箫2排，箫4枝，笙4攒，笛4枝，篪2枝，埙2个，大楹鼓1面，红绫麾幡1首，柷1座，搏拊2面，敔1座，干2面，节2支，铜钟16口，石磬16悬。舞干并金龙首雉尾龠24副。

三、乐生

按乐器数，每件1人，专人负责。另有监乐生1人，负责乐队人员与乐器配备。还有歌生8人，负责六乐章的演唱。

各乐生及人数配置如下：

司琴生4人，司瑟生2人，司凤箫生2人，司箫生4人，司笙生4人，司笛生4人，司篪生2人，司埙生2人，司楹鼓生1人，司红绫麾幡生1人，司柷生1人，司搏拊生2人，司敔生1人，司干生2人，司节生2人，司编钟生1人，司编磬生1人。

四、舞生

佾舞生24人，负责佾舞。

五、乐章

丁祭乐，共6章。每章自成乐段，共有13节。即每章四字一分句，八字构成一乐句，全曲由四个乐句组成，长达13小节，四四拍子。丁祭乐六章，节奏旋律基于一体，均为羽调式，显示出音乐上的绝对均衡感。每乐章第一乐句第一小节乐汇同为6123，仅在旋律个别处稍作变化，全曲终止在6音。

祭祀乐六章，前后保持着高度的平衡、统一。第一乐章昭平之章，第二乐章宣平之章，第三乐章秩平之章，第四乐章叙平之章，第五乐章懿平之章，第六乐章德平之章。这六章祭祀乐，始终贯穿一个"平"字，表现为美善中和之意。丁祭乐是孔子礼乐观的体现。

行祭时，行大礼大乐，祀"太牢之礼"，以通达神明，发扬盛德。行将祭祀时，先击晋鼓360次，作为祭祀开始的信号。待乐舞生整齐排列阶下，转为击鸣班鼓（鼓谱共有13节）。乐舞生升阶，各就各位，随之大成钟鼓齐鸣，祭祀合乐。

每奏一章，礼生举麾高声吟唱"乐奏某某之章"，声音骤然而起。"乐章"二字稍顿，下四字"某某之章"句逗均等，长韵渐强，尾声悠长，从容和雅。击柷三声，起乐。章分四句，每句四字。每奏一句击镈钟一声。每奏一字，歌声未发先按谱击编钟一声，以喧其声。每歌一字歌声将歇，按谱击编磬一声。每歌一句，击特磬一声，以收其韵。继击应鼓三声。每击应鼓一声，拍拊鼓二声以应和，三应共六声。每一章结束，击敔六声，礼生举麾高声吟唱，乐上，声音长韵渐弱，飘然而去。

乐舞也是每章13节。祭鼓声初遍响起时，乐舞生由左右掖门入班，由大成门内阶下，继而又从北上。司麾者1人居首站立东面，循次鱼贯而上。琴东西各2人，瑟东西各1人，凤箫东西各1人，箫东西各2人，笙东西各2人，笛东西各2人，篪东西各1人，埙东西各1人，大楹鼓1人在东，柷1人在东，搏拊东西各1人，敔1人在西，干东西各1人，节东西各1人，编钟1人在东，编磬1人在西。各人执自己的乐器，拱立等候。当鼓声敲过第三遍后，待其声停绝鸣，转为击班鼓。舞总共有三成，每舞一成，待礼生唱毕，东阶的节生就扬节唱道："起某某之舞。"于是舞生执籥秉翟按歌而舞。三成舞毕，舞生退去，东西相对，饮福受胙。紧接着奏鸣第五乐章即撤馔乐懿平之章，再奏第六乐章即送神乐德平之章，继而大成钟齐鸣。合乐完毕，击镛钟108响，又转击班鼓，复又奏乐，舞生释放乐器走下台阶，行一跪三叩首而退下，祭祀告成。

第一乐章
迎神乐昭平之章

1=#D 或 A 4/4　　　　　　　　　　　　　　黄吉士订谱

稍慢·庄严地

| 6 1 2 3 | 3 - 6 5 | 3 2 - - | 1 2 5 3 | 3 - 6 5 |
大哉孔子，　　先觉 先知。　与天地参，　　万世

| 3 3 - - | 3 5 1 2 | 2 - 1 5̣ | 6̣ 5̣ - - |
之 师。　　祥徵麟绂，　韵答　金丝。

| 1 2 6̣ 3 | 3 - 1 2 | 2 - 1 5̣ | 6̣ - - - |
日月既揭，　乾坤　清　夷。

注：仲春祭祀以夹钟为宫（1=#D）
　　仲秋祭祀以南吕为宫（1=A）

第二乐章
初献乐宣平之章
（舞第一成）

1=#D 或 A 4/4　　　　　　　　　　　　　　黄吉士订谱

稍慢·庄严地

| 6 1 2 3 | 3 - 5 1 | 6̣ 5̣ - - | 2 1 5 3 | 3 - 1 2 |
予怀明德，　玉振 金声，　生民未有，　　展也

| 3 2 - - | 3 5 6 3 | 3 - 2 2 | 3 2 - - |
大 成。　　俎豆千古，　春秋 上丁，

| 6̣ 5̣ 1 6̣ | 6̣ - 1 2 | 2 - 1 5̣ | 6̣ - - - ‖

清酒既载， 其香 始 升。

第三乐章
亚献乐秩平之章
（舞第二成）

1=♯D 或 A 4/4　　　　　　　　黄吉士订谱

稍慢·庄严地

| 6̣ 1 2 3 | 3 - 5 3 | 1 6̣ - - | 5 3 1 2 | 2 - 3 5 |

式礼莫愆， 升堂 再献， 响协鼓镛， 诚孚

| 3 6 - - | 3 3 2 2 | 2 - 1 6̣ | 5̣ 6̣ - - |

罍甒。 肃肃雍雍， 誉髦 斯彦，

| 5 3 1 2 | 2 - 3 2 | 2 - 1 5̣ | 6̣ - - - ‖

礼陶乐淑， 相观 而 善。

第四乐章
终献乐叙平之章
（舞第三成）

1=♯D 或 A 4/4　　　　　　　　黄吉士订谱

稍慢·庄严地

| 6̣ 1 2 3 | 3 - 5 3 | 1 1 - - | 3 5 1 6̣ | 6̣ - 5 3 |

自古在昔， 先民 有作， 皮弁祭菜， 于论

```
2 1 - - | 3 5 6 3 | 3 - 1 5̣ | 1 2 - - |
思 乐。      惟天牖民，    惟圣  时若，
```

```
3 3 5 6 | 6 - 5 3 | 3 - 1 5̣ | 6̣ - - - ‖
彝 伦 攸 叙，   至 今     木  铎。
```

第五乐章
撤馔乐懿平之章

1=#D 或 A 4/4　　　　　　　　　　黄吉士订谱

稍慢·庄严地

```
6̣ 1 2 3 | 3 - 6 5 | 6 3 - - | 1 6 3 5 | 5 - 1 2 |
先师有言，    祭则 受福，  四海黉宫，    畴敢
```

```
1 6̣ - - | 3 5 6 3 | 3 - 1 2 | 1 6̣ - - |
不 肃。     礼成告撤，   毋疏  毋渎，
```

```
3 5 1 2 | 2 - 2 3 | 3 - 1 5̣ | 6̣ - - - ‖
乐所自生，   中原    有菽。
```

第六乐章
送神乐德平之章

1=#D 或 A 4/4　　　　　　　　　　黄吉士订谱

稍慢·庄严地

```
6̣ 1 2 3 | 3 - 3 5 | 6̣ 1 - - | 5 3 3 5 | 5 - 1 2 |
凫绎峨峨，   洙泗 洋洋，  景行行止，    流泽
```

```
3 2 - - | 3 5 1 6̇ | 6̇ - 6 5 | 3 2 - - |
无  疆。      聿 昭 祀 事,     祀 事  孔 明,

6 3 6 5 | 5 - 1 2 | 2 - 1 5̣ | 6̣ - - ‖
化 我 蒸 民,    育 我        胶     庠。
```

第三节　佾　舞

衢州孔氏南宗家庙的祭祀活动,历南宋、元、明、清、民国各代,尤其在清代,由于清王朝对孔子的顶礼膜拜,使得祭孔活动更加兴盛起来。

祭孔佾舞是在盛大的祭孔活动中表演的一种重要舞蹈,属古典乐舞之一。舞队浩大,阵容壮观。配有琴、箫、篪、笛、瑟、埙、钟、鼓、石磬等多种乐器。此外还有通赞生、司节生、司乐生、司道生、礼生、卫士等各种人员协助演出。

祭孔时,乐舞生从掖门(边门)而入佾台(又叫露台,在大成殿前),舞生每人左手拿龠右手执翟,乐队敲打着钟、鼓、石磬,演奏着各种乐器,歌队唱着丁祭乐:"大哉孔子,先觉先知。与天地参,万世之师。祥徵麟绂,韵答金丝。日月既揭,乾坤清夷。""予怀明德,玉振金声。生民未有,展也大成。俎豆千古,春秋上丁。清酒既载,其香始升。""式礼莫愆,升堂再献。响协鼓镛,诚孚罍甗。肃肃雍雍,誉髦斯彦。礼陶乐淑,相观而善。""自古在昔,先民有作,皮弁祭菜,于论思乐。惟天牖民,惟圣时若,彝伦攸叙,至今木铎。""先师有言,祭则受福。四海黉宫,畴敢不肃。礼成告撤,毋疏毋渎。乐所自生,中原有菽。""凫绎峨峨,洙泗洋洋。景行行止,流泽无疆。聿昭祀事,祀事孔明。化我蒸民,育我胶庠。"曲调壮重、肃穆。乐舞生一字一板,一个动作一个动作地边唱边舞。

佾舞内容按"三献礼"过程进行，即分初献、亚献、终献三次。在奏唱初献乐宣平之章时舞第一次，亚献乐秩平之章时舞第二次，终献乐叙平之章时舞第三次。此外，佾舞开始时要舞唱第一乐章即"迎神乐昭平之章"，结尾时要舞唱"撤馔乐懿平之章"及"送神乐德平之章"。整个祭孔佾舞在大成殿前露台上进行，而参与演奏器乐的人员则全在孔庙两廊厢。终曲唱完，乐舞生、歌队、乐队等人员全部退场，佾舞终。

据记载，清代盛大的祭孔活动始于乾隆八年（1743），此后整个清代长盛不衰。民国时期，祭孔活动仍然进行。民国17年（1928）曾进行一次盛大的祭孔活动，此后规模不大。抗战胜利后的民国35年（1946）8月27日（孔子诞辰），为孔子夫妇楷木像迎回衢州家庙（抗战期间为避日寇掳掠，孔氏夫妇楷木像曾避藏于浙南山区）而举行了奉迎仪式，并举行了盛大的祭孔活动。此次纪念活动定名为"衢县各界庆祝孔圣诞辰暨教师节纪念大会"。8月27日上午在孔府家庙首先举行孔子夫妇楷木像还庙典礼，并进行公祭。典礼共分15项，包括主席致词、讲述孔圣言行等。由绥署主任主祭，省府主席派专员代表致祭。此次祭孔活动有千余人参加，仪式极为隆重。民国37年（1948），孔氏南宗家庙举行祭孔大典暨教师节纪念大会。这是衢州1949年前所举行的最后一次盛大祭孔活动。

金 正面身微蹲
籥斜舉羽植

聲 向內身俯兩足
並羽籥植地

玉 向西首微側右足進前籥平指西羽斜舉

振 身俯向東面轉向西兩手伸出羽籥斜交

生 外向兩足並籥植
羽倒指內少垂

 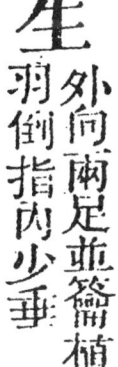 

民 內向籥斜
指羽植

 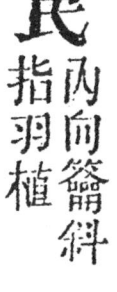 

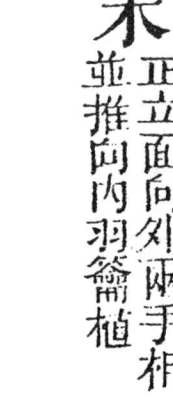
未 正立面向外两手相
並推向内羽籥植

有 正立籥平舉
過肩羽植

家庙祭器分配表

祭器(数量)	地点	孔子	孔鲤	孔伋	孔仁玉 孔传	孔端友	崇圣祠	五支祠	袭封祠	六代公爵祠	恩官祠
爵	52只	3	3+3		3+3	3+3	3	5	5+5+5	5	4
簠	22只	2	2+2		1+1	1+1	2	2	2+2+2	2	2
簋	22只	2	2+2		1+1	1+1	2	2	2+2+2	2	2
豆	88只	12	8+8		4+4	4+4	8	8	8+8+8	8	4
铏	10只	2	2+2		1+1	1+1	2				
笾	44只	12	8+8		4+4	4+4	8				
尊	10只	2	2+2		2+2	2+2	2				
登	10只	1	疑有误,应为1	1+1							
勺	5只	3	1+1								
壶	3只	1	1+1								
尊	3只	1	1+1								
筐	3只	1	1+1								
俎	3只	1	1+1								
炉	10只	1	1+1		1+1		1	1	1	1	1
烛擎	11对	1	1+1		1+1		1	1	2	1	1
木帛篓	10只				1+1		2	2	2	2	
瓶	1对	1									
祝文版	1座	1									

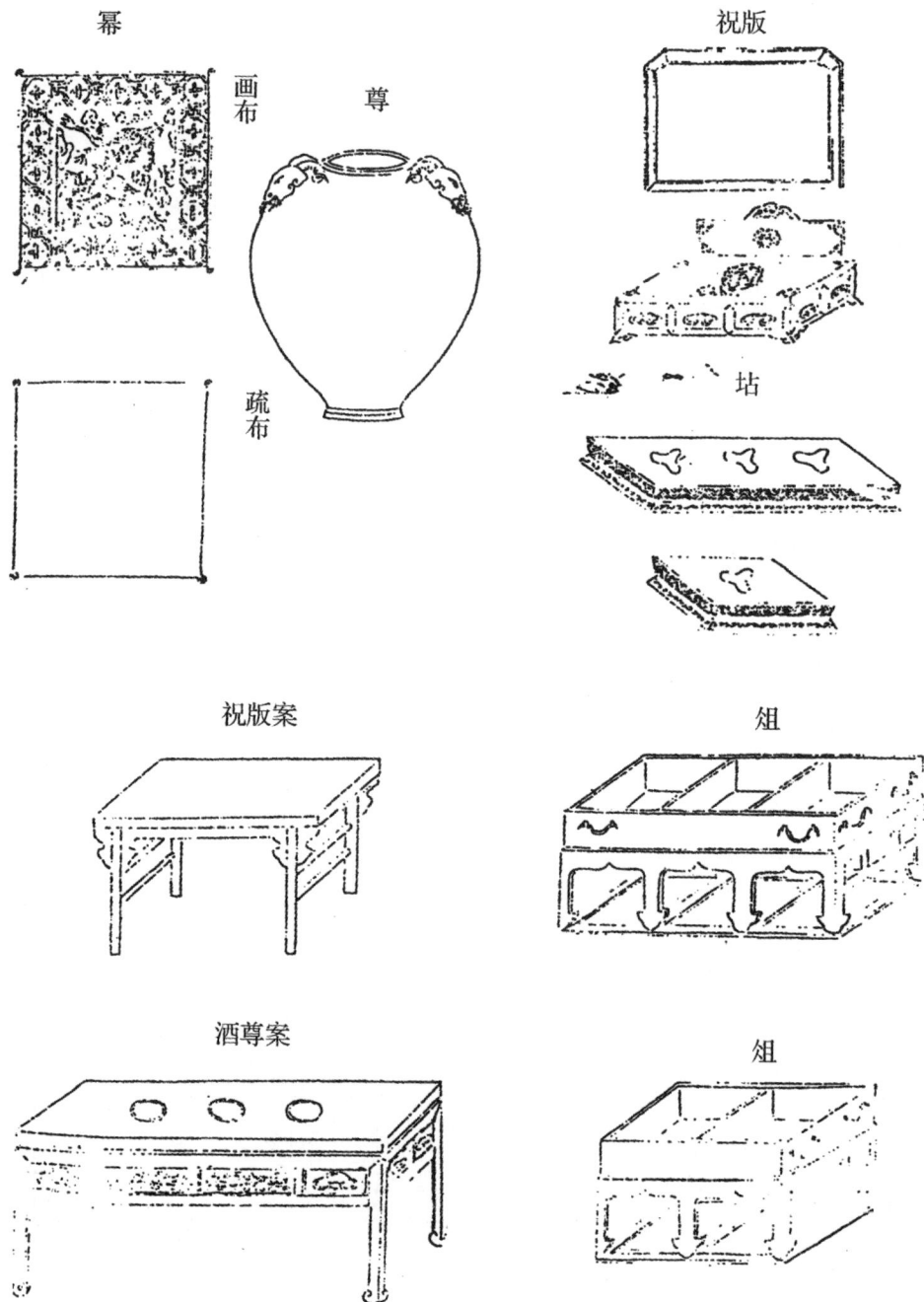

铏　　　登

豆　　　笾

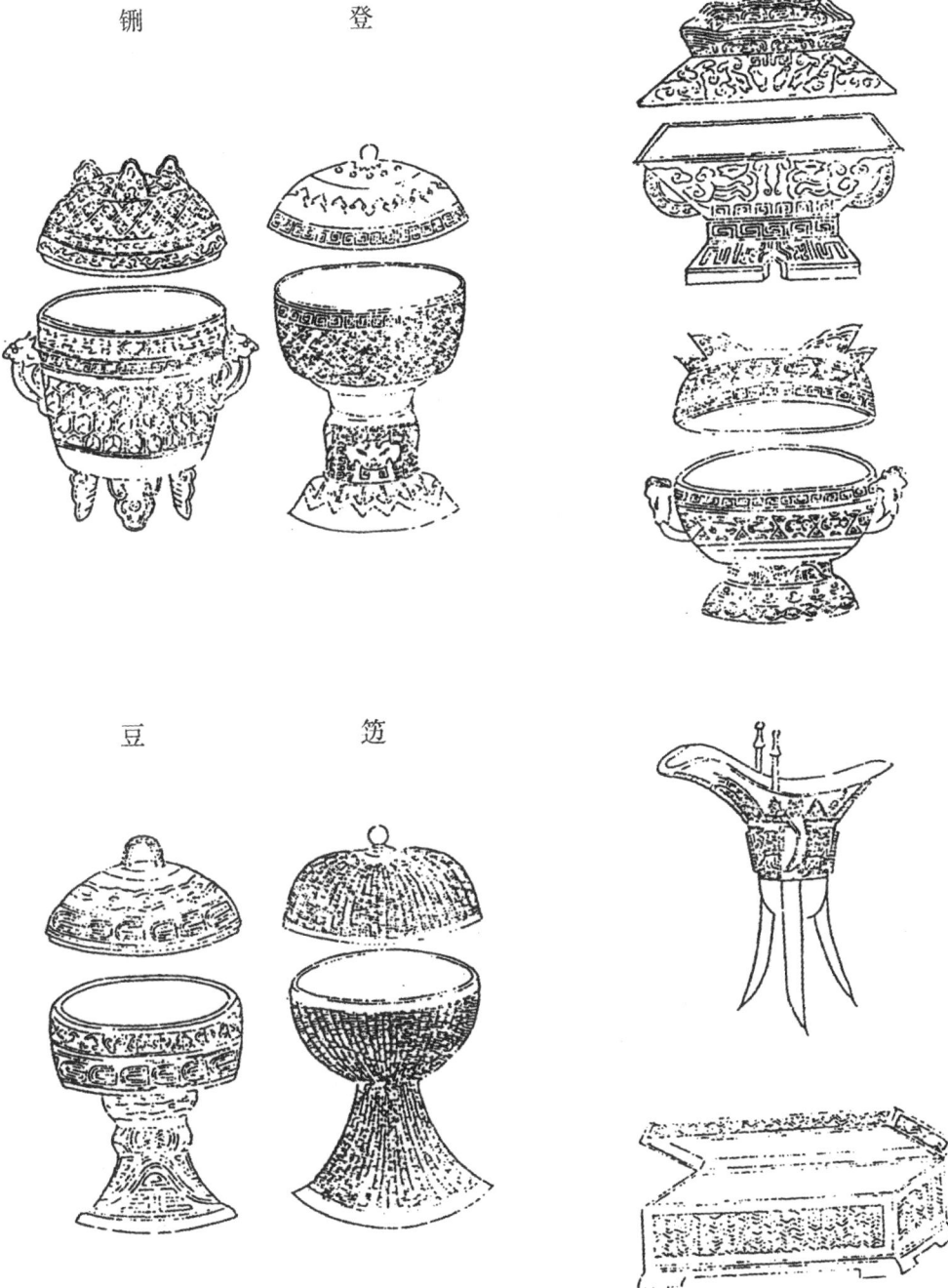

孔子祭祀陈设图

爵　爵　爵
　杓　杓　杓
　铏　登　铏
　　簠　簋
豆　　　　　　笾
　　簠　簋
　　　筐

|壶瓶尊|木俎|尊瓶尊|
|祝文版|烛　炉　烛|

孔鲤、孔伋祭祀陈设图

爵　爵　爵
　　杓
　铏　铏
　　簠　簋
豆　　　　　　笾
　　簠　簋
　　　筐

|尊尊|木俎|尊壶|
||烛　炉　烛||

(孔仁玉、孔传)孔端友祭祀陈设图

㊄　㊄　㊄
⦿籩　⦿铏　⦿籩

☐☐　　　　　　　　　　☐☐
☐☐豆　[木帛盏]　　笾☐☐

尊　　　　尊

烛　炉　烛

崇圣祠祭祀陈设图

| 启圣王叔梁公 | 诒圣王防叔公 | 肇圣王木金父公 | 裕圣王祈父公 | 昌圣王伯夏公 |

㊄　　㊄　　㊄
　⦿铏　⦿铏

☐☐　　⦿籩　⦿籩　　☐☐
☐☐豆　⦿籩　⦿籩　笾☐☐
☐☐　　　　　　　　　☐☐
　　　　[木帛盏]
尊　　　　　　　　　　尊
　　　　烛　炉　烛

五支祠祭祀陈设图

| 仁房 | 义房 | 礼房 | 智房 | 信房 |

爵　爵　爵　爵　爵

☐☐　簠　　　　　簠　☐☐
豆　　簠　　　　　簠　　笾
☐☐　　　　　　　　　☐☐

木帛盝

烛　炉　烛

袭封祠祭祀陈设图

| 73孔庆仪 | 71孔昭焕 | 69孔继涛 | 67孔毓垣 | 65孔衍桢 | 63孔贞运 | 61孔弘章 | 59孔彦绳 | 60孔承美 | 62孔闻音 | 64孔尚乾 | 66孔兴燫 | 68孔传锦 | 70孔广杓 | 72孔宪坤 |

爵 爵 爵 爵 爵 爵 爵 爵 爵 爵 爵 爵 爵 爵 爵

☐ 簠 簠 ☐ ☐ 簠 簠 ☐ ☐ 簠 簠 ☐
豆　　　　豆　　　　豆　　　　豆
☐ 簠 簠 ☐ ☐ 簠 簠 ☐ ☐ 簠 簠 ☐

木帛盝

烛　烛　炉　烛　烛

六代公爵祠祭祀陈设图

| 52孔万春 | 50孔摺 | 48孔端友 | 49孔玠 | 51孔文远 | 53孔洙 |

爵　爵　爵　爵　爵

□□ 籩　　　籩 □□
豆　　　　　　　豆
□□ 籩　　　籩 □□

木帛盂

烛　炉　烛

恩官祠祭祀陈设图

|　|　|　| 牌 | 位 |　|　|　|

爵　爵　爵　爵　爵　爵　爵　爵　爵

□□ 籩　　　　籩 □□
豆　　　　　　　　豆
□□ 籩　　　　籩 □□

烛　　炉　　烛

家庙乐器、佾舞器数量

八音：① 金，编钟16口；② 石，编磬16悬；③ 革，大楹鼓1面；④ 木，柷1座，敔1座；⑤ 丝，琴4张，瑟2张；⑥ 竹，凤箫两排，箫4支，笛4支，篪2枝；⑦ 匏，笙4攒；⑧ 土，埙2个。

佾舞用器：搏拊2面，干2面，节2支，红绫麾幡1面，舞干并金龙首雉尾龠24副。

家庙乐器佾舞器布局图

				麾幡				
	敔					柷		
		搏拊				搏拊		
笙	干				干		笙	
	笙	节			节	笙		
琴	琴	舞	舞	舞	舞	琴	琴	
瑟	埙	舞	舞	舞	舞	埙	瑟	
箫	箫	舞	舞	舞	舞	箫	箫	
笛	笛	舞	舞	舞	舞	笛	笛	
凤箫	篪	舞	舞	舞	舞	篪	凤箫	
	编磬	舞	舞	舞	舞	编钟	楹鼓	

第四章 祭祀 / 113

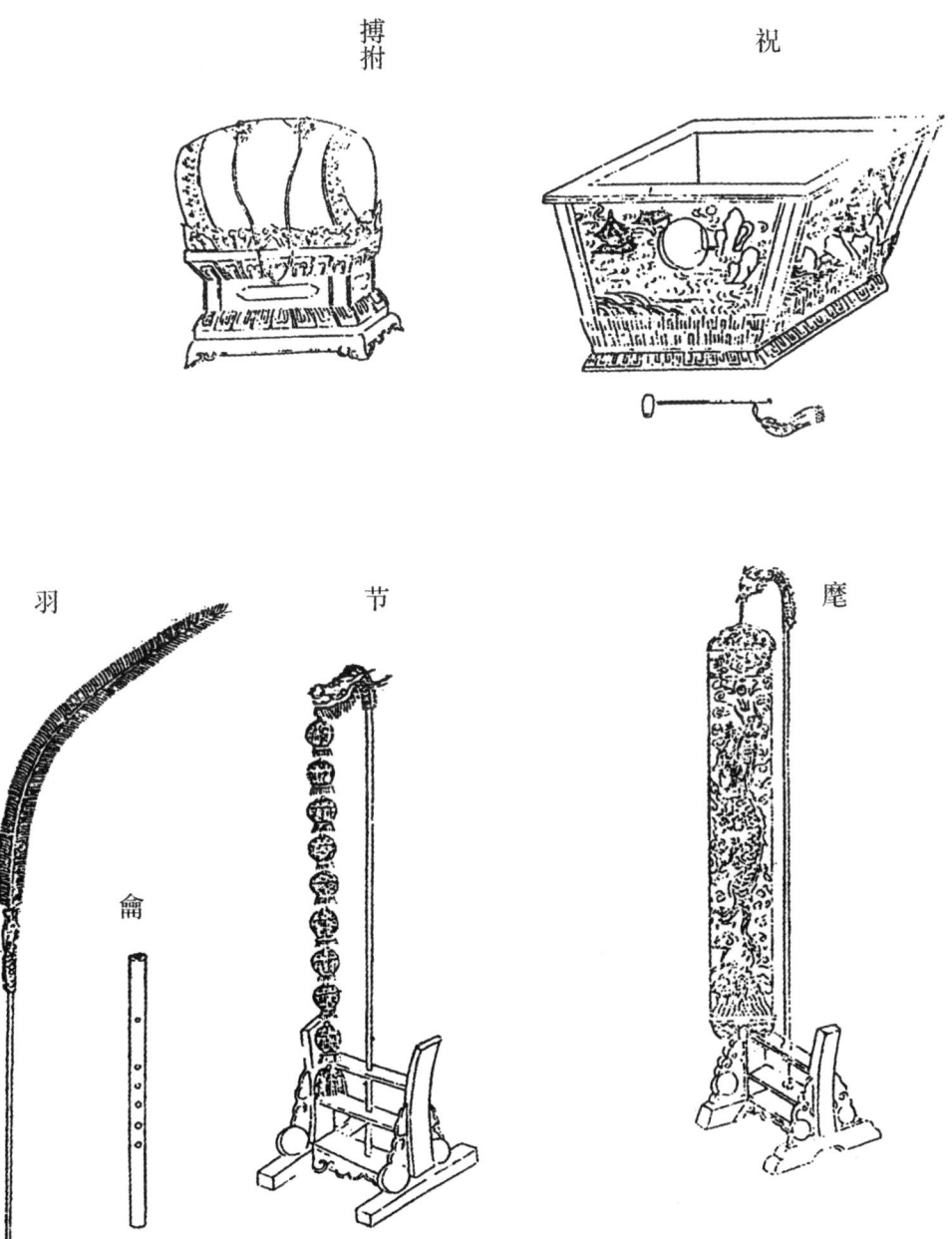

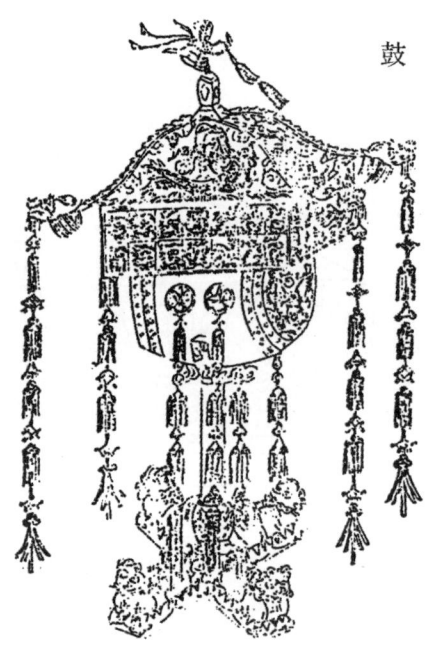

鼓

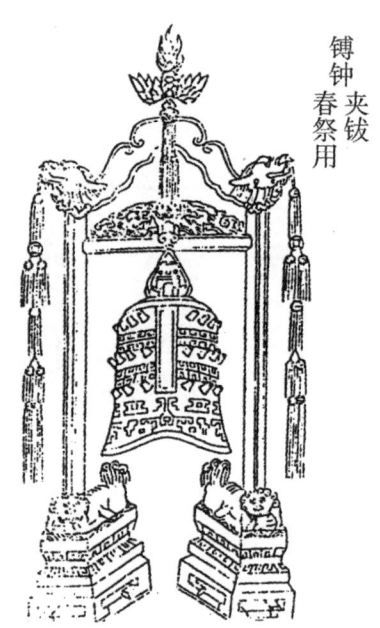

镈钟 夹钹 春祭用

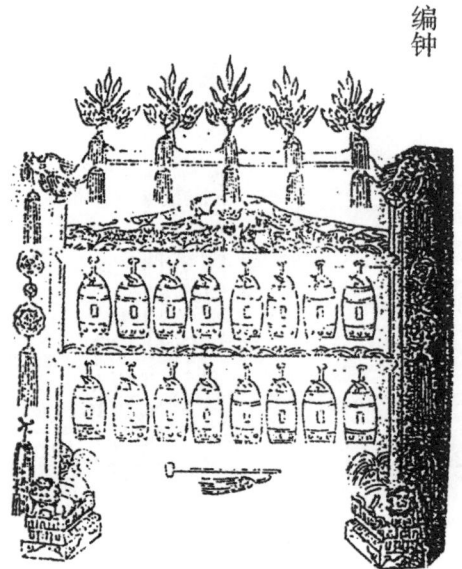

编钟

编磬

瑟 琴

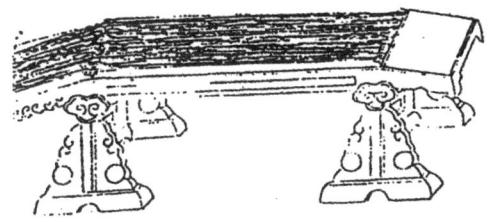
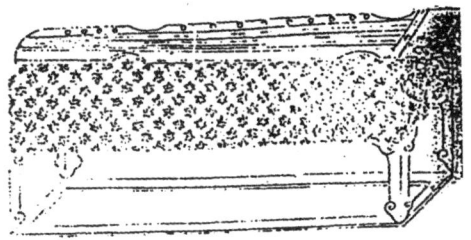

篪 笙

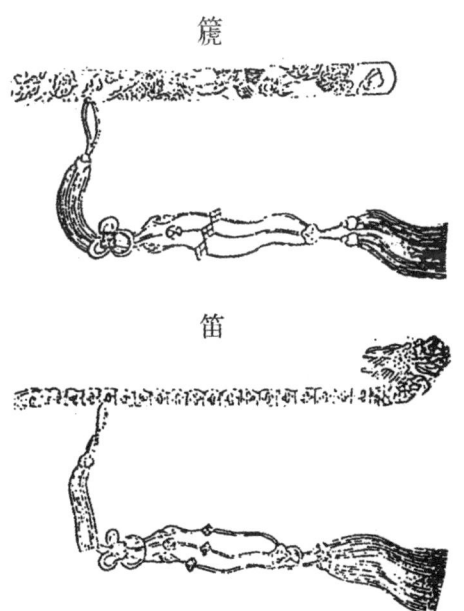
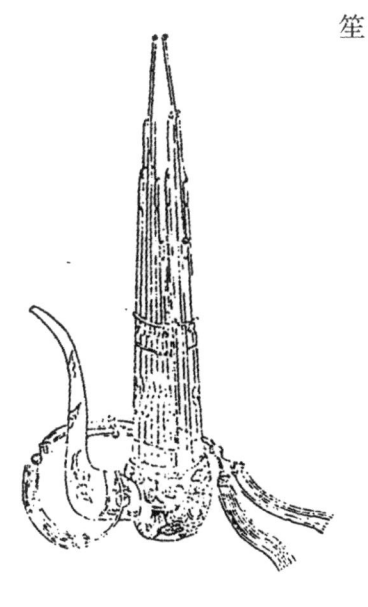

笛

埙前式

箫

埙后式

敔

排箫

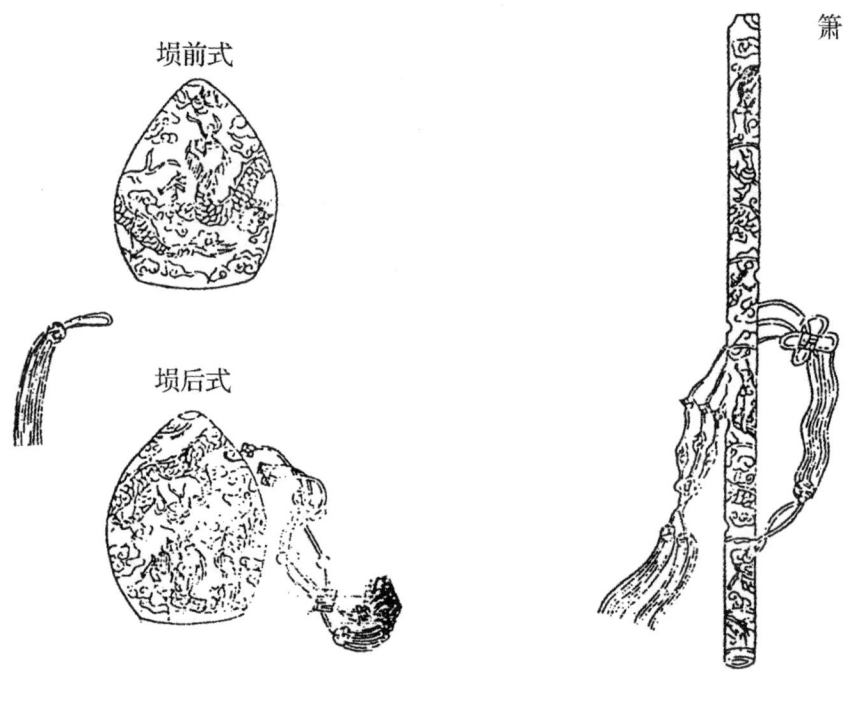

文庙正位陈设图

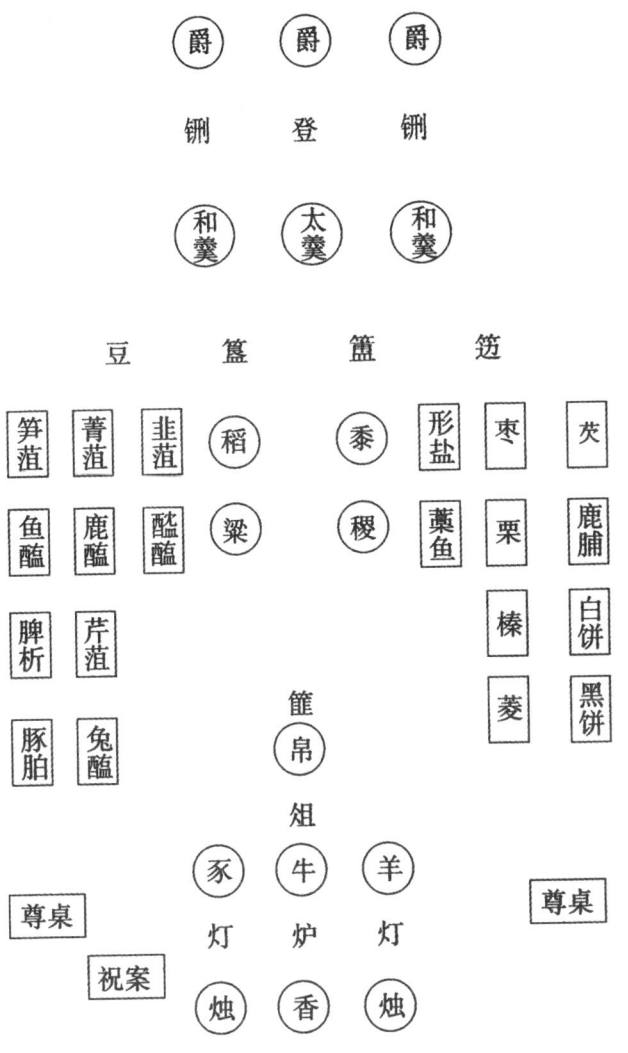

文庙配位陈设图

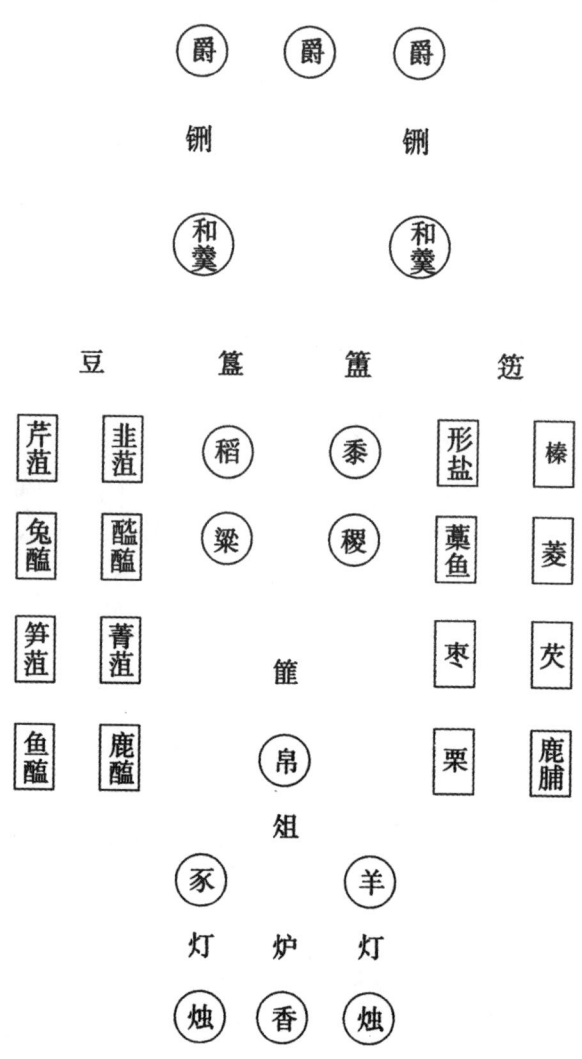

文庙哲位陈设图

一位一案　　　一位一案

| 供爵 | 供爵 | 供爵 |　| 供爵 | 供爵 | 供爵 |

豆　簋　铏　簠　笾　　豆　簋　铏　簠　笾

| 芹菹 | 菁菹 | 稷和羹 | 黍 | 形盐 | 栗 |　| 芹菹 | 菁菹 | 稷和羹 | 黍 | 形盐 | 栗 |

豆　　　笾　豆　　　　笾

| 酡醢 | 鹿醢 |　| 枣 | 鹿脯 | 酡醢 | 鹿醢 |　| 枣 | 鹿脯 |

俎

东西各一案　　豕　羊

献爵　献爵　献爵

灯烛　炉香　灯烛

筐

帛

六帛共一筐

崇圣祠正位陈设图

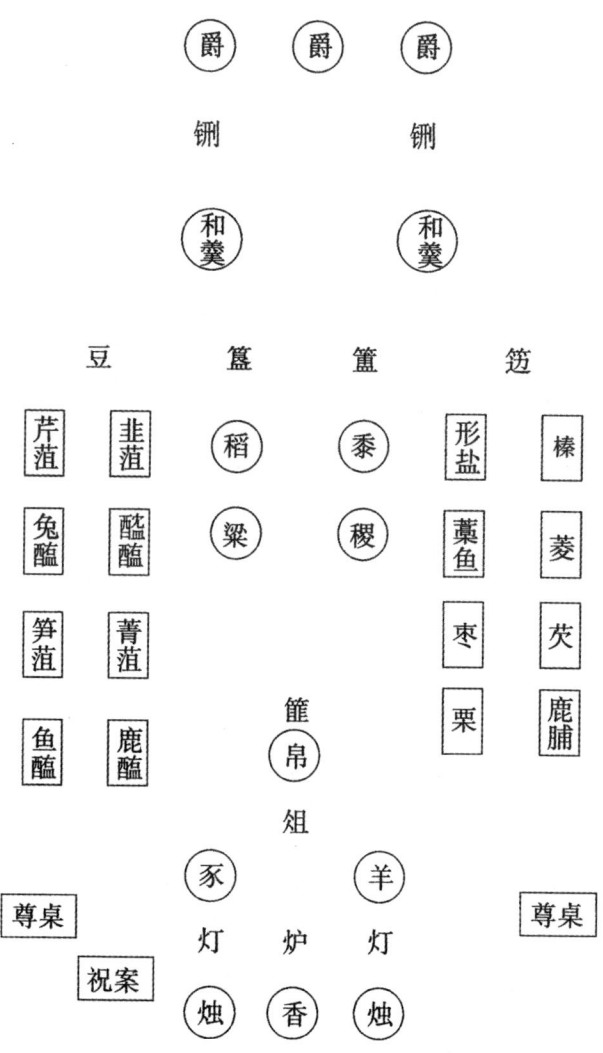

文庙乐器舞佾图

							麾		
鼓							柷		
柎	搏	歌			节	歌	搏	柎	
笙	歌	笙			歌	笙	笙		
笙	节								

琴	琴	琴	舞	舞	舞	舞	舞	舞	琴	琴	琴
瑟	瑟		舞	舞	舞	舞	舞	舞		瑟	瑟
箫	箫	箫	舞	舞	舞	舞	舞	舞	箫	箫	箫
笛	笛	笛	舞	舞	舞	舞	舞	舞	笛	笛	笛
排箫	篪	篪	埙	舞	舞	舞	舞	舞	埙	篪	篪	排箫
特磬	编磬	舞	舞	舞	舞	舞	舞	编钟	镈钟	楹鼓

第五章 家　塾

孔氏南宗历代名贤与孔子的教育思想、教育实践一脉相承。孔子在"礼崩乐坏""学在官府"的时代，毅然兴办私学，规模之大、时间之长、组织之完备，有力地推动了"学术下移"的发展，其"有教无类"，扩大了教育对象的范围，开了平民教育之先河。就文化教育领域而言，无疑是具有进步意义的。孔氏南宗及其近支，在扈从宋室南迁的特定历史条件下，从创办"私学"入手，以"家塾"和所管理的三大书院为核心，培养和造就了一代又一代英才；自"孔洙让爵"后，他们走出历代不倒的封建府第，从事平民教育，或为学官，或为山长，或设塾教读，活跃于东南诸省，这于孔子世家而言，无疑亦是有着特殊意义的。

第一节　家　塾

南宗家塾，萌芽于南宋初年的"私学"，发端于南宋后期的"思鲁堂"，兴盛于明清时期的家塾及书院，发展于清末民初的近代学校。其特点为从封建府第走向社会，训导孔氏裔孙，致力平民教育。

南宋建炎三年（1129）正月丁卯，衍圣公孔端友偕从父孔传诣阙上疏，因功赐家衢州。孔传旋赴知抚州，孔端友亦于诸事甫定后前往湖南郴州任所。绍兴二年（1132），端友病逝，孔玠袭爵，孔传即于绍兴四年致仕返衢，继承先祖事业。鉴于南迁寓衢的大宗及近支丁口殊少，孔传利用"权以家庙寓学宫"的条件，"家居时授徒千人"，是为孔氏南宗家塾之萌芽。

南宋末年，孔氏南宗子孙蕃衍，即在鼎建于城北菱湖的家庙中，仿曲阜家庙之学屋，在其"后为堂曰'思鲁'"。这在曲阜是追念孔子教导孔鲤学诗学礼的地方，在衢州则"俾之合族讲学，以志不忘阙里之旧也"。此诚属形成中的孔氏南宗家塾之始。

明弘治元年（1488），同知萧显修拓移建城南的崇文坊家庙。家塾设于殿前西厢，专训孔氏衢州派大支裔孙。正德十五年（1520），家庙迁建城东先义坊今址，博士孔承美"乃即城南东岳废址改建孔氏家塾"。嘉靖年间，江右王门邹守益为之撰记。其塾为门者三，为正堂者三。为东序者三，以迪成材；为西序者三，以训幼稚。东西为号舍者十，为照厅者六。临街为市屋者六，征其租以备修葺，复置田以缮其终。其塾"敦请有行谊者以司教诲，有司躬临考阅时又给笔札以示劝"。南宗家塾因而盛极一时，以至莅临家塾的名儒"恍若游洙泗、聆丝竹也"。至明末清初，渐次衰废。

清咸丰二年（1852），旧塾久废，金衢严道道台刘成万捐金60、钱60千文于家庙东斋设立承启家塾，"延师训迪，以诱掖后进"。县邑禀生王炳煊遵从其父显钊之志，"捐田二十一亩，计租三十担，以资脩脯之用"。咸丰年间，由于战乱，"庙塾木材，俱成薪爨"。

同治初年，浙江巡抚左宗棠带头捐俸银七百两，所属浙、赣两省大小官员纷纷响应，共捐银1480两、银洋980圆，署衢州府冯誉骢劝捐100余两、钱100千文，用以赎回衢州翰林博士濠田，修缮家庙，并复置承启家塾义田。署衢州府刘汝璆请准巡抚左宗棠同意，以金华府浦江县平粜米助入家塾。后任知府陈鲁遵购田亩，又耗钱1500串。至同治五年（1866）止，连前田地、山塘、学田，总税达2顷85亩多。同治八年（1869），金衢严道道台如山禀请拨钱3000串，"以作家塾宾兴之资"，又计续置家塾田、地、塘税117亩，宾兴田地塘税79亩。光绪二十年（1894），浙江学政徐致祥捐廉千元，生息以资膏火。光绪、宣统时，衢州府衙均拨银元若干，以补充家塾经费。

清代，孔氏家塾学田主要来源于士绅官吏的捐献及官方的拨款资助，至清末田产总计达4顷81亩多。家塾义田的设立是与孔氏南宗的家塾教育密不可分的。

清末，孔氏南宗有多人出国留学。光绪三十二年（1906），七十一世孙孔昭仁与同县刘泰钦膺选出国。当时衢州留学出国者甚少，他们"剪发易服，开风气之先"。孔昭仁毕业于日本早稻田大学博物科。还有七十二世孙孔宪荌，早稻田师范学校毕业，学习警察科。大成至圣先师南宗奉祀官孔繁豪早年也是日本早稻田大学师范科毕业。

近代，孔氏南宗家塾的演进与近代教育的兴起、发展同步。光绪二十九年（1903）春，停科举，五经博士孔庆仪"慨旧学之不足，力与维新"，将承启家塾改建为孔氏中学堂。"其经费由西安县留备谷价及串票项下，每岁拨给洋九百数十元，又于本祠向充孔氏义塾宾兴项内，提抽洋二百数十元，合计每岁一千二三百元，一切需用均在其内。"宣统二年（1910），孔庆仪与族祖孔昭畯、孔昭熳将其改为两等小学堂。民国初年，改称"孔氏完全小学校"。民国26年（1937），南宗奉祀官孔繁豪始改为"衢县私立尼山小学"，从此走向社会，收受孔氏裔孙、邑人学童。民国32年（1943），孔繁豪以学校经费出入不敷，设立校董会主持校方，专署秘书周力山，邑人何敏章、戴明允先后出任校董会主席；又将家庙在龙游的田产悉数拨入为小学基金，并呈准专署饬令衢、龙二县协助。至民国34年（1945），全校扩大到12班，学生达600余人，其中孔姓学生不足10%，与一般公立小学无异，成绩为衢县公、私立小学之首。次年，衢州绥靖公署借驻校舍，尼山小学即借弥陀寺天主教堂侧屋等处教读。其时，为鼓励南宗后裔入学，家塾除对学生实行免费并供应中餐外，还每年从孔庙田租中拨出300银元专款，以津贴大中学生，其比例为大学生三分之二，中学生三分之一。改为尼山小学后，仍给予孔姓学生免收学杂费、书簿费和敬师米等优待。

1949年以后，尼山小学于1950年改名衢县人民小学，校舍迁至马站底今址。1992年，复名尼山小学，以弘扬传统文化。

第二节 著 述

孟子曰："孔子，圣之时者也。"随着孔氏南宗家塾教育的变迁发展，八百多年来孔氏南宗族人有的著书立说，宣扬儒学思想；有的考订、修撰家谱，传承诗礼家风；有的出任各地学官，主持书院，为"化民成俗"作出了贡献。这些学术活动在不同的历史时期呈现出不同的特色。

自南宋初年开始，孔氏南宗族人立足于衢州，为传播儒学，纷纷著书立说。

南宋初期，以孔传为代表的南宗诸贤坚持传统的经学思想，提倡修身齐家的伦理之学，并注重联系社会实践，"以治家之道推之治国"。四十七世孙、中散大夫、仙源县开国男孔传著有《杉溪集》、《续尹植文枢纪要》、《洙南野史》、《续白氏六帖》（又称《孔氏六帖》）、《东家杂记》等。其中后两种著作清代被收入《四库全书》。而《续白氏六帖》可谓其代表之作，该书内容涉及天文、地理、动物、植物、科技、政治、经济、文学、艺术、历史、风俗等等，无所不包，兼有"百科全书"和资料汇编的双重性质。后世将之与唐白居易所著《白氏六帖》合编为《唐宋白孔六帖》60卷，成为我国古籍中一部著名的类书。此外，四十八世孙、洪州奉新县丞孔端问著有《沂川集》，四十九世孙、从政郎孔玮著《吏事总龟》，四十九世孙孔行可著《景丛集》。

南宋中后期以后，理学地位上升，南宗诸贤以五十世孙孔元龙兄弟为代表，积极宣传理学。元龙兄弟从游于理学大师西山真德秀，景定年间（1260—1264），孔元龙为知州谢奕中请为柯山精舍山长，著有《柯山论语讲义》《论语集说》《鲁樵斐稿》《奏议丛璧》《诲忠策》等，既有经学之论，又兼及治国之道。元龙还与其弟孔从龙同辑《鲁论言学》（又名《洙泗言学》）一书。真德秀为之跋曰："君以先圣之裔而精研先圣之书，其所发明，有补学者不浅。虽《鲁论》

二十篇言仁与学盖无几,既而绎之,实无一语之非仁,亦无一语之非学也。"其后又有五十世孙孔拱著《锡山草堂集》《村居杂志》《习经》《读史》。五十一世孙孔应选与知州杨伯岩等编撰《六帖补》。

宋元之交,五十三世孙、衍圣公孔洙精研经史,著《存斋集》。孔洙叔父、五十二世孙、将仕郎孔万龄,宋末师从理学名家鲁斋许衡,著《渔唱集》,有声江浙。元代,孔洙从弟、五十三世孙、奉训大夫、兖州知州孔津著《鲁林集》。

清末民初,随着家塾教育的复兴,南宗族人著书之风重又兴盛起来。同治、光绪年间,七十一世孙、优贡孔昭晙清厘祠产,筹款设学,出力颇多,著有《小山课子文》《五经详注》《史鉴详批》,内容涉及蒙学、经史等。七十七世孙、驻杭执事官孔宪达著有《发蒙初阶》《祖述异闻》。民国年间,七十三世孙孔庆镕"主扬、沪各报笔政",著有《心向往斋谜语》《梦梦录》《游戏文章联存》等。

谱牒,又称宗谱、家乘、家谱等,是宗族共同体存在的文字形式,其内容包括本族源流世系、族籍登记、先贤礼赞、界址墓图及各类规训等等。修谱既是宗族的一件大事,又是一项重要的学术活动,而南宗修谱往往还有与北宗交流来往的重要内容。

考孔氏旧谱创始于北宋四十六世孙、刑部侍郎孔宗翰,元丰八年(1085)镂板行于世,仅收录直系长子长孙。其后南宋初绍兴年间前期(1130—1145),孔子第四十八世孙孔端朝著《续阙里世系》,魏师逊为《序》。南宋末景定三年(1262),孔子第五十一世孙孔应得在通判广德军任上编撰《续阙里谱系》并正误。因受条件所限,这些家谱均不够完备。

自元代以降,随着孔氏南宗宗族体制的日益完备,修定家谱备受重视。自明代以后,南宗族人逐渐将活动重心放回家族内部事务,修谱之事更成为重中之重,一直延续到清末民国。

元大德四年(1300),五十三世孙、遂昌县尹孔津与北宗五十三世孙、秘书省著作郎孔淑参订南北宗图，合为一本。天历二年（1329），五十三世孙、平江路吴江州判孔涛诣曲阜谒庙，与北宗五十三世孙朝城宰孔淑、五十四世孙衍圣公孔思晦考订宗支，续纂《阙里谱系》一卷，侍书学士虞集为《序》。至正十六年（1356），五十四世孙、常山县尹孔思朴续修《阙里谱系》，兵部尚书周伯琦为《序》。

洪武十二年（1379），五十四世孙、西安县学教谕孔思模持谱赴曲阜，归拜林庙，与北宗五十六世孙、衍圣公孔希学等参究碑刻，编序宗次，考订宗谱。子孙有未载及事业缺略者悉补之，讹舛者正之。衍圣公府、曲阜县还各移文至衢，特表尊祖敬宗之意，复书南渡庙额及同宗图卷为别。孔思模南还之日，衍圣公孔希学、曲阜县令孔克伸等各以诗赠行。思模还衢后，以孔氏实录、纂要等书采摭统绪，自先圣以下五十七世，从源至流，继承传系，名、字、言行及典故、年爵之梗概，删繁就简，编写成帙，于洪武二十一年（1388）著成《东家举要》一书。

正统十二年（1447），南宗五十六世孙孔希承念及"南北子孙蕃盛如瓜瓞之绵绵，螽斯之蛰蛰"，广搜博访"未增入者"，将其"行第字表并隐显事迹，大书其纲，分注其目，井然有条，秩然有序"，镂板刊刻，以示后世。

嘉靖三年（1524），六十世孙、世袭翰林院五经博士孔承美重修家谱，继春秋笔法，有善必录，有过必惩，虽孝子慈孙莫能掩其私，通守礼法之严，编订宗谱以明世派，以正行名。

万历四十年（1612），六十二世孙、世袭翰林院五经博士孔闻音，于谱系颇多订正，民国奉祀官府存传抄谱，犹有余绪存焉。

清代南宗修谱之事因史料散失，语焉不详。道光十七年（1837），有修谱之议，未成。七十一世孙、恩贡孔昭焜甚为叹惜，乃取六十二世孔闻音所订谱系重加考录，补接袭封一派，手写成帙，即奉祀府传抄谱。

迨至民国，南宗寓衢各支家谱尚存《袭封位下传抄旧谱》《博士署传抄谱》

《南门支传抄谱》《沟溪支传抄谱》《乌桥支传抄谱》《庙前支传抄谱》等。

民国35年（1946），浙江通志馆编撰、邑人徐映璞居于南宗孔府数月，"采撷正史及省府县志、碑碣、档案、野史、轶闻以及父老传说"，旁征博引，反复考订，折衷一是，写成《孔氏南宗考略》十六章共三万余言。该书经南宗孔府秘席仲雄氏参订之后，于民国37年（1948）由七十三世孙、驻杭执事官孔庆臣校对刊行。

除著书立说、修撰家谱之外，南宗族人还走出家门，出任学官，董理书院。

孔氏南宗族人出任学官始于南宋。四十九世孙孔莘夫，以孔氏最长恩授迪功郎，监南岳庙，兼庙学教谕。五十世孙孔元龙曾任衢州柯山书院山长，使书院盛极一时，吸引了大批毗邻省县的学者、诸生。元龙年至九十余仍手不释卷，卒之日，弟子临哭者300人。还有五十世孙孔拔，任明道书院山长等。

元代以后，随着衍圣公孔洙让爵，正宗罢封，大批南宗有学之士走出家门，以"化民成俗"为己任，出任各地学官，足迹不仅遍及浙、闽、赣、皖、苏、粤、湘、鄂等江南诸省，甚至远至甘肃、山东等省。

五十三世孙、衍圣公孔洙让爵后，即官拜国子祭酒兼提举浙东学校。至元二十四年（1287），侍御史程钜夫"奉诏求贤于江南"，孔洙又与赵孟頫、吴澄等名贤同被举荐赴阙，授奉圣大夫，福建道儒学提举。五十四世孙孔思俊，历任庆元路鄞山书院山长、湘潭州教授，后在同安县尹任上创建大同书院，终奉训大夫。

元末，五十五世孙孔克忠恩授福建福清州学正。明兴，克忠新受恩例，永乐间官至太常博士。洪武三年（1370），五十四世孙孔思朴以明经举充衢州府学训导。正统十四年（1449），五十六世孙孔希升授南京国子监典簿。正德十年（1515），五十八世孙孔公钊由太学生任江苏金坛县学训导，"课士有方，去之日，多士颂之"。五十九世孙孔彦蕊，嘉靖间由岁贡任福建建安县儒学训导。

明代，金华府永康县建有信安书院，江西新城建有贤溪书院，杭州钱塘县建有万松书院。明中叶以来南宗还董理着这三所书院，以训导孔氏裔孙及社会士子。乾隆十三年（1748），经礼部核准，仍以南宗俊秀八人分别董理明代敕建的三书院，其正殿、寝殿各额设奉祀生一名，贤溪书院增设东配、西配，并各额设奉祀生一名，直到清末。而建院时间最长、影响最大的则首推杭州敷文书院。

敷文书院，原名万松书院、太和书院。明弘治十一年（1498），浙江右参政周木就在杭州凤凰山报恩寺创建万松书院。其规制略同于学宫，但祭田祭器设备为其他书院所不及。故特征南宗长支五十八世孙孔公衢、孔公绩兄弟主持书院祀事；并给山地五顷，建起了大成殿、明道堂、毓秀阁等。南宗复爵后，博士署正式向书院派驻执事官，持续至南宗七十三世孙、五经博士孔庆仪时为止，计四百余年。其间，南宗六十六世孙、五经博士孔兴燫于康熙五十二年（1713）亲任驻杭执事官，后卒于杭州。

万松书院因南宗董理而地位特殊。正德十六年（1521），巡抚唐凤仪重修，增建廊房五间。嘉靖四年（1525），巡抚潘景哲增修拓址，扩充斋舍为三十六楹。嘉靖九年（1530），全国学宫和书院的孔子像一律换成木主（牌位），惟万松书院以家庙例仍留圣像。为此，孔子六十一世孙、五经博士孔弘章，特将保存在衢州家庙的唐吴道子绘圣像碑摹刻于院内，后虽经日伪期间磨文重刻，至今在书院旧址中还可看到当年所摹的孔子像。嘉靖二十三年（1544），杭州知府孙孟重建明伦堂，翼以"居仁""由义"二斋。

据《明史》记载，正德、嘉靖之际，学者们"聚讲会，立书院，相望于远近"。当时，讲学之风在各书院中盛行一时。万松书院也因深受访问学者王守仁"心学"理论的影响，在办学上重视"讲明义理"，主张学术争辩和交流；重视自学，提倡独立研讨，培养学生独立的治学能力；在德业上提倡相帮相扶、相推相引，

"使之日进而高明光大"。

万历五年(1577)，巡抚马应梦在毓秀阁北建继道堂，翼以"穷理""居敬"二斋，增祀周敦颐、程颢、程颐、张载、朱熹五子。明末，东林书院案发，魏忠贤议毁天下书院，巡抚谢师启、提学佥事乔因阜以南宗董理、崇祀先圣而仅存。至明末清初，书院先圣祠部分毁于兵燹。

清初，满清贵胄采取抑制书院教育的举措。直至康熙十年(1671)，浙江巡抚范承谟重建万松书院，并改名为"太和书院"。由此开始，清朝统治者对书院教育由禁止转为提倡。万松书院因备受统治阶层的青睐，得以迅速发展，逐渐进入其近二百年的昌盛时期。康熙五十五年(1716)，康熙帝御赐"浙水敷文"额，由浙江巡抚徐元梦从京城奉回杭州，并勒石立碑，建亭纪念，书院遂更名为"敷文书院"。康熙又赐御题七律一首及《古文渊鉴》《渊鉴类函》《周易折中》《朱子全书》等典籍予书院。书院在明道堂旧址上重建正谊堂，悬"浙水敷文"匾于中堂。第二年增建载道亭、存诚阁、表里洞然轩、玩心高明亭等。此后，雍正帝则敕为省城书院，乾隆帝则多次题书、赐诗。以故，敷文书院名满东南，有"钱塘第一书院"之誉。清代齐召南、金甡、万年茂等实学诸儒，名士纷至沓来，金志章、厉鹗、戴熙等文人学士慕名而至讲学，致"座不能容"，著名学者袁枚、祝德麟等曾在此受业(邵群著《万松书院》，湖南大学出版社2014年版，第9—12页)。

咸丰十一年(1861)，书院毁于兵火，后虽曾重建，但因地处山间，不适新学而渐圮。光绪十八年(1892)，巡抚崧骏、布政使刘树棠与南宗执事官筹款移建于城东葵巷，改称"敷文讲学之庐"，原万松旧址作为古迹留存。南宗派驻的执事官持续至1949年前夕，最后一任为七十三世孙孔庆臣。

第三节 名 贤

南宗家塾培养的"孔族之英"，仅以科名论之，据不完全统计：宋、元、明、清共有进士13名,诚可谓代有才人。

南宋五名:孔端隐,绍兴进士;孔瑢,绍兴进士;孔应得,淳祐辛丑科(1241)进士;孔元虔,淳祐甲辰科(1244)进士;孔文楼,宝祐癸丑科(1253)进士。元代1名:孔涛,泰定甲子科(1324)进士。明代2名:孔克儒,景泰丁丑科(1547)进士;孔思谦,万历己未科(1619)进士。清代5名:孔宏颐、孔毓贤,康熙进士;孔毓明,乾隆己未科(1739)进士;孔毓文,乾隆甲戌科(1754)进士;孔兴友,嘉庆丁卯科(1807)进士。此外,尚有举人12名,贡生、太学生166人。

"孔族之英"大都以儒家学说"化民成俗"为己任,在东南各省出任学官和山长者,先后相望。

南宋,继孔传之后,与孔元龙先后出任教职者,有:孔莘夫,监南岳庙,兼庙学教谕;孔应得,历绍兴、临安府教授;孔应达,江苏金坛教谕,迁润州学正;孔廉见,湖北嘉鱼教谕;孔援,福建兴国州教授;孔拔,江陵明道书院山长;孔元虔,创立江苏泰兴马洲书院。

元代,继孔洙之后,南宗名贤出任学官者计26人,其中3人兼书院山长:孔谟,福建闽县教谕;孔廉,历江西信州路、安徽庐州路教授;孔昭孙,历浙江广元路、湖北蕲州路教授;孔纯,衢州路西安县教谕;孔万宪,湖北行省儒学提举;孔洵,江苏嘉定州教授;孔津,江苏常州路教授;孔源,浙江常山教谕;孔灏,安徽宁国路学正;孔滨,江西信州路学正;孔淮,福州路教授;孔瀛,历浙江昌国州学正、湖南岳州路教授、浙东道儒学副提举;孔潍,安徽婺源学正;孔涛,江西宁国路学录;孔洧,历安徽徽州路学正、茅山书院山长、江苏常州路教授;孔润,江西兴国州学正;孔思俊,浙江庆元路鄞山书院山长、湖南湘潭州学正;孔思溥,江西南康路教授、宗晦书院山长;孔思枢,湖北恩施州教授;孔思构,湖北安陆府教授;孔克成,山东滨州儒学教授;孔之荨,江西洪州教授;孔漾,江苏无锡教谕;孔标,湖南桃源教谕;孔济,甘肃河州路教授。专任山长者,还有:孔演,衢州柯山书院山长;孔桂,福建建宁道书院山长;孔棣,安徽婺源紫阳书院山长。

明代先后任学官者，计有：孔思模，历衢州府学训导、西安县学教谕、河南襄城县学教谕、国子监学正；孔思柏，历衢州府学训导、教授；孔克忠，福建福清州学正；孔克良，福建漳州府学学正；孔希风，历江西建昌府儒学训导、广东潮阳县学训导；孔希升，南京国子监典簿；孔公望，江苏金坛县学训导；孔彦蕴，福建建安县学训导；孔兴寰，福建漳州平和县学教谕。先后任书院山长者，亦有：孔克安，湖南浏阳白水书院山长；孔克原，江西婺原屏山书院山长；孔克谦，安徽黄山祁庵书院山长；孔希辂，神州岳山书院山长。

清代先后任学官者，计有：孔兴怀，湖南零陵县学训导；孔毓焕，湖南零陵、祁阳县学教谕；孔毓德，湖南耒阳县学教谕；孔广焕，湖南芷江县学教谕；孔昭章，国子监学录；孔昭焌，湖南常德县学教谕；孔衍勋、孔兴若，先后恩授洙泗学录；孔继洙，历署浙江归安、临安、昌化、永康、山阴、桐乡诸县学事，后为乌程、德清县学训导、武义县学教谕；孔昭瑞，衢州西安县学教谕。

第六章 人 物

孔氏是中国第一世家，诗礼相承，贤才辈出。南宋建炎三年（1129），孔子四十八世孙、袭封衍圣公孔端友，率部分族人随宋高宗南渡，赐家衢州，成为孔氏南宗之始祖。此后的八百多年间，孔氏南宗以衢州为中心，在浙、闽、苏、皖、赣、鄂等省内，分徙出许多支脉，世世代代繁衍生息，人愈聚愈众，涌现出不少出类拔萃的人才和利国利民的志士仁人。据《南孔世系与支系录》与徐映璞的《孔氏南宗考略》记载，共有传人150多位。其中有南宗始祖孔端友，刚正不阿的孔传，诲人不倦的孔元龙，博学善辩的孔应得，聪颖敏捷的孔思模，才识通敏的孔克准，恪守家法的孔彦绳，以及孝慈卓著的孔衍桢等。本章立传人物仅40余人。由于年代久远，资料收集难度很大，记载均较为简略。

孔端友

孔端友（？—1132），字子交，山东曲阜人，孔若蒙之子，孔子第四十八世孙。

北宋宣和三年（1121）授承奉郎，袭封衍圣公，专主管先圣庙。诰书曰："至圣文宣王四十八代孙端友，自书契以还爵于朝者多矣，未有传世四十有八而不绝者也。惟尔文宣王之后，次当承袭，宜锡文阶，并示宠渥，往加恪慎，务保厥荣。"（明·沈杰《三衢孔氏家庙志》）大观四年（1110）奉敕管勾祀事。宣和三年（1121）十一月特转通直郎，又任直秘阁，赐绯章服。靖康之变，高宗中兴。建炎二年（1128）十一月，高宗于扬州郊祀，召孔端友及其从父、四十七代族长孔传等随驾陪祀。三年（1129）二月，金兵占山东、下徐州，兵锋直逼扬州，高宗仓皇南渡。孔端友、孔传等奉孔子及亓官夫人楷木像，避兵扈跸南渡。壬戌，宋高宗"驻跸杭州"。"丁卯，百官入见，应迪功郎以上并赴朝参。"衍圣公孔端友偕从父孔传诣阙上疏，"叙家门旧典及离祖丧家之苦"，因功赐田宅于衢州。孔端友率近支族人至迟于同年年底抵达衢州，是为孔氏南宗之始。

建炎四年（1130），以衍圣公孔端友出知郴州（今属湖南）。次年，孔端友因病两乞宫观，旨令以主管洪州玉隆观致仕。绍兴二年（1132），孔端友及孔传立先圣遗像碑，碑高1.79米，宽0.8米。其像据南渡时所携唐吴道子先圣遗像摹刻。同年，孔端友病逝。

孔 传

孔传（1065—1139），原名若古，字世文，晚号杉溪，山东曲阜人，孔子第四十七世孙。祖父孔道辅、父亲孔舜亮俱为北宋名臣，《宋史》有传。

宋哲宗元祐四年（1089），孔若古任仙源县主簿，改名为传。八年（1093）升县尉。政和五年（1115），以朝奉郎任京东路转运司管勾文字。宣和（1119—1123）初年，出任陕西邠州知州，以锄豪扶贪，治理有方闻名于世。南宋高宗建炎二年（1128）冬，随四十八世孙、衍圣公孔端友赴扬州陪郊祀。不久金兵进犯扬州，扈驾南行。三年（1129）二月，宋高宗驻跸杭州。孔端友和孔传乘机率领其亲属拜谒奏疏，叙家门旧典，宋高宗赐其田宅寓居三衢。

孔传操行介洁，不为利诱势怵。宋高宗建炎四年（1129）出任峡州（治在今湖北宜昌）知州。当时，南宋初年著名的钟相、杨幺起义军活跃在峡州隔壁的鼎州（治在今湖南常德武陵）、澧州（治在今湖南常德澧县）一带，史称"鼎澧寇"。绍兴三年，孔传以平"鼎澧寇"有功，进秩右朝议大夫，出知抚州（今属江西）。

绍兴四年（1134）七月，抚州隔壁建昌军（治在今江西南城县）兵卒叛变，已70岁高龄的孔传单车往谕，叛兵以平。因功授"提举江南西路常平盐茶公事"。九月，孔传以中散大夫、仙源县（即曲阜县）开国男致仕。绍兴九年（1139），孔传卒于衢州，葬衢城西北五十九都孝悌里（今衢州市柯城区信安街道北门社区）。

传有七子，名端问、端己、端守、端位、端植、端隐、端惟。其子孙繁衍，今浙、皖、赣、鄂皆有其后代。

孔传一生严谨好学，博学多闻，尤精《易》学，家居授徒千人，著有《杉溪集》《孔氏六帖》《续尹植文枢纪要》《东家杂记》《洙南野史》等书。孔传在抚州任上编成《孔氏六帖》30卷、《东家杂记》2卷，后刊刻于衢州。后人将《孔氏六帖》与唐代白居易的《白氏六帖》合集为《白孔六贴》传世，故《孔氏六帖》又称《后六帖》。它与《东家杂记》均收入《四库全书》。今国家图书馆藏有衢州孔氏家庙宋刻递修本《东家杂记》。

孔端问

孔端问，字子诚，山东曲阜人，孔传之子，孔子第四十八世孙。宣和七年（1125），恩例授迪功郎。靖康元年（1126），任仙源县（今曲阜）县丞。建炎初年随父孔传扈跸南渡同迁衢州。绍兴间，授从政郎、洪州奉新县丞，卒于官。端问笃学，工诗，著有《沂川集》。朝廷以圣人之后，给省钱，葬于五里官山。

孔端朝

孔端朝，又名端木，字子工，山东曲阜人，孔若蒙之子，孔端友之弟，孔子第四十八世孙。宋宣和四年（1122），徽宗帝幸太学，诏先圣后代在学者，赐上舍出身，仕至太学博士。建炎初年避兵南渡，与兄端友同迁衢州。又特授徽州黟县令。绍兴初年召试馆职，历秘书郎、著作佐郎、司勋员外郎、终朝散郎、知临江军。著有《续阙里世系》一书，魏师逊为《序》。

孔玠

孔玠(？—1154),字锡老,山东曲阜人,孔端友庶子,孔子第四十九世孙。

南宋绍兴二年(1132)闰四月,以父端友病卒,授右承奉郎,袭封衍圣公。诰书曰:"夫子之道,逾于尧舜,泽及万世,靡有所穷。钦崇顾报,邦有彝典。肆予命尔,绍于世封,惟钦惟愍,则无坠命可。"(明·沈杰《三衢孔氏家庙志》)绍兴六年(1136)诏权以衢州州学为家庙,赐田奉祀,有宋颁至圣文宣王庙宅铜印袭封掌之。绍兴八年(1138)六月,诏衢州于官田内拨五顷,赐衍圣公孔玠主奉祠事,以孔氏渡江避寇,曲阜林庙隔绝之故。终通直郎,卒葬衢之西安县靖安乡金溪垅(今衢州市柯城区石室乡东),赠中奉大夫。有子摺。

孔行可

孔行可,字希祖,旧名璞,字伯玉,浙江衢州人,孔端己之子,孔传之孙,孔子第四十九世孙。性嗜经史,至老手不释卷,尤精音韵切字之学。至如稗官、杂志、运气、太乙等书,凡有资于世用者,无不贯通。自号景丛子,有《景丛集》10卷。恩授迪功郎。

孔摺

孔摺,字季绅,浙江衢州人,孔玠之子,孔子第五十世孙。

南宋绍兴二十四年(1154),时值九岁授承奉郎,袭封衍圣公。专主奉先圣祠事。诰书曰:"仲尼之道,垂休万世,自生民以来未有盛于此者。袭封奉祀,宜及后昆。以尔重厚深淳,世系可考,选共乃事,是遵奠常,命以享秩,畀以公圭。非特为尔身荣,实所以尊先圣也。往其懋哉可。"(明·沈杰《三衢孔氏家庙志》)以年未及格,磨勘转承事郎。孝宗淳熙间,召入侍祠,以貌似圣人,玉音嘉奖,擢知建昌军,终朝散大夫、浙东安抚使司参议。卒葬衢之西安县五十八都秦家垅（今衢州市柯城区花园街道陈家）。有子文远。

孔元龙

孔元龙，旧名升，字季凯，又字伯凯，浙江衢州人，孔璞之子，孔子五十世孙。

元龙尚志笃学，曾从学于南宋理学家西山真德秀，后闭户著述，作有《诲忠策》，又辑录《洙泗言学》40余章。西山真德秀赞其"以先圣之裔而研精先圣之书，其所发明有补学者"，上其书于朝廷，帝嘉之"尔著书立言，诸老所惟，许以其贤亦可官矣，况世次之所当得欤"。特授迪功郎、孔庭族长。初任饶州余干县主簿。景定年间回衢，以教书为业。晚年被衢太守谢奕中聘请为柯山精舍山长，以宣教郎致仕。年至九十余仍手不释卷。卒赠太子少师，门弟子私谥"文介子"。有子应得。

著有《柯山论语讲义》《论语集说》《鲁樵斐稿》《秦议丛璧》等书。

孔从龙

孔从龙，旧名抡，浙江衢州人，孔元龙之弟，孔子第五十世孙。

从龙少好学，曾与兄元龙同辑《鲁论言学》一书，南宋理学家西山真德秀为之跋，略云："昔张南轩先生尝辑《洙泗言仁》，发挥其义，使仁者知所以为仁。今衢州孔君又辑其《言学》者四十余章，章为之释，使学者知所以为学。君以先圣之裔而精研先圣之书，其所发明，有补学者不浅。虽《鲁论》二十篇言仁与学盖无几，既而绎之，实无一语之非仁，亦无一语之非学也。"仕终迪功郎。

孔文远

孔文远，字绍先，浙江衢州人，孔摺之子，孔子第五十一世孙。

绍熙四年（1193），孔文远八岁，授承奉郎，袭封衍圣公。诰书曰："孔子之后，自汉以来，世俾袭爵，国家崇儒重道，又过前代，于是有衍圣公之封，尔于世次,实当绍绩,其务恪恭,以承祭祀可。"(明·沈杰《三衢孔氏家庙志》)文远为人倜傥好施与。临安新城(今富阳新登)渌渚有周雄,字仲伟者,与衍圣公孔文远交友,友谊甚笃。周雄至孝,嘉定中,以母病剧,至婺源灵顺祠祈祷。归舟至衢双港,闻母逝世噩耗,即仰天捶胸一恸而绝。其尸僵立舟中不倒,官为焚化,其骨联缀。文远感其诚孝,建灵顺坊,捐余地漆身塑像立庙祭祀之。嗣后,威灵显著,成为百姓治病救灾的神灵。事闻于朝,追封孝子周雄为翊应助顺正烈广平侯,后封周宣灵王,成为钱塘江水神,掌管漕运。今存周宣灵王庙,为全国重点文物保护单位。

文远历吉州隆兴通判,终朝奉郎,葬西安县白渡(今衢州市柯城区万田乡)。有子万春、万龄。

孔应得

孔应得,旧名文在,字德夫,浙江衢州人,孔元龙之子,孔子第五十一世孙。

嘉熙二年(1238),补入太学。淳祐元年(1241),驾幸太学,赐同进士出身,初任吉州泰和县主簿。任职期满还衢,槐城王国用的送行诗有:"携取鹤归清献里,载将书入仲尼家。"历绍兴府、临安府教授。景定中,以奉议郎添差通判广德军,兼管内营田事。度宗咸淳三年(1267),以奉议郎国子监丞上殿轮对,阐明《大学》《中庸》之旨,帝嘉奖曰:"卿所奏皆得先圣渊源之学。"知安吉州、台州,历官资政殿学士、谏议大夫、签书枢密院事、福建江浙宣谕大使。判广德军时,公务简静,编《家谱正误》,刊行于世。卒年六十一,自号退学,膝下无子,以堂兄应选第五子福孙为嗣。

孔应祥

孔应祥,字吉甫,浙江衢州人,孔从龙之子,孔子第五十一世孙。南宋时历官从政郎、刑部工部架阁。入元,至元十九年(1282),元世祖以寓衢者为大宗,召衍圣公孔洙赴阙。应祥以衢宗族长亦被召赴阙,乘船至淮扬一带,因疾半路而还。此后累辞征辟,退隐终身,自号采菊翁。应祥执掌南宗四十四年,以礼义教子孙,年九十九卒。

孔万春

孔万春,字耆年,浙江衢州人,孔文远之子,孔子第五十二世孙。

宋宝庆二年(1226),授承奉郎,袭封衍圣公,主奉先圣祠事。诰书曰:"朕闻盛德必百世祀,而况诗书仁义之泽,涵浸生民,炳然至今者乎?尔承休圣门,端友传序,属当次补,仍续世封,恪恭承祭,当勉家业,东鲁文献于此有考焉,不亦善乎?"(明·沈杰《三衢孔氏家庙志》)历添差通判衢州,终奉议郎,通判泉州军州,兼南外宗正丞。葬衢之西安县东潭孝悌里(今衢州市柯城区信安街道书院社区)。有子洙。

孔 诏

孔诏,字承叔,号鲁山,浙江衢州人,孔应发之子,孔子第五十二世孙。元初,以孔氏特授乡官,摄西安县达鲁花赤、管民长官,掌一县之权。在任介然自守,以礼义教化风俗,未尝怒加一人,民赞之曰:"孔宣差犹慈父母,久而不忘。"后因疾辞官家居,性嗜山水。诏博学能文,尤工词赋,尝游柯山精舍,辟清献书院山长不就。年七十卒。

孔 洙

孔洙(1228—1287),字思鲁,一字景清,号存斋。孔万春之子,孔子五十三世孙。宋淳祐九年(1249),授承奉郎,袭封衍圣公。宝祐元年(1253),添差通判衢州军州事。是年,衢州太守孙子秀奏给省钱三十六万缗,鼎建家庙于城北菱湖。转承事郎,添差通判吉州(今江西吉安)军州兼管内劝农营田事。景定二年（1261），通判平江军（今苏州）。咸淳元年（1265），通判信州（今江西上饶），权军州事。历通直、奉议、承议、宣议郎，宋亡不仕。

元至元十九年（1282），世祖忽必烈议立孔子后，以寓衢者为大宗。召孔洙赴阙，令载封归鲁奉祀。孔洙以先世庙墓在衢，不忍舍，让爵于曲阜宗弟治，且以母老，乞南还。元世祖嘉之曰："宁违荣而不违道，真圣人后也。"拜承务郎、国子祭酒兼提举浙东学校，给俸养廉，并与护持江南林庙玺书。正宗之罢封自此始。二十四年（1287），再授奉圣大夫、福建道儒学提举。到任，病故，年六十。孔洙敏而好学，精研经史，著有《存斋集》2卷。有子三楷、思俊、思溥；女二，姓名无考。

孔 演

孔演，字德泉，浙江衢州人，孔言之子，孔子第五十三世孙。元初以恩例任柯山书院山长，大德（1297—1307）末，升任嘉兴路教授，建义学八斋，小学颐讲之堂，极力兴学。因政绩转任临海、乐清二县主簿，再任安化县尹，后以儒林郎、盐官州同知致仕。年八十五卒。

孔 灏

孔灏，旧名深，字世广，浙江衢州人，孔诏之子，孔子第五十三世孙。灏少孤，奉母，笃志问学。元至顺二年（1331），恩授宁国路学正，权教授事，重葺文庙，宣城县丞汪文璟记其事。秩满，迁建宁路政和县苦竹寨巡检。后因母丧服艰去官，服除，授海宁州教授，屡辟不应。转任西安县主簿，以功试江山县尹，有政声。至正十五年（1355），授将仕郎，建德路遂安县主簿，以疾卒，年六十二。

孔 淮

孔淮，字世扬，浙江衢州人，孔廉之子，孔子第五十三世孙。恩授福州路教授出仕,调海宁州,历任浙江省掾,湖广理问厅知事,江南诸道御史台掾,后转任征仕郎、衢州路江山县尹。居官清廉勤政,吏民畏服,作兴学校,百废俱举。后被诬去职,宪臣申雪其事,转任衢州路经历。晚年自号桐柏山人,年六十八卒。

孔 津

孔津,字世鲁,孔子第五十四世孙。元至元二十八年(1291),有司以大宗世嗣,举闻于朝,授常州路教授。秩满,宰相搭刺罕以孔氏子孙,特升承事郎、遂昌县尹。给由赴都,得与曲阜五十三世秘书省著作郎孔淑,参订南北宗图,合为一本。又以寓衢缘由,并历代优免赋役典故,具陈朝省,当蒙行移,一体存恤。年四十五卒,赠奉训大夫、兖州知州。

孔 楷

孔楷,字鲁林,衍圣公孔洙长子,浙江衢州人,孔子第五十四世孙。元至正年间(1341—1370)官崇安尹,以陈有定寇乱,攻城,拒战而死,葬将村之游岭。著有《鲁林集》1卷。

孔 涛

孔涛,字世平,号存斋,浙江衢州人,孔子第五十三世孙。恩授宁国路学录。元延祐元年(1314),东平路乡试第四名。七年(1320),复举,第四名。至治三年(1323),又举第一名。泰定元年(1324),登进士第张益榜,授从仕郎、昆山州判官。丁内艰,服阕,授承事郎、吴江州判官。岁饥,民多事剽掠,孔涛设计捕数十人,谓此皆迫于冻馁而然,不可以盗论,杖而遣之。州濒邻太湖,故筑埭以御水,缮修无时,病民特甚。孔涛为改作,使可持久。邻州饥,宪府俾往赈之,全活甚众。举治绩为诸州最,调桂阳州判官。天大旱,孔涛探狱有冤,出其无罪者三人，乃雨。转承直郎、潮州路知事。归，为人慷慨好义，奖励后进，捐己产以广庙庭，给禄米以养贫族。考订宗支，刊正谱系，冠婚丧祭，莫不尽礼。年五十七岁卒，赠奉训大夫、潮州路判官。

孔思俊

孔思俊，原名公俊，字师道，号敬斋，浙江衢州人，孔洙次子，孔子第五十四世孙。年十八，有司以先圣后裔，才德兼优，授庆元路鄮山书院山长，历任湘潭州教授，湖南宪司书吏，转任登仕郎，岳州路知事，升从事郎，同安县尹。因宋朱文公熹始任为同安县主簿，遂创建大同书院以祠之，百废俱举，化行俗美。再任邵武县尹、南安县尹，兴校缓刑，政绩卓著。经考核后，升任承事郎，福州路推官。福州为瓯闽第一郡，思俊在此理繁治剧，刑无滥施，加授奉训大夫，年七十一卒。

孔思模

孔思模，更名思敬，字修道，浙江衢州人，灝子，孔子第五十四世孙。少年聪颖明敏，博通经史。明洪武三年（1370），衢州府同知李峤以明经举，充本府学训导。翌年，升西安县学教谕。二十五年（1392），改河南许州襄城县学教谕。建文元年（1399），调福州罗源县主簿。永乐元年（1403），秩满，给由赴京都。皇帝以宣圣子孙召见，殷勤问治，奏对称旨，擢礼科给事中。孔思模辞疾不受，改授国子监学正，颇有政声。

洪武十二年（1379），孔思模在西安教谕任上，持家谱赴阙里拜谒林庙，修祀会族。与五十六世袭封衍圣公孔希学（士行）、五十五世孙曲阜尹孔克伸（刚夫）等参究碑刻，编序宗次，纂修家谱。南还时，衍圣公孔希学、曲阜尹孔克伸均作《送五十四代孙思模西安教谕南还》，以诗赠行。归衢后，又以孔氏实录纂要等书，采摭统绪，自先圣祖以下逮五十七代，从源至流，继承传系名字、言行之当记及附典故年爵之梗概，芟繁就简，编成《东家举要》。

孔克仁

孔克仁，江苏句容人，孔子第五十五世孙，孔传子端隐的后代。由行省都事进郎中，尝偕宋濂侍太祖，太祖数与论天下形势及前代兴亡事。陈友谅既灭，太祖认为元朝国运已毁，对克仁说："豪杰互争，其衅可乘。吾欲督两淮、江南诸郡之民，及时耕种，加以训练，兵农兼资，进取退守。……兵食既足，中原可图？"克仁回答："积粮训兵，观衅待时，此长策也。"太祖尝阅《汉书》，宋濂与克仁侍奉其旁。太祖问道："汉朝治国之道不纯的原因是什么？"克仁认为是"王霸"杂用之故，责任主要在汉高祖。太祖又曾问克仁："汉高祖起徒步为万乘主，凭借的是什么？"克仁回答说："知人善任使。"《明史》认为，在明太祖麾下，克仁"侍帷幄最久，故获闻太祖谋略居多"。洪武二年（1369）四月，明太祖朱元璋命五十五世孙孔克仁授诸子经，功臣子弟亦令入学。后出知江州，改浙东按察使，又回南京为"参议"。明初太祖屠戮功臣，"坐事死"。

孔克准

孔克准，字则夫，浙江衢州人，孔潍孙，孔子第五十五世孙。才识通敏，岐嶷不群。早丧父，事母至孝，处宗族乡党，敦义循礼。明永乐四年（1406），由郡庠贡入太学，选授工部都水司主事。七年（1409），以圣裔擢为太常博士。十四年（1416），明太宗北巡，赴行在奏事，升太常寺丞。翌年，以郊祀，乘传还南京。又明年，丁内艰。服阕，调祠祭司主事。明仁宗即位，寻复太常寺丞。明宣宗改元，复奉敕祭告帝王陵寝，就祀阙里，遂得拜谒林庙，会叙宗族。衍圣公孔彦缙、曲阜世职知县孔克中，立石纪事。年五十七，以疾卒于官。

孔克进

孔克进，字献夫，号愚庵，浙江衢州人，孔思允之子，孔子第五十五世孙。明永乐四年（1406）贡入太学，任兵部武选司主事。七年（1409），授文林郎、太常博士。八年（1410）春，郊祀天坛，恭导法架，称旨，特恩升奉议大夫、宗人府经历。永乐皇帝问左右近臣所升是否，太学士黄淮对曰："以圣人之孙，掌皇家之玉牒，有何不可？"克进广颡丰颐，美须，为人厚重，不喜华丽。年七十卒于官。

孔克惠

孔克惠，字俊夫，浙江衢州人，孔思模之子，孔子第五十五世孙。克惠诚笃寡言，丰仪俊伟，出任衢庭族长，主理家庙祀事，为乡饮正宾。正统三年（1438），衢州大旱，同知张深久祀下雨，梦中感神曰："非孔氏耆老，莫能致之。"醒来之后，张琛立即遣官迎候，克惠斋戒沐浴祈祷，甘雨随至。年七十三卒。

孔希政

孔希政，字士正，浙江衢州人，孔潍曾孙，孔子第五十六世孙。希政为衢庭族长，主家庙祀事，为乡饮正宾。正统十四年（1449），处州贼寇窃发，守御、千户等官以通广门外教场隔阂不便，暂将菱湖家庙旧基演武，久假不归。成化十九年（1483），希政倡率族人，白于巡按。浙江监察御史刘魁命往溪西教场，照数丈量，拨还管业，供奉祭祀，是亦有功于宗坊者，年七十七卒。

孔彦绳

孔彦绳（1441—1519），字朝武，浙江衢州人，孔公诚子，孔子第五十九世孙，衍圣公孔洙六世孙。性端谨，通书史，恪守家法。明弘治十八年（1505），衢州知府沈杰奏疏，称三衢孔氏家庙，自五十三世孙孔洙让爵后，缺官奉祀，衣冠礼仪,猥同氓庶。今访得洙之六世孙孔彦绳,请授以官,俾主祀事。沈杰又言其先世祭田,洪武初年,轻则起科,后改重征税,请仍改轻,以供祀费。正德元年(1506),授孔彦绳翰林院五经博士,子孙世袭,并减其祭田之税。衢州孔氏南宗之袭封,距孔洙让爵已中断224年。孔彦绳奉袭之后,享祀以诚,联族以恩,操履清白,始终一致。正德十四年(1519)卒,年七十九。

孔承美

孔承美(1472—1529),字永实,一字畅翁,号菱湖,浙江衢州人,孔彦绳子,孔子第六十世孙。其丰度端凝,言辞慷慨,缙绅大儒甚加敬重。明正德十四年(1519),袭封翰林院五经博士,主奉衢州先圣祠事。孔承美省拜阙里林庙,会叙宗族。归衢后,即以振家声为己任。十五年(1520),浙江巡按御史唐凤仪临衢,孔承美以宋建家庙,元毁于兵燹,永乐初修葺之城南家庙,浅狭卑陋,不称崇祀,且又日久颓敝,乞将西安县学旧址,鼎迁改建,以妥圣灵。唐凤仪慨然道:"圣人之道,衣被万世,宗祠家庙,尤圣灵所眷注者。庙貌不严,诚为缺典。"乃具疏以请,诏许之。动支库银,委官督造,又创宅一区,建博士署。事竣,嘉靖改元(1522),孔承美赴阙谢恩,赐宴慰劳,驰驿以归。嘉靖八年(1529)卒,年五十八。

孔贞运

孔贞运(1574—1644),字开仲,江苏句容人,孔子第六十三世孙,孔传子端隐的后代。万历四十七年(1619),孔贞运以殿试榜眼赐进士第,授翰林院编修。天启中期,充任经筵展书官,纂修两朝实录。崇祯元年(1628),擢国子监祭酒。次年,崇祯帝驾临国子监,听贞运讲《书经》。其后,迁南京礼部侍郎,二年后,升转北京吏部左侍郎。崇祯九年(1636),孔贞运进礼部尚书兼文渊阁大学士,为首辅。这也是中兴祖孔仁玉子孙唯一由帝师累官至宰辅者。

孔贞运在任南京礼部侍郎时，为正民风，禁游女，毁淫祠，使南都靡丽之风为之一变。迁礼部尚书后，对明末江南学子"复社"诸人，力主从宽结案。晋太子太保、为首辅时，适逢郑三俊、钱谦益与原辅相温体仁进行权力之争，郑、钱失败，贞运竭力营救，俱从宽处置。后被御史郭景昌弹劾，遂辞归，隐居山中。崇祯帝死讯传来，贞运闻之恸哭绝不能起，哀伤过度，得疾遽卒。编著有《词林典类》等书。

孔衍桢

孔衍桢，字泗柯，浙江衢州人，孔子第六十五世孙。父孔尚乾，早逝。母叶氏，年十九，守节抚孤，孝慈卓著。清顺治间（1644—1661），以时经鼎革，案牍无征，衢州孔氏南宗袭爵既废，孔衍桢乃引旧制，具陈于衢州守道李际期，转请总督陈锦具题，经反复覆核，于顺治九年（1652）承袭翰林院五经博士，时年17岁。起初，博士舆导仍沿袭明制，用皂盖。至是，始易为黄。此制甚贵，后世多未敢行。孔衍桢又具呈，请得循三年入觐之例，贺万寿圣节。衢州孔氏南宗之有觐典，自此始。

孔兴燫

孔兴燫，字北衢，浙江衢州人，孔衍桢次子，孔子第六十六世孙。西安县学增广生。康熙四十年（1701），袭封五经博士。并兼掌杭州太和书院祠祀，卒于杭州；葬万松岭方家峪。嗣后，历代有支派住杭州，但仍然以祖居西安县籍参加科举考试。

孔毓垣

孔毓垣，字东安，浙江衢州人，孔兴燫子，孔子第六十七世孙，衢州府庠生。康熙五十一年（1712），袭封五经博士。五十七年（1718），题准浙江衢州府西安县孔氏后裔,因读书人众,每遇学政主持考试,于正额外入学二名。是年,浙江巡抚朱轼增拨拱辰门外濠田30亩,以供祀事。历代世守。

孔传锦

孔传锦,字宫锡,号杏霞,浙江衢州人,孔毓垣子,孔子第六十八世孙。雍正十三年(1735),袭封五经博士。乾隆十三年(1748)二月,清高宗东巡致祭。命孔传锦率族人赴阙里陪祀。清高宗赐蟒袍一领、缎四端,《唐宋文醇》《朱子全书》《日知荟说》各一部。乾隆三十六年(1771),清高宗东巡,遣孔传锦祭先贤、先儒,分献礼成。五十年(1785),孔传锦晋京恭襄临雍大典,礼成,加一级,由文林郎晋阶奉政大夫。回衢途中,卒于山东平原县桃源驿旅邸。

孔传曾

孔传曾,字鲁人,浙江衢州人,号省斋,浙江衢州人,孔毓芝子,孔传锦宗弟,孔子第六十八世孙。道光初优贡。道光三年(1823),孔传曾临雍,钦赐恩贡。笃学有文,教授闾里。咸丰八年(1858)三月,太平军攻衢,孔传曾自杀身亡。后人辑有《孔省斋殉难诗文》。

孔继洙

孔继洙,字岱源,号鲁斋,浙江衢州人,孔传锦之子,孔子第六十九世孙。继洙以贡生出仕,历署归安、临安、昌化、永康、山阴、桐乡各学事,选授乌程,德清两县训导。乾隆四十九年(1784),在乌程任上,奉准给假侍父,晋京恭襄。五十年(1785),临雍大典,抵京,呈都奉批;圣贤后裔,例应诣学,一体观礼。礼成,纪录1次,并赏八丝大缎2匹,貂皮2张,墨16盒,御《论》1部,筵宴1次。嘉庆十四年(1809),在德清任内,覃恩敕授修职郎。年六十八卒。

孔广杓

孔广杓，字衡观，号太古，浙江衢州人，孔传锦孙，孔子第七十世孙。嘉庆元年（1796），袭封五经博士。三年（1798），临雍大典，陪祀，礼成受赏。十四年（1809）入贺万寿，献《圣德颂》，赏大缎2匹。年五十一卒。

孔广升

孔广升（？—1858），字允升，号旭楼，浙江衢州人，孔子第七十世孙。年十五，即入邑庠。道光二十三年（1843），以恩贡登乡荐，为文磅礴而有奇气。历任象山、兰溪县训导、武义县教谕。咸丰八年（1858），太平军攻陷象山县。孔广升闻讯后自缢于先圣大成殿侧。翰林院侍讲学士夏同善奏请恤典，世袭云骑尉。

孔昭晙

孔昭晙，字寅谷，号少山，浙江衢州人，孔子第七十一世孙。少年时家贫，嗜好读书，博通经史。同治九年（1870）优贡，因以祖母、母亲俱年老，不忍远游，就教职以娱亲课子为乐。浙江学政瞿鸿禨曾经访谒他，有"品学两优，不愧为圣人后裔"之誉。著有《小山课子文》《五经详注》《史鉴详批》等书。

孔庆仪

孔庆仪（1864—1923），字寿筊，号肖铿，浙江衢州人，孔子第七十三世孙。幼孤，母毕氏苦节抚育。先是，世袭翰林院五经博士从伯孔宪坤卒，无子；弟孔宪堂代理，卒，复无子。族议以南宗主鬯，未可虚悬。时浙江巡抚左宗棠莅衢查核谱系，以昭穆当次，入奏，得袭世职。孔庆仪少长时聪慧、善读。新家祠，建公署，经营祀事，百废俱举。清季，倡立孔氏中学堂，复立西安官立高等小学堂，启迪后起，多所造就。宣统元年（1909），入觐，钦加国子监祭酒衔。辛亥（1911）九月，衢城光复，群推孔庆仪为民事长。后署台州太平（温岭）县知事，逾年去职。会民国政府颁布崇圣条例，于南宗祀产，不无影响，又明令改博士为奉祀官。于是，恭谒曲阜林庙，以祀田缘由详呈内务部，得以维持不坠。时适北宗衍圣公孔令贻卒于京都，无子，孔庆仪以族长监北宗族人扶榇归鲁。候孔令贻夫人遗腹生子孔德成，报部承袭，事定乃还。民国12年（1923）冬，孔庆仪自杭归衢，中途觏疾，至家卒，年六十。

孔庆笙

孔庆笙（1921—1942），字瑞香，浙江衢州人，孔子第七十三世孙女。嫁给县人周仲宣。民国31年（1942），浙赣战役爆发，日军大举侵衢，孔庆笙丈夫远客未回，随翁姑避居小南门乡下石埠。7月5日晨，日军自毕家桥渡河掳劫。村人四散奔走。孔庆笙怀抱满月的女婴，躲避不及，被日军追上。孔庆笙无以脱身，纵身跳入江中，母女俱殁，年仅22岁。衢州专员姜卿云撰文记述此事，奉祀官孔繁豪立石峥嵘山。

孔繁豪

孔繁豪（1891—1944），字孟雄。孔庆仪子，孔子第七十四世孙。日本早稻田大学师范科毕业。民国13年（1924），袭奉祀官世职。24年（1935），奉国民政府令，以简任职待遇，颁发铜印。28年（1939），日寇侵逼，奉令恭护孔子、亓官夫人楷木像，移驻浙江龙泉县。翌年，复奉令移驻庆元县。民国31年（1942）、33年（1944），衢城两次沦陷，家庙祭器，多被残毁，族属流离。孔繁豪电请行政院，拨给巨款赈济。终于忧愤成疾，殁于庆元，年五十四，无子，遗命以母弟孔繁英长子孔祥楷嗣。

第七章 文 物

自建炎二年(1128)孔子第四十八世孙、衍圣公孔端友奉孔子夫妇楷木雕像,率宗室成员随驾南渡,被赐家于衢州以来,已历经八百余年。其间,家庙曾四易其址,分别以州学为家庙,于城东北菱湖之畔始建家庙,又徙城南崇文坊建家庙,再移建今日之家庙地,可想而知,留下的历史见证物应是极为丰富。然而,自宋、元、明、清以来,家庙家塾屡建屡迁,祭器、乐器、书画、宗谱、档案等虽也累有增益,但却迭经兵火骚扰不断,所剩寥寥无几。时至抗战时期,日寇二次入侵衢州,除孔子夫妇楷木像避难于龙泉、庆元等地外,家庙、家塾、府宅均遭毁坏,其他存物也几乎丧失殆尽。

1949年以后,衢州文化、文物部门根据"保护文物、人人有责"之精神,重视民间征集、考古发掘,逐渐收藏了部分家庙的祭器、乐器、书画、宗谱、碑刻等文物,丰富了研究孔氏南宗家庙的实物佐证。

第一节 楷木像 祭器 乐器 古籍 书画

孔子及亓官夫人楷木雕像

楷木雕像相传为孔子学生端木子贡手镌,表面呈褐色,孔子雕像高38厘米,亓官夫人雕像高41厘米。孔子阔额,身着大袖长袍,手捧朝笏,神态威严;亓官夫人长裙垂地,雍容大方。原供奉在曲阜孔府中。南宋建炎二年(1128)十月,衍圣公孔端友奉楷木圣像率宗族随驾南渡,赐家于衢。据清冯世科《鲁阜山神祠记》:"城南柯阳首庙,垣宇倾圮,有残碑卧丛棘中,字迹漫漶,不能卒读,就其存者缀之,略云:衍圣公端友负楷木圣像,扈跸来南,夜泊镇江,奉像舟覆,风浪中有三神人拥像,逆流而上,得于江滨,公焚香祷谢,烟篆'鲁阜山神'四字。公后赐家于衢,因建祠祀焉。"民国时期,鉴赏家余绍宋来家庙拜谒时,曾为两楷木雕像摄影并题词:"上为至圣先师及亓官夫人楷木像,相传为端木子贡手雕。刘佳游家庙诗所谓'传是卫国贤,摹刻志师谊'者也。西安旧志仅云'宋衍圣公孔端友随高宗南渡抱负以来',不言何人所制,盖无确证不敢轻说耳。今观两像木理坚结几化石质,而雕刻又极古朴、浑穆,虽不敢必其出于子贡,要为汉以前人之制作则无可疑。木质而能留存至今,世间更无其偶,况属圣容,尤堪称重。旧奉家庙思鲁阁下,今移奉阁上。孔裔向不轻示人,非其时不许瞻仰。十五年前由绍宋商诸前博士肖铿先生,始许摄影,渐传于世人,多未详其由来,用志数目借传梗概。庚午(1930年)首夏龙游余绍宋再拜谨记。"左下方钤有篆书"余绍宋"白文印章。此照为玻璃版,现仍珍藏于市博物馆。时至民国28年(1939)日寇侵入,国民政府为保护圣像,命孔氏南宗七十四世孙、奉祀官孔繁豪护送圣像从衢州到龙泉、云和、庆元等地。直至民国35年(1946)8月27日奉迎回归家庙。1952年7月12日,楷木像从衢县中心文化馆调入省文管会。1959年9月27日,楷木像由浙江省文管会借予山东省曲阜县文管会用于复制,借期半年,后因故未还。2000年5月,根据衢州市文物局的要求,浙江省文物局经充分调查取证后,正式行文山东省文化厅,要求归还楷木像。

清雍正孔庙编钟

钟体腰鼓形,通体布铸乳丁,铜质,重7.3公斤,通高30.8厘米,腹径22.8厘米,底径16.6厘米,厚0.6厘米。钟体竖嵌楷书四行:"世袭翰林院嫡孙毓垣监制""西安县知县任之俊详制""雍正壬子秋月""孔庙编钟太簇四",字径高1.2厘米,宽1.8厘米。现藏衢州市博物馆。

清雍正孔庙编磬

磬体如"7"字状，石质，素面，现存11悬，叩之铿锵有声。通长50厘米左右，宽17.7厘米左右，厚2—4厘米不等。在磬上边侧面上刻有"雍正壬子秋月嫡孙毓垣监制"。编磬下有"黄钟合""清大四""清太五""清夹乙""清黄六""仲吕上""林钟尺""夷则工""南吕工""应钟凡"等文字。现藏衢州市博物馆。

清雍正先圣家庙钟

铁质铸造，通高105厘米，钮高30厘米，钟体高75厘米，钟体上径45厘米，口径62厘米，厚2厘米。钟体自上而下依次铸有：覆莲瓣纹一周，弦纹二周，魏体"先圣家庙钟"字径10厘米，一周，弦纹二周，竖排14行魏书"浙江衢州府知府杨景震、西安县知县任之俊详铸、世袭翰林院五经博士六十七代嫡孙孔毓垣监铸、西安县礼房何帝锡 工 孔尚轼承铸造，大清雍正拾壹年嘉平月吉旦铸造"。字径3厘米，弦纹二周，钟口呈莲瓣状。现藏衢州市博物馆。

清圣宫瓦当

瓦当上模印"圣宫"篆书，椭圆形，高14厘米，宽13厘米。1998年8月，浙江省考古研究所、衢州市博物馆考古队在孔府工地发掘出土。现藏衢州市博物馆。

清寿字滴水

滴水中饰圆形"寿"篆书，寿字两侧饰卷草纹，宽18厘米，高11厘米。1998年8月，浙江省考古研究所、衢州市博物馆考古队在孔府工地发掘出土。现藏衢州市博物馆。

民国《孔氏宗谱》

《孔氏宗谱》为民国7年竖行线装木刻本，计26卷28册。书高28厘米，宽20.5厘米，书页上下双线黑框，书口上刻"孔氏宗谱"，单鱼尾，下刻"诗礼堂"

字样,每页12行,行22字(小字不等)。每册书的封面均钤有长方形"至圣南宗奉祀官审查之章"楷书朱文印章。扉页刻有"民国戊午季夏重镌南宗世谱诗礼堂珍藏"字样。第一页有七十一世孙昭桢于民国戊午年六月作的"孔氏续修宗谱序",序下方钤有长方形"丙字第10号闻道房收藏"朱文印章。序中有述"吾萧孔氏源分泗水,派衍三衢,历七十余世之多,计八百余家之众"。孔昭桢在《戊午续修宗谱跋》中言"自四十八代祖端友公昆季扈跸南迁,由是支分衢鲁。五十二世祖万山公由衢而之钱塘,由钱塘而之萧山。至六十二世祖五经博士闻音持谱来萧会合宗派……"

据宗谱序中所考,这套《孔氏宗谱》为清乾隆五十七年(1792)由六十八世孙所重修,后于道光十八年(1838)由六十九世孙续修,光绪二年(1876)由六十九世孙续修,光绪二十二年(1896)由七十世孙续修,再就是这次民国7年由七十一世孙续修而成。宗谱由衢州市博物馆收藏。

民国《孔氏南宗考略》

《孔氏南宗考略》为竖行铅印本,书高20厘米,宽13.5厘米,共56页,每页11行,行27字。书口上方印"孔氏南宗考略",单鱼尾,下注页码。此书于民国35年(1946)由衢州文化建设委员会编辑徐映璞纂成,计2卷16章合3万余字。其目录为孔子生卒年月考、孔子历代封谥考、北宋以前圣裔考、南渡以后世系考、附北宗世系考、圣裔支派考、衢州家庙考、衢州家塾考、杭州敷文书院考、庙塾历代碑碣考、祭器乐器考、宋代名贤事迹考、元代名贤事迹考、明代名贤事迹考、近代名贤事迹考、圣泽遗闻等内容。封面由余绍宋隶书题签,扉页有大成至圣先师南宗奉祀官七十五世孙孔祥楷民国37年(1948)一月时年十一敬书"功深数典",右上方钤"大成至圣先师南宗奉祀官府"朱文方印及"孔祥楷"白文方印。前有浙江省第五区行政督察专员姜卿云于中华民国35年初冬作的序,后有"中华民国三十七年岁朝派驻杭州执事官七十三世裔孙孔庆臣仲虎谨跋"。书藏衢州市博物馆。

清康熙陈鹏年·咏虞夫人行书中堂

纸质，毛笔行书五言诗成四行，底色泛黄，破损缺字，装裱成轴。作品规格118.5×60厘米。诗文为"垓下断肠处，贞魂犹作花。□脂留旧印，泪血淬新葩。舞态□堪挹，□风□□夸。至今余抔土，还属项王家。"整体行笔流畅，刚劲隽拔，一气呵成。落款为"沧洲陈鹏年"[1]。落款处下方有方形印章四枚，依次为："臣鹏年牛马走"篆体白文、"为五斗米折腰"篆体朱文、"葭仲审定"篆体白文、"衢州孔氏珍藏"篆体白文。作品由衢州市博物馆征集收藏。

清衍圣公孔祥珂·草书对联

草书对联，纸质，高151厘米，宽24.5厘米。内容为"呼龙耕烟种瑶草，招鹤下云眠古松"。上联有收藏者题字"子孙藏而保之"，下钤"尹功汀"方形朱文楷书印章。下联落款处钤有方形"臣孔祥珂"白文篆书印章，及方形"衍圣公印"朱文篆书印章。

清衍圣公孔祥珂（北宗七十五世孙，袭封衍圣公）的这副草书对联，于1993年12月28日由衢州市博物馆征集收藏。

清吴熙载·篆书条

篆书条，纸质，高128厘米，宽32厘米。书写内容为北魏峄山刻石"皇帝立国维初在……"，成7行，行17字，字体圆匀、工稳、飘逸多姿。落款处小楷书"扬州吴熙载"[2]，下钤三方白文篆书印章，依次为"吴熙载印""葭仲审定""衢州孔氏珍藏"。现定为国家一级（乙）文物。作品由衢州市博物馆征集收藏。

---

[1] 陈鹏年（1663—1723），字沧洲，湖广湘潭人。康熙三十年（1691）进士，三十五年知西安（今衢州市）时，兴修水利，多施善政，重视教育，主修《西安县志》，人称"陈青天"。

[2] 吴熙载（1799—1870），初名廷飏，字熙载，号让之，为清代著名书法家、碑学家、篆刻家。

第二节　存碑刻目录

先圣遗像碑（篆额）

碑高196厘米,宽80厘米,厚10厘米,青石刻作。碑上方刻"德配天地道冠古今删述六经垂宪万世"篆书。碑右下刻"扈跸南渡四十七世孙兵部尚书传四十八世袭封衍圣公端友敬立"楷书。刻像为衣冠剑佩、有温而厉、威而不猛、恭而安之之态。相传此像原为唐吴道子绘,纸质,孔端友南渡时携来衢州勒石供奉。碑藏衢州市博物馆。

明诏建衢州孔氏家庙碑（篆额）

明武宗正德十五年（1520）,浙江巡按御史唐凤仪、布政使何天衢等请于朝,移建衢州孔氏家庙于先义坊西安县学宫旧地,即今日家庙地。此碑高196厘米,宽80厘米,厚10厘米,青石刻制。刻有衢州孔氏家庙建筑示意图,中轴线依次为照壁、头门、大成门、甬道及两庑、大成殿、思鲁阁等建筑。碑藏衢州市博物馆。

明正德唐凤仪等·呈部记事碑

巡按浙江监察御史臣唐凤仪等谨题,为拓充家庙,以隆祀典事。据翰林院五经博士孔承美呈称,有祖孔端友,系宣圣四十八代嫡派子孙,袭封衍圣公,扈从高宗南渡赐衢州。诏建家庙于北隅菱塘,春秋二祭,袭爵陆代,缘家庙祖墓俱在衢州,不忍弃离,让爵与山东承袭,其后庙貌毁于兵燹,至永乐间改建府城南隅。近蒙升任知府沈杰,议得缺官奉祀,奏奉钦依添设五经博士一员主祭,承美传袭前职,加以肆仲祭享。切缘家庙建造年久,日渐倾圮,况兼子孙繁盛,庭院窄狭,昭穆莫容,难以展礼,查得城内遗有西安县学旧基一所,见在空闲,愿乞于内起造家庙等因,行据分守左参议胡镇、分巡副使丁沂,会呈据衢州府申准,本府同知陆钟,带领匠作前去踏勘,县学旧基委果空闲,堪以迁立孔氏家庙。就令匠作逐一估计,合用工料价银伍佰陆拾捌两柒钱柒分。随查本府并西安县库内收有赃罚等项银两可以动支,但本家财力微薄,别无所措,合用人夫行令西安县量拨兴工等因,又经批行布、按贰司掌印官会议停当,呈夺去后随据左布政使何天衢、副使于鳌,会议得衢州府孔氏实系先圣嫡派。自宋绍兴间,诏建家庙,当时鼎新宏观,比拟曲阜,奈何元季毁于兵燹,无遗宇。迨至我朝永乐初年,有司虽尝迁,复顾基址浅狭,栋宇卑陋,不足以展祀安灵,殊非祖宗以来崇重之意。今博士孔承美呈称,县学旧基空闲,欲得迁庙于彼,既该守巡道行委同知陆钟查勘无疑,且估计工料止用银伍佰陆拾捌两柒钱柒分,数亦不多,相应动支在库官银,量拨人夫,委官一员,监督修造等因真呈至臣。切惟先圣之道,衣被万世,缋祀之典,通乎天下,况宗嗣家庙,尤圣灵之所眷注者,庙貌不严,诚为缺典,如蒙乞敕该部议处,合无将原遗县学旧基迁立孔氏家庙,支银拨夫委官督造。如此非惟慰圣灵于右飨,抑且垂盛典于无穷矣。缘系拓充家庙,以隆祀典事,理未取擅便,为此具本专差吏闻荣亲赍谨题请。正德十五年十月。

残碑高131厘米,宽80厘米,厚5厘米,上段正文23行,满行38字,楷书,下段小字1.5厘米,多残缺。碑藏衢州市博物馆。

明方豪记·明正德衢州孔氏家庙碑

衍圣公孔端友,先圣嫡裔也。扈宋高宗南渡,因家于衢。初以家庙权寓学宫,至孙宪使子秀,乃请建于菱塘,袭爵奉祀靡缺。既而让爵鲁,宗庙亦经燹。国朝太宗初年,迁于城南隅,即今旧庙也。孝宗时郡守沈杰疏,乞以端友之裔曰彦绳者,官五经博士,奉四时庙祀,仍许世袭。今博士承美其似也。承美以旧庙倾隘,而子姓日蕃,不能成礼是恐,请建于西安县学遗址。分守参议胡镇，分巡副使丁沂，为请于巡按监察御史唐公凤仪。公慨然曰：先圣之道，衣被万世，宗嗣家庙，尤圣灵所眷注者。庙貌弗严，博士无居，缺典也，是诚在我。于时布政使何天衢、副使于鳌咨度既谐，提学佥事盛端明亦深赞之。公乃为请于朝。朝议题之。公复躬诣其邦，乃出资羡帑，乃役暇氓，乃相旧基，乃营新宇。于是同知陆钟，通判曾伦，知县刘佐、吴仲、王思明、侯正纲，胥罄厥力，而推官杨文升则专督者也。群材毕集，百工竞趣，肇于正德十五年十一月丙子，讫于明年夏四月辛亥。展奠有地，博士有居，斋宿牲庖，燕集弦诵之所，无弗备者。地位崇广，规制壮严，退瞻阙里，实相辉映。斯文佥快，吾道益尊。承美念兹鸿绩，可使泯然？爰请予言勒石庙下，俾后之人曰：衢州之有孔氏，自端友始；衢州孔氏之有家庙，自孙宪使始；衢州家庙之有新庙，自唐监察始。顾弗盛欤？况菱塘之下，浮屠所遗，圣灵曷怿？维兹学宫，灵贶依焉，以地则得矣。城南之迁，恒祠弗若，圣胄曷容？维兹新庙，胄可依焉，以事则便矣。先监察鲜公冕，尝有是志，而未果行，岂有待于今日乎？时大明正德拾伍年，太岁庚辰冬十一月既望。

赐同进士出身承直郎刑部湖广清吏司主事直隶苏松等处审录。开化方豪记。

残碑高180厘米，宽86厘米，厚5厘米，文19行，满行42字，楷书，字径2厘米。碑藏衢州市博物馆。

清孔贞锐记·清顺治恭修祖庙并设祭田碑记（篆额）

锐髫年攻苦，夜读寒斋，偶梦圣祖诏至庭前嘱云：尔性淳朴，他日敦吾族者必尔也。默佩此语以此兆当应阙里。后十年远举公谢政，例应再选，锐果入彀，诣部试竟分符于晋，终不能合此兆也。迨清朝定鼎，乃补于衢。

衢中祖庙在焉,子姓繁焉。履任,即为趋谒,见栋宇摧残,不胜欷歔。督令修葺,俾为一新。复会族众于庙庭,彬彬穆穆,风气无异洙泗,遂不胜辄然焉。因忆阙里甲弟蔚起,从未有履此邑者,不敏如锐,何幸莅此。毋亦圣祖有灵,眕念一脉留此,千载奇遘,以示锐亲睦之机乎?犹之乎阙里之作令也。遂于政治间奉节爱之训,怜兵燹之余,极力抚绥,无论百姓安堵如故,至吾族林林,亦皆若训而无梗化者,虽不敢为尽副梦嘱,或于抚字间稍可酬万分之一耶!虽然邑当繁剧,才属拙庸,三载焦劳,幸叨晋秩,解任在迩,唯默荷庥敢忘?圣眷虽分南北,瞻恋均同,第间关千里,更不知何时再诣祖庙而讲雍睦也。谨检俸余,置田一区,补庙中夏冬二祭,俾与阙里无异,勒之庭中,示同宗共守之,无间焉,庶无负追远之意云。顺治己丑仲冬吉旦六十三世孙西安县知县孔贞锐熏沐谨识。

祭田一区坐落五十九都,计四处,共丈税九亩七分五厘正。税坐孔公塾户共租一拾九石伍斗,仁义礼智信五班承管。一土名江家桥,民田一丘计税三亩正。一土名枫树底,民田二丘计税三亩五分正。一土名殿后堆,民田一丘计税一亩正。一土名龙塘坂孔家碓边,民田一丘计税二亩二分五厘正。世袭翰林院五经博士孔贞运,族长生员孔弘恭,提督孔弘湘,举事孔弘蕙,生员孔闻陶,儒生孙式书。徐应和董事。

碑高220厘米,宽82厘米,厚5厘米,文17行,满行46字,仿宋体,字径3厘米。碑藏衢州市博物馆。

清李之芳撰·清康熙衢州重修孔氏家庙碑(篆额)

  总督浙江等处地方提督军务兼理粮饷兵部尚书兼都察院右副都御史正一品,今升兵部尚书李之芳撰文。巡抚浙江等处地方提督军务兼理粮饷都察院右副都御史陈秉直书丹。巡按浙江督理两浙盐课兼海防辖苏松常镇徽五府、广德一州、江西广信等处监察御史卫执蒲、孙必振篆额。自唐开元后，郡邑皆立孔子庙，有司岁时奉祠，至于今不废。而为孔氏之家庙者，遍行天下惟曲阜与衢州耳。曲阜之庙，六飞时巡，恒循汉世祖明宗故事，而宗子之奉祀者，爵列公侯庙堂，车服礼器，多存古制，瞻仰于斯者，咸肃然如游三代之世尚矣。衢之有庙，自宋建炎中衍圣公从高宗南渡家于衢，绍兴间，赐田五顷，以奉祠事。宝祐初，郡守孙子秀请于朝，始建庙于郡东北菱湖之上，后毁于兵火，乃徙城南。明永乐初始建于崇文坊，即今地也。数百年来，东南之士不克重趼裹粮以登洙泗之堂者，俎豆羹墙于焉是寄。今皇帝御极之十三年，滇池弗靖，闽孽继起，之芳与大师驻军兹城，昼巡壁垒，夜算军书，每介马驰驱，秉烛待旦，瞻望宫墙，弗遑展肃，而羽林神策，郡国材官骑士，以及挑刀走戟之徒，就我戎索者十万之众，辐集城中，则我先圣之閟宫，间于戈铤，亦靡获宁晏，如是者有年。四方既平，百废渐举，爰进庶司，以商妥侑，于是圣裔五经博士衍桢广为募助，自抚军暨藩臬以下，咸有捐资，庀材鸠工，久未克就，爰命郡丞杨道泰董其役。岁壬戌之八月，之芳将班师武林，而来告成事，因展敬庭庑，得抒屡年瞻依之志。仰惟先圣之道，如日月之在天，其于庙貌之盛衰，固自无与非如浮屠、老子之宫崇侈像设，以震耀人之心目者也。然闻古之为政者，台榭观游皆为高明游息之所寓，而邮传道路之整，驰入其境者，觇治忽焉，矧奕奕寝庙先圣之所凭依者乎？天子方崇儒重道，幽赞微言，以昭示海内，期于移风易俗，媲隆往古。之芳忝师帅之职，保此海邦，凡所以崇礼树风，敬教劝学，愿偕百尔君子，罔或弗敦，而鸟革翚飞式表，观瞻者宜于兹始。且之芳生爽鸠氏之墟，去邹鲁之乡，不远登斯堂也，琴瑟管弦之声，慨乎闻而僾乎见也，浙之士民观感熏陶，将见风俗淳美，为天下先庸肇允，于兹日则升堂睹奥者，宁必陟龟蒙而臻阙里哉。康熙二十一年岁在壬戌季冬月吉旦立。（名单略）

碑高295厘米，宽95厘米，厚6厘米，17行，满行60字，楷书，字径2.5厘米。附小字，字径1.2厘米。碑藏衢州市博物馆。

清谭瑞东撰·清道光重修衢郡至圣家庙碑记

　　自京师至直省各府州县，莫不有学，学皆祀孔子。而为孔氏之家庙者，则惟曲阜与衢。考之史，宋建炎中，衍圣公端友奉端木子手摹楷木圣像从高宗南渡赐家于衢，始就郡学为家庙，后三徙建今址，具前碑。国朝康熙十八年，李尚书之芳募修之，雍正八年、乾隆四十三年，皆报部，动款修葺，而㭋楹负重之材，犹是数百年来，迁置□□之遗物，久则敝隳摧，从之。前守周君镐，白大府议更新，会移守漳州未果。辛巳，瑞东奉命来守是邦，爰是禀请上台捐廉为倡，并劝谕合属绅民，赞成其事。先是左营守戎刘君龙标得衺丈大木于嵁岩弯谷中，集□□随处破险出之。遇回崖绝涧，则或结綑以缒，或架木为梁，以济疏凿之穷。经年，始挽运而至。视之，得二十余树，皆栋梁材也。因与博士谋，择日鸠工，以训导姚梦石、贡生徐世寯等董其役。旧殿后为思鲁阁，圮，佥议移建西北隅隙地，就其址建大成殿。殿基故卑湿，因增高五尺许。而槛柱多易木以石，阶墀门庑得以次开拓。崇圣祠以下，亦皆踵而新之，视旧制进深高广增十之二焉。经始于道光元年十月，至三年四月而工竣，计集捐赀万金，绝不假手吏胥，一切工料，悉依市值，故执役者争先恐后，视官雇较廉，凡出入之数，皆核实而刊之册。庙既成，因序其巅末，以告后之君子，踵而增新之，庶乎衢之家庙与曲阜并垂不朽云。道光三年岁次癸未九月，赐进士出身翰林院编修掌湖广道监察御史知浙江衢州府事长洲谭瑞东谨撰。西邑生员余本煦书丹。

　　碑断为两块，字被敲击，模糊不清，高215厘米，宽80厘米，厚7厘米，17行，满行47字，楷书，字径2.5厘米。碑文引自民国《衢县志》。碑藏衢州市博物馆。

清徐允伦撰·清咸丰孔氏承启家塾捐田碑记(篆额)

  人材虽关地运,亦由贤大夫之诱掖振兴。况至圣后裔,尤贤大夫所切念者乎？圣裔宋建炎间,四十八代孙衍圣公孔端友扈跸南渡,赐家于衢,世袭公爵,遂为孔氏南宗。元至元间,五十三代孙孔洙,以庙墓之故让爵山东。元世祖称其:"违荣而不违亲,真圣人后也！"明弘治间,郡守沈公杰始奏请五十九代孙孔彦绳世袭五经博士,郡司李刘公起宗,立孔氏家塾,以造就人才。其塾舍在郡城南隅,于正堂外为东序,以迪成人,西序以训幼稚。学士邹公守益为之记,称是时孔氏童子四十人,歌《鹿鸣》《伐木》之章,恍然若游洙泗,想见当时弦诵雍容之美,何其盛欤！明季兵燹,家塾坍圮无存,而先圣后裔,以疏水遗风,传家诗礼。自让爵后,益安淡泊,竟有愿力学而缺束脩薪水之资者。咸丰二年,观察刘公成万,恻焉悲之,岁捐修六十金,又薪水钱六十千文,即家庙东厅为孔氏承启家塾。延师训迪,以诱掖后进。并劝邑廪生王君炳奎,遵父职员显钊志,捐田二十一亩,计谷租三十担,以资修脯之用。将见孔氏有力者,益可专心,无力者皆得就学。观察宪诱掖振兴之盛德,地方士庶所谓,百世而莫能忘者也。爰谨记之及捐田区号亩分,并勒诸石以垂不朽。(后列田塘区号亩分不具录)大清咸丰五年岁次乙卯季夏月谷旦西安县儒学教谕徐允伦撰文。邑人奎文阁典籍生员陈埙书丹。邑人郡廪生程光裕、邑人岁贡生周嘉谋、至圣七十二代孙世袭翰林院五经博士孔宪堂、七十代孙癸卯举人大挑教谕孔广升、七十代孙钦加议叙五品执事孔广松同立。

残碑高170厘米,宽75厘米,厚5厘米,26行,满行50字,楷书,字径2厘米。碑藏衢州市博物馆。

清何汝枚撰·清同治重修孔氏家庙并赎濠田续置家塾义田记

圣人之道，如日月经天，江河行地，岂有分于南北哉！而崇德报功之典，自古帝王莫不加隆，矧今天子尊师重道之世耶？衢之有孔氏家庙及建塾始末，具载西安邑志中。咸丰二年，观察刘公成万莅衢，见孔氏有愿学而力未逮者，岁捐束脩薪水之资，即于家庙东侧为承启家塾，并劝邑人王君捐田二十亩，以资修补，勒石垂不朽，诚盛举也。自戊午岁，粤匪滋扰，蔓及浙省，衢城幸完，而大兵云集，家庙亦不免薪木毁伤，且岁久失修已甚，将有栋折榱崩之惧焉。爵督宪左公统帅入浙，首谒圣庙，定博士后，因寇氛逼近，以六十金济博士，米五十石赡孔氏族人，并捐俸银七百为之创，以赎博士濠田。各大宪无不诚敬乐输，得以庙貌重新，复数仞宫墙之旧，四方来观，于是知礼。丝竹之音，永垂不堕。复置承启家塾义田，券盖府篆，俾恒产恒仁，久而勿替。无力者咸得尽力于学，庶几弦诵不辍，诗礼常闻，恍游洙泗而跻杏坛，其有以仰副我国家崇奉先师之意，与各大宪启迪后人之心者，必自今日始。敬请各大宪捐助及劝捐银数，并赎博士濠田，续置承启家塾田亩区号，谨胪列勒石如左。

敬，闽浙总督一等伯左：准署衢州府陈印鲁遵购家塾田亩钱壹千伍百千文，闽浙总督一等伯左印宗棠捐银柒百两。浙江布政使司总统楚湘全军杨印昌捐洋银壹佰元。浙江提督黄印少春捐洋银贰佰元。衢严总镇刘印培元捐银壹佰两。统领老湘营总镇王印开琳捐银八十两。浙江即补总镇黄印有功捐洋银四十元。即补总镇刘印明灯捐洋银壹佰元。福建按察司王印德榜捐银叁佰肆拾两。代办按察司衢州府林印聪彝捐洋银壹佰元。温处巡道魏印喻义捐洋银四百元。统领平江营江西补用道张印岳龄捐银肆拾两。浙江即补知州龚印承煦捐洋银肆拾元。同知衔江西上饶县龙印兆霖捐银壹佰两。留浙同知李印寿荣 聂印邦先 各捐银拾两。

署衢州府冯印誉骢劝捐各街各行名。同知衔浙江候补县刘印濬,升用知县署上饶县丞彭印光藻,升用知县前署铅山县县丞杨印春泽,江西南城县县丞李印受之,江西候补县丞毛印廷锡,弋阳县官盐局委员杜印延思,上饶县集成、上饶县信成、玉山县罗璜记、铅山县公利、铅山县通济、弋阳县同和、兴安县和裕各官盐行,以上各捐河平洋银拾两。龚光裕堂捐钱壹佰千文。前国子监学录署衢州府教授何汝枚恭记谨书。四品衔前署衢州府教授沈师濂,衢州府训导汪以信,五品衔候选知县西安县训导王世镇,国子学正洪自含,前工部郎中甲辰科举人施本,运同衔候选同知羊晋祺,邑人前翰林院庶吉士湖北荆州府知府□□□,邑人候选训导□□□,邑人署汤溪县训导□□□,圣裔六十八世族长孔传经,七十三世世袭翰林院五经博士孔庆仪,七十世代理翰林院五经博士□□□,六十八世西安县学生员□,六十九世西安县学生员□□□,七十世候选训□□□□,七十世候选训□□□□,七十世西安县学□□□□□,七十一世袭云骑尉西□□孔昭华,七十一世西安县□□□孔昭晙,七十一世西安县学生员孔昭晛,七十二世西安县学生员孔宪成,七十一世西安县学生员孔昭煦。大清同治六年岁次丁卯季夏三月谷旦。田亩区号列后。江西连荆山摹勒。

碑高184厘米,宽95厘米,厚6厘米,30行,满行50字,楷书,字径2厘米。捐助官员人员及银两分作四段横排,字径1厘米。碑藏衢州市博物馆。

清如山记·清同治孔氏续置家塾宾兴田产碑

前道宪如禀请拨钱叁仟串,札谕孔氏公局添置田产以作家塾宾兴之资,所置田地塘区号亩分逐一载明,勒石以垂不朽。(注:有宇字三区九十三号十五田铺、康字三十区廿九号等152处,因字迹不清从略。)以上共计税柒拾玖亩壹分零肆毫正。衢州府教授王树棨,衢州府训导陆宗瀚、圣裔六十八世孙族长八品衔孔传经、世袭翰林院五经博士七十三世孙孔庆仪、六十九世孙西安县学生员孔继焕、六十九世孙西安县学生员孔继新、七十世孙西安县学禀生候选训导孔广煦、七十一世孙世袭云骑尉西安学宫孔昭华、七十一世孙西安县学生员孔昭煦、七十一世孙庚午科优贡孔昭晙、七十一世孙西安县学生员孔昭煚、七十一世孙西安县学生员孔宪成同敬立。即选训导西安县学生员周葆树书。大清同治十年岁次辛未仲夏之月上浣谷旦。

碑高157厘米,宽81厘米,厚5厘米,碑文上下分五段,每段33行,满行22字,楷书,字径1厘米。碑藏衢州市博物馆。

清桑树勋撰·清光绪重修衢郡至圣家庙及建复祠署碑记

光绪辛巳春,树勋奉檄来视金衢严分巡篆务,恭谒圣庙,接见博士孔庆仪及族长、房长等,均以殿庑渗漏,祠署久圮,亟宜修建为请。爰商同郡守刘君国光筹款修葺,委照磨张铸秋董其事,计大成殿大成门、祠阁廊庑等处栋梁之朽坏者易(注:此处缺一块碑石。)午十月。夫孔子家庙天下惟二,北在东鲁,南在西安。子孙谨守祀事,万世弗衰。粤匪之变,浙省列郡沦胥,而衢郡巍然独存,何莫兆至圣之灵所默佑?树勋权巡斯土,得与是役,更幸贤太守相助为理,获观厥成,实兆初意所及,从此庙貌重新,人文蔚起,不独孔氏霱祁之福,亦三衢士林之幸也。爰将捐资衔名谨勒于石,以俟后之君子观览。为工成,刘君请序于树勋,爰即其颠末而敬记之。二品顶戴盐运使衔浙江候补道署金衢严道吴县桑树勋谨撰。尽先补用道浙江衢州府知府前京畿道监察御史安陆刘国光书丹。光绪八年岁次壬午仲秋谷旦立。

碑高35.5厘米,宽68厘米,厚3.5厘米,16行,满行8字,隶书,字径高2厘米,宽3厘米。碑存4块,藏衢州市博物馆。

附：捐修孔氏祠署文武官员题名碑

钦加二品顶戴署金衢严道桑树勋捐洋贰佰元,遇缺尽先题奏提督浙江衢严总镇喻俊明捐洋壹佰贰拾元,钦加三品衔尽先补用道严州府知府吴世荣捐洋壹佰元,尽先补用道衢州府知府刘国光捐洋贰佰元,总办衢州盐厘府局道衔候补知府刘开勋捐洋拾元,总办衢州盐厘府局候补知府刘□□捐洋叁拾元,总办兰溪□局□补府杨永昌捐洋捌元柒角五分,总办兰溪厘局三品衔补用道□□□捐洋叁拾伍元壹角伍分,总办严州东门厘局候补府张□志捐洋叁拾伍元,蓝翎侍卫衢左营□陆□□捐洋贰拾元,蓝翎衢右营都司杨怀清捐洋贰拾元,蓝翎侍卫衢城守营都司□烈□捐洋贰拾元,衢中营花翎补用游击署方□□捐洋贰拾元,办理华埠厘局知府衔候补同知王家琳捐洋拾元,办理清湖厘局知府衔候补同知潘志楠捐洋拾元,办理华埠厘局候补同知钟汇捐洋拾元,金华县知县黄绍谋捐洋捌拾元,兰溪县知县朱鉴章捐洋捌拾元,义乌县知县卢璲采捐洋捌拾元。

碑高33.5厘米,宽68厘米,厚3.5厘米,20行,满行20字,楷书,字径1.5厘米。碑藏衢州市博物馆。

清世善撰·清光绪重修衢州孔氏家庙碑记（篆额）

孔子之道,如日月之经天,江河之行地,世虽变而道不变、教不变也。我朝尊崇孔子,首端太学,各郡邑分建庙廷,岁时奉祀,所以重道而重教者,较历代帝王为尤。至惟孔氏家庙,一在曲阜,一在衢州,普天下唯二焉。衢庙濒菱湖,历有修复。稽自道光三年兴修后,迄七十余载,垣墉倾剥,梁木渐就腐朽,正殿盖常瓦,每当北风紧时,恒致飞揭。庚子之春,文祆平学使治按试临郡,孔博士庆仪恐家庙之倾圮也,因具禀以重修请。前任郡守皖江洪公思亮,量度工程,为请帑于大宪,蠲吉是年十月兴工,越年历继守赵君惟崙而帑尚未发。善以辛丑秋,奉命来守是邦,急为具牒,领得一千七百缗,委查令鳌董其役。由是鸠工庀材,土木咸作,败者易之,圮者葺之。正殿上一律更置筒瓦,琉璃映碧,顿异旧观,于今年四月得蒇其事。嗟嗟,时至今日,邪说不息,异学杂兴,世变殆岌岌可忧矣。问有大中之道,如我孔子之道者乎?问有至正之教,如我孔子之教者乎?方今圣天子,明目达聪,求贤若渴。而离经叛道之士,在所必屏。又复屡颁明诏,开设学堂,始由格致而驯至治平,仍莫非以大学之道为准的,其所以道不变即教不变者,盖于是乎在。而各学堂由都而省,而郡,而县,及乡里之蒙学,莫不崇祀孔子,率诸生以朝夕顶礼。善以为普天下不啻遍立孔氏之家庙焉。夫岂惟曲阜乎哉?岂惟衢州乎哉?濡笔记此不禁转忧而为喜。赏戴花翎盐运使衔知衢州府事长白世善撰并书。圣清光绪二十有八年岁在壬寅四月谷旦。

残碑高210厘米,宽81厘米,厚9厘米,17行,满行40字,隶书,字径4厘米。碑藏衢州市博物馆。

明孔闻音撰·明袭封翰林五经博士孔母太孺人刘氏墓志

按孺人刘氏,其先出自元枢密院刘成之。成之生辽阳行中书省左丞兼管军万户仲昌。仲昌生万户文举。文举生明骠骑将军都督佥事敏。敏生怀远将军世袭台州卫指挥同知有庆,孺人之高祖也。曾祖讳鼎,昭远将军浙江都指挥佥事,以故子孙居钱唐者尤多。祖讳滨,冠带舍人。考讳相,钱唐庠生。妣宋氏生孺人,适衢州孔圣六十一代孙袭封翰林院五经博士弘章。生子闻音,嗣爵主祀。孺人生于嘉靖八年己丑七月十五日戌时,终于万历三十六年戊申八月十三日子时,寿八十。筮十一月十九日子时安厝于靖安乡十二都一图,当贵山中龙之原,坐丁向癸兼子午三分,时三十七年己酉春三月四日己酉清明节孝男孔闻音泣血谨志。

碑石高46厘米,宽53厘米,厚4.5厘米,文16行,满行17字,楷书,字径高2厘米,宽1.5厘米。1988年1月从柯城区石室乡桃坎头村出土、征集,现藏衢州市博物馆。

第三节　存碑文目录

宋赵汝腾记·南渡家庙

家庙自六飞南渡,旨令暂以衢学揭䖍。宝祐二年,江东使常卿友山孙先生,念斯文所系,不可缺典,申请于朝,择城东菱塘胜概,撤浮屠舍而鼎建。先圣宫墙焕然一新。大资庸斋大先生发橡笔纪颠末,而锓之乐石记云:夫子与太极合德,故其祀遍于天下,此非其子孙所得而私也。然遍庙郡国,缺庙于家,此其子孙之责,亦郡刺史之任,有天下者尤当惓惓也。盖神莫萃于庙,庙于郡国,所以尊夫子于天下,尊之者以道之所在也;庙于家,所以亲夫子于家庭,亲之者以气之所自也。盖夫子鲁人也,殁于阙里,门人以其所居堂而庙焉,藏其衣冠琴书。至汉高祖、光武、明帝皆亲至而祠焉。当是时郡国犹未有庙。至唐开元始正夫子南面之位,门人为配,于是郡国遍有庙,然曲阜家庙自若也。国朝真皇帝銮辂至鲁,谒祠登冢,封夫子之父于齐,母颜氏于鲁,妻亓官氏于郓,鲁庙于是益光辉矣。厥后又侯其子鲤、孙伋于沂泗,褒崇之典毕备。高皇帝驻跸吴,会其裔孙五人传、端友、端木、璠、瑁,扈六飞南渡,寓三衢,因家焉。朝命权以家庙寓学宫，春秋舍奠，袭封奉祠者率族拜跪，踧踖献不与焉。退修鱼菽之祭，喧嚣湫隘，甚非所以崇素王也。盖百有三十年，于兹科院。孙侯子秀至，曰：其子孙之责，与郡刺史之任，毅然请于朝。玉音赐谕奉常定制，得地于城之东北陬，浮屠氏废庐，撤而官之。枕平湖以象洙泗，面龟峰以想东山。对庙门而中为玄圣殿，西则齐鲁，后则郕国，祠沂泗二侯于庑之东西，又别为室，以祠袭封之得祠者。后为堂，曰思鲁，俾之合族讲学，且以志不忘阙里之旧也。堂之东亭曰咏春，以憩四方之士，仰止高山，低回而不能去者。为屋二百二十有五楹。经始于宝祐癸丑仲夏，落成于次年仲春朔。董其役者其裔孙元龙等，郡都曹钱绅、汝腾。窃惟夫子之圣，于昭于天，奚假于庙，然洋乎其上，如在左右非庙莫著，仲丁牲牢，虽遍方国家庭之际，烝祫无所为圣者，子孙得不怛然乎？前此因循冀鲁疆之复曲阜之庙，可修岁月滋久，遂成缺典，此亦有天下国家褒崇玄圣者之责。今天子圣明，慨然从请，即其子孙所属之区，仿曲阜之制，追鲁庙之遗，栋宇巍然，丹碧一新，岂独使承祭者□献尽礼，视瞻如在，暨今过者，如式官墙，入者如升丝竹之堂，息者如风乎舞雩，水光涟漪，上接天碧，林薄蔽亏，远映城市，鱼鸟飞跃，道体森然，春沐杏坛，气象可想，不亦伟乎。汝腾尝谓夫子多贤子孙，百圣所不能及。鲤知诗礼，伋著中庸，犹曰建事夫子也。若白、若穿、若武、若襄、若鲋、若僖、若融、若羕、若道辅大儒，则若安国，若颖达，何其彬彬然盛也。此固夫子仪刑之不坠，亦道德之感应然也。今兹庙成，名孙覃覃其将必有达者出焉，舍菜之日，侯讲夫子上律天时，一章词旨，粹明启迪，来者多矣，方将请于上锡云章，以揭庙颜与斯道，斯庙相为不朽。亟走介书请汝腾记本末，智不足以知圣人，于是祠嘉其有补于世教之大，不敢不执笔，侯有文学政事，以常丞召见家长，奉岳祠璋见袭封通守洙皆得附书，宝祐二年二月甲子日，汝腾记。

明初胡翰撰·孔氏家庙碑

先圣孔子生于鲁，实襄公之二十一年，至哀公十六年而薨。门人会葬，明年即其故宅为庙祀，藏衣冠琴瑟车书庙中。汉高皇帝、世祖皇帝、明帝、章帝、安帝皆亲幸阙里，祠以太牢之礼。虽魏晋南北用兵，黄初、武帝、太始，皆诏修庙祀，给洒扫守卫，历宋、齐、梁及拓跋魏高齐之有国，遂缵承为令典。方是时，天下未有庙也。至唐武德而后，国子监有庙；至开元而后，郡邑有庙，天下通祀之。而家庙则惟鲁存焉。乾封以还，车驾东巡者，悉修汉故事。周太祖平兖州，以人主之尊伸北面之拜，如弟子礼，情文崇极，徽号屡加，常以宗子一人袭封爵，四时乡祀，在宋曰衍圣公。靖康之难，衍圣公端友扈跸南渡，与其从父传，俱家于衢，袭封如故，而庙祀阙焉。宝祐初，郡守孙子秀请于朝，始赐田五顷，建宫墙于郡东北菱湖之上，广至二百余楹。事具庸斋赵汝腾记。后毁于寇，乃徙城南。宋亡，元氏改物，至元间，曲阜之宗子斩其后，以端友之孙洙当袭爵，降旨征之，洙入朝固让，特授国子祭酒，归守江南庙祜。庙故书楼，其制非宝祐之旧，会兵革益圮坏，不治。己亥秋，王师取衢州，制以分省郎中姑孰王恺董郡军民事。公读书通达治体，至，即明法令，布恩信，与百姓更始，谒拜庙庭，以为水木本源所系，不可无以示衢人，命有司葺而新之。告成之日，族之长者、少者，衣服冠而趋旅牲币于庭，敬共将事，愿纪成丽牲之碑，用侈公之赐。翰维孔子之道，如天之高，地之厚，日月之明，四时之运，有不得而替者。取其故实书之，以见诗书仁义之泽，罔有穷极所以立生民之命，开太平之治者，帝王赖之，咸致尊礼，非他享祀可例。由春秋以来，传序五十有三世。庙于鲁者，礼也。舍鲁而南者，宗子去国，以庙从焉，亦礼也。礼之所在，君子慎之，况其子若孙。人将曰：此圣人之后也，将以圣人望之，崇德象贤，异时太平修复旧制，是宜有引无替。昔周有清庙,鲁有秘宫,至今歌咏不足,使人想见盛德之美。翰虽不敏,敢缘古义,再拜而系之诗曰:奕奕新庙,有严孝祀;谁其尸之,文宣孙子。缵绪鲁邦,世载厥美。作庙于南,会通之礼。皇祖在上,监无遐迩。大夫师长,百工庶士。保有天常,实受王祉。矧兹具瞻,俾就倾圮。显允王公,载振而起;聿来孙子,于公率履。弁鸟裳衣,陟降庭户。黍稷鲔脯,荐则有体。亦有旨酒,式燕以喜。盛德百世,表是南纪。匪南纪是表,鲁邦是启。惟圣是嗣,孙焉及子,言念伊始。

明弘治洗马罗璟撰·重修家庙记

孔子道高如天,德厚如地,教化无穷如四时,为万世帝王之师。我国家纯用孔子之道,自国都以达四海,遐迩都邑,莫不有学。学皆庙祀孔子像,设有严端冕,垂旒服,天子章服。成化间,又增以八佾之乐舞,崇德报功,于斯为盛。阙里在曲阜,向岁奉诏重修庙堂,宏伟壮观,甲于天下,此为宜矣。衢州之有孔氏,盖自宋高宗南渡,衍圣公孔端友扈从而南,侨居衢郡。端友卒,子玠嗣爵。绍兴间,诏立庙赐田于衢,庙之所由始,迄今三百余年矣。庙始建于城北菱塘,规模弘阔,比拟曲阜。元季毁于兵燹,荡无遗宇。永乐初,礼部尚书胡公过衢见之,始命有司迁庙于郡城崇文坊,即今地也。岁久风雨震凌,不无朽弊。迩者,吏部郎中周君近仁出使蜀藩经衢谒庙,慨然顾谓二守萧君文明,此非有司之责乎?萧君诺,愿尽力。遂抽己俸为倡,措置增益。太守张君世英适至,益相与协力。庙有前殿,有寝殿,视柱石之坚固者仍其旧,其朽损者悉撤易之。榱题仰板,焕然一新。覆以筒瓦,翚飞翼翼。建大成之门,与殿相称。殿前厢东,以待谒庙之宾;西设教读,以训孔氏子孙。既落成,余来祗谒毕,孔氏希敏等请曰:斯庙之新,足以妥灵,实周吏部之惓惓,二三郡侯之捐棒,而始终其事者,萧侯也。先生故太史氏,愿得一言刻之石,俾后人知而不忘。於戏!圣人之泽,万世不斩。方宋之在杭,金人据汴,元人入燕,可谓分裂矣,而孔氏自若。宋则端友,金则孔璠,元则孔洙,皆为衍圣公,不落而反盛。孔子尝曰:某东西南北之人也。宋儒亦曰:孔子以万世为士,推今验古,不其然与。抑端友之从高宗而南,可谓忠矣。高宗为之立庙赐田,助其为孝也。君臣之间,可谓两尽。为之子孙者,在乡党而恂恂,似不能言,言必忠信,行必笃敬,以守家法,其聪明秀颖者,诵先圣之六经,考诸儒之正论,为臣必忠,为子必孝,庶几乎无忝神明之胄,不然,则人将有指而议之者矣。因其请,遂书此为记,且以为规,能永念之,则亦永有耀焉。

明谢迁撰·明正德衢州重建孔氏家庙碑

赐进士及第光禄大夫柱国少傅兼太子太傅礼部尚书武英殿大学士致仕余姚谢迁撰

赐进士大中大夫广东布政使司右参政致仕古杭邹虞书并篆

三衢之有孔庙,自宋衍圣公端友始。端友扈跸南渡,因家于衢,是时以家庙权寓学官。宝祐初,孙宪使子秀始请,建于郡东之菱塘。我皇明太宗文皇帝时,有司请徙郡城南隅崇文坊,即今旧庙也。岁久就圮且陋。今博士承美,恒念弗称厥祀。分守左参议胡君镇,分巡副使丁君沂,为白于巡按监察御史唐君凤仪。唐君慨然图新之,时左布政使何君天衢,泊藩臬诸君曰:信宜新之,爰具疏得请。唐君躬诣经画,财取公羡,役以隙氓,委衢州府推官杨文升董其事。即西安县学旧址,界为二区,缭以高垣,立庙于东,作廨于西,外建二门,以别庙廨。地位崇峻,规制宏敞。经始于正德庚辰冬十一月丙子,论工于明年夏四月辛亥。于是妥灵有地,收族有方，凡诸庖湢燕集之所，无弗焕然者，而庙始备矣！唐君与何君走，使属迁，纪其成。伏念弘治间，孝宗敬皇帝尝用守臣言，特以宣圣嫡裔曰彦绳者，官五经博士，主三衢庙祀，仍许世袭，甚盛典也。今皇上复有新庙之举，匪直吾道增辉，而继志述事，莫此为大。唐君宣布德意，培植风教。诸君左右赞襄之美，皆可附书者。是奚敢以不敏辞。於戏！宣圣之道，衣被万世，在吾人虽家祭而户享之，亦不足酬其功。故朝令自两京太学以至郡序邑庠，莫不有庙，矧水木本源之思，精神气脉相为流通者乎。则三衢之有家庙，其谁曰不宜。且君臣播荡如南渡，夷狄浊乱如金元，犹知宣圣之不可不尊。封爵庙祀有隆替。矧今圣明相继，文恬武熙，久于其道，而天下化成者乎。则今日之作新庙，又谁曰不宜。或曰宣圣鲁人也，鲁有庙矣，复奚享于衢？迂曰不然。适齐，适卫，之宋，之陈，当是时道，苟可行，犹夫鲁也。圣贤行道之心，不生存而死亡，又何择于衢哉？况其子孙支分派衍之地哉。衢之子孙其尚体易萃之义，孚利用禴祔，以格祖考，则是庙也，亦夫鲁也。因系之诗，俾歌以侑献其辞曰：于维敬皇，右儒重道，敷求圣裔，俾尸婺庙。维裔象贤，祀事孔严，庙制弗宏，曷副具瞻。维帝降命，其亟改作，栋宇肖然，灵光是若。谁其启之，柱史之功，厥功云何，风教之崇。庶民子来，群材猬集，不日告成，四方仰则。嗟古圣哲，孰能长存，维我孔氏，益远益尊，圣灵在天，维城降鉴，趋数以愚，蒸尝永念。龟峰岩岩，彭水悠悠，拱护新庙，与国同休。正德十六年龙集辛巳夏五月朔旦立。布政使司左布政使何天衢，右布政使潘铎，左参政闵楷、顾璘、王莀，右参政刘文庄、王莀，左参议胡镇，右参议祝銮，按察司按察使胡锭，副使于鳌、张淮、李昆、丁沂、黄芳，佥事刘大谟、周用盛、端明、周廷用、张琥、周震，衢州府知府林有年，同知陆钟，通判曾伦，推官杨文升，江山县知县吴仲，常山县知县侯正纲，开化县知县王思明。

明祝銮撰·明正德重建孔氏家庙颂碑

序曰：监察御史唐公凤仪聿新兹庙，銮以职事至，睹兹盛举，作龟蒙颂，其辞曰：既有龟蒙，奄有龟峰，圣胤爱止，鱼鱼雍雍。维衢厥初，随宋南渡，菱湖之滨，冠盖云聚。有□家庙，载毁载更，昔无尚隘，今也大成。畴其新之，于赫帝旨，畴其将之，有严御史。度地孔善，需材孔良，匪徐匪亟，乃构乃堂。金石在庭，衣冠在寝，过者下车，侍者敛衽。于维皇祖，华胄遥遥，以簪以绂，以穆以昭。趋庭有闻，维诗维礼，匪曰私之，教所伊始。伟哉庙貌，岂直美观，古今之望，泰岳巘巀。御史营之，风化攸系，有司成之，精勤弥至。銮适庚止，聿观厥成，圣容穆穆，于墙于羹。乃作颂辞，用书厥美，勒之贞珉，垂千万祀。正德辛巳春三月十有二日，朝列大夫、浙江布政使司右参议当涂祝銮撰。衢州府同知陆钟、通判曾伦、推官杨文升、江山县知县吴仲、西安县县丞周宇立石。后学江山伍聪篆。

明王玑撰·明嘉靖增孔庙祭田记

圣天子以礼风四方，而莫重于祭。维守令分理郡邑，恪职宣化，则神人赖之。衢有先师裔，曲阜嫡派也，乃宋建炎四年四十八代衍圣公端友从高宗南渡，赐地于西安，因家焉。时尚草创，即衢庠为家庙，酌田供祀，未有定数。绍兴间，乃赐田五顷，庙始立，于今凡四徙。继是或爵其后，或优其家，或给门役，以趋事，志可考也。方今圣裔系衍，旧田硗瘠，岁一荒歉，主祀者苦于弗瞻。嘉靖十七年秋，克斋李公来守是邦，正学范俗澄心厘弊，百废俱兴。于学校尤致意焉，矧圣人之后乎。一日谒孔庙，慨然谓贰守程公达、别驾何公伟、节推方公舟、刘公起宗、西安令王公洪曰："孔祀弗瞻，吾侪之责。"遂令西安在官田地三十余亩，附郭膏腴，足周其费，宜给之，以永吾守土者尊崇之意。自是而后，庙费庶不乏矣。夫宣天子化而明德，恤祀忠且敬也，所恤者孔祀，重本也。孔氏子姓世守焉，孝也。万世之下，兴起图报，而此心相感也。呜呼！一事而众美形焉，兹田之增也，岂徒然哉。当勒石以垂不朽。公讳遂，字邦良，江右丰城人。嘉靖庚子冬十一月望日之吉，赐进士、朝列大夫、江西布政司右参议王玑撰文。翰林院世袭五经博士孔承美书丹篆额。五十七代孙族长孔说、提督孔公荣、举事孔公销等。生员孔彦总等立石。

明嘉靖翰林学士邹守益撰·新建孔氏家塾记

宣圣正宗南渡居衢，自四十八代孙端友始；其请建庙，赐祭田，自孙宪使子秀始。请置博士世袭奉祀，自沈郡守杰始；立孔氏家塾，自刘节推起宗始。文中子曰：通于夫子，受罔极之恩，是情也，万世共之。故崇庙貌、妥神明也，专官而祀，肃对越也；育群蒙以正，昭继述也。其于崇德报功，钧也。刘子以家学望于蜀中，而事贤友仁，瞿然以圣贤为的也。其言曰：圣人之仁，视天下若一家，而况于孙子，忍使其蹈于非几几之弗慎，舜蹠悬焉。故及其蒙而养以正，兹圣功之要已乎？乃即城南东岳废址，改建孔氏家塾，敦请有行谊者以司教诲，而躬临考阅，时给笔札以示劝。凡为门者三，为正堂者三，为东序者三，以迪成材；为西序者三，以训幼稚；东西为号者十；为照厅者六；外为店者六，以备修葺。复议置田以赡其终。益归自南雍，刘子偕郡守王子聚诸师、诸生，切磋于衢麓讲舍，携童子四十余人，歌鹿鸣伐木之章，恍然若游洙泗，聆丝竹也。孔族之英曰说，曰彦继，曰彦才，曰彦统，曰承智，曰承周，曰弘毅，严然征言，以纪其成。益惕然避席而对曰：二三子圣人之正宗也，四方于是乎观训圣门之训弟子，俱成法矣。曰：入孝出弟，谨行信言，爱众亲仁，而余力以学文。学文也者，将博古今，广闻见也。而以余力从事其诸良知之宗旨乎？孩提知爱，及长知敬，众所同好也。弗孝弗弟焉，斯恶之矣。言而忠信，行而笃敬，所同好也。弗谨弗信焉，斯恶之矣。嘉善尊贤，容众而矜不能，众所同好也。弗爱弗亲焉，斯恶之矣。苟即良知之同好，而充之善，其有不积乎？即良知之同恶，而去之恶，其有不化乎？若知善而著，知不善而捴，而徒博古今广闻见，偃然自附于孔氏之徒，其为侮圣言也。滋甚昔在，述圣公立大中以昭常道，自天而授诸人，曰天命谓性。推人以还诸天，曰：上天之载。而其审几之功，自戒惧以至育万物，自无恶于志，以至刑百辟，首未无二涂辙焉，此□狂以趋圣之觳也。学射者弗志于鹄，众必哂之，羿之后而弗志于鹄，人其将谓何？二三子其乘良师帅鼓舞之几，夙兴夜寐，以自尽其天聪天明，以自树于正宗，相在尔室，尚不愧于家塾。（注：此碑文有缺。）

清康熙叶淑欧撰·孔氏家庙记

州县皆有孔子庙，然只郡邑守长，于春秋二仲暨朔望行事而已。士生季晚，即日诵圣人之言，其于车服礼器，杳不及睹。虽流风余韵，后世学者莫不宗焉。不过如云来之忆，高曾佩厥遗言，不克稔其状貌，其得于千百世下，恍然如近圣人之居，则惟三衢为最。衢处浙江西偏，在春秋为荒徼地，衣冠文物之所不能及。即孔子车辙马迹遍天下，而浙东西未尝一至。今历世数千余载，其教乃大行。至于是邦，且得与泗水渊源，同炳千古，抑何幸欤？盖孔子生于鲁，而其殁也，庙于曲阜。自有宋靖康之际，四十八代孙封衍圣公端友，奉祖像扈跸南渡，而家于衢之西安。诏以衢州学为家庙，赐田五顷奉烝尝，衢之有孔氏自此始。宋祚既革，元世祖至元十九年，议仍立后于曲阜，得寓衢五十三代孙孔洙，降旨徵之。洙以庙墓在衢，固辞，力让封爵于山东，而以国子祭酒归守江南庙祀。今孔氏之有南宗，盖其后也。先是宝祐间，郡守孙子秀请立庙如阙里制，从之。乃创家庙于郡东北菱湖上。未几，徙于城南之崇文坊。又未几，再徙于学宫废址，今即其地也。至明弘治十八年，郡守沈杰以在衢嫡派祀事不严，几同流俗，疏请以端友嫡长孙彦绳为五经博士，使主祀，厘典礼，具祭器，于是家庙之制始备。迨我世祖章皇帝混一区宇，息马论道，幸太学谒先师，曲阜、西安袭封如旧，典礼更有加焉。衢之博士亦得循入觐之典，诣阙称贺，赐谦如仪，此又一时荣遇旷逸前代者矣。康熙甲寅之变，兵燹为灾，庙屋几毁。制府邺园李公视师于衢，捐俸力谋鼎新。迄今庙貌煌煌，剑佩琴书，悉增精彩，凯旋之日，勒碑悬榜，为之正冠肃容再拜，落成而后去。盖西安家庙之颠末如此，抑又有感焉。尝读经书所载，窃叹圣人之道，如五纬经天，四渎匝地，故日月有晦蚀，山泽有崩竭，而孔子以昌平布衣，阐微言明大义，而垂无穷，固历千劫而不隳者，以故当播越之余，其子孙躬历崎岖，远窜荒茅篁竹之间，以示国存与存、国亡与亡之义，其于忠孝大节，不爽毫发，非圣人之后，而能然欤？然则君子之泽五世，若孔子者，且与天地长久，所谓贤于尧舜远者，于此验之。今上御极之二十三年，遗孽尽销，海外有截，大告成功，以太牢祀孔子于阙里，一时盛轨超古轶今，圣天子方与群臣从容于翰墨之娱，而山农野老亦复欢呼抃跃，食德饮和，盖天下之平久矣。遭时清明，正宜作为雅颂，谱之管弦，以歌咏太平盛事。衢虽蕞尔，圣人之遗教犹存，杏坛一席，安必不在柯山瀫水间也。谨胪之以俟采风者择焉。

清帅承瀛撰·清道光重修衢州孔氏家庙记

衢之有孔氏家庙也，始于宋绍兴时。其后，屡有迁移。至前明正德间，博士承美即西安县儒学旧址建今庙。庙枕峥嵘山北麓，岚气郁蒸，湿蠹易滋。国朝康熙二十一年，博士衍桢集资重修，前制府李公之芳作文记其事，距今百四十年矣。道光元年,长洲谭君瑞东以侍御史来守衢,莅州之始,瞻拜庙庭,见夫栋宇颓朽,瓴甓缺坏,慨然议新之,以来告瀛。瀛曰:郡邑之设学,所以端士习,一民心,为政之本也。矧是家庙者,尤为南邦人士中心所向往乎?爰与学使者杜公谔首捐廉银若干两为之倡,自观察、郡守、丞令、佐尉以至司教各官,咸有所助。于是衢州之五属暨旁郡邑士民,皆出钱、米、木植诸物,以佐工作。而以衢州镇左营守备刘龙标捐数为最多,合钱一万八百有余串。遂撤旧宇,起新宫、鸠工庀材,是筑是构,门庭层设,垣墉外周,崇圣、报功诸祠亦葺完焉。初大成殿基浅隘,蒸湿尤甚,殿后故有思鲁阁,其圮已久,因移建于西偏隙地,而并阁址以为殿,修广深邃,规模益宏,中唐两庑,克就爽垲。经始于元年十二月,讫工于三年四月。庋书有楹,藏器有库,燎庖有所,斋宿有房,内外堂宇,无不毕具,翚飞鸟革,顿易旧观。谭君来请,文以记之。呜呼!人生束发受书,即诵鲁论二十篇。顾诵之而能明其义,行其道者,自古及今,殆无几人。我朝崇儒重道,广学额以进人才,一郡之内,登校庠者,岁以百计。其能以文章事业自鸣于时者,亦未尝数数觏,是何取数多而收效寡也。然天下四民以士为首,虽在至陋之俗,而有儒衣冠者处其间,愚夫愚妇皆知所仰重,偶蹈邪慝,畏不使闻,豆觞细故,往往得其一言而解。则欲消人心之匪僻,杜俗尚之隐怪,使之相维相击,默为转移,以成一道同风之盛,必自诵法夫子者始。骤即之而无奇,久习之而俱化,圣教之及人,有如是者。于是知国家之设学以取士,而得士以导民,其收效固大且远也。是故凡郡邑学,皆设庙以祀吾夫子。昌黎所谓巍然当尘,以门人为配,自天子而下,北面跪祭,进退诚敬,礼如亲弟子者,自唐以来,无小异。衢之庙为博士子孙所世守,家法常存,或凭如在,与阙里之堂,南北并峙,四方观礼而至止者,不啻溯洙泗而跻凫峄也。昔言氏子学成而归于吴,夫子喜曰:吾道南矣。衢又在吴之南千有余里,与瓯闽错壤,而士皆秀彦,俗亦淳朴,断断焉有邹鲁之风,岂非其高山景行之思，有固木本水源而益切者乎？谭君之首务于此，可谓知政本也。瀛前视学山左，得亲谒夫子陵庙。莅来抚浙中，而家庙又在斯境。窃幸生平宦辙所遭，去圣人之居若此其近焉。今者衅落之礼既成，飨献之仪备举，琴管鸣豫，俎豆揭虔，虽未获拜墀下，而中心向往之诚，固与南邦诸人士同，此低徊而不能释也。因从谭君之请，撼词以书丽牲之碑。至于捐赀及董役者姓名，并出入羡余之数，谭君已另碑志之，故不复书。道光三年岁次癸未嘉平谷旦。赐进士及第兵部侍郎兼都察院右副都御史巡抚浙江等处地方提督军务兼管盐政楚黄帅承瀛恭撰。西邑生员余本煦敬书丹。陈思圣勒石。

清杜堮撰·清道光重修衢州孔氏家庙记

自三代以下，儒者奉孔子为大宗，郡县皆立庙。寘博士弟子，春秋以上丁释菜、展车、服拭礼器，胖胖兢兢若祖祢。然虽前古圣人莫不立庙，然主祀者必其云礽子孙。孔子独以天下后世之儒者为云礽子孙，自生民以来未有，孔子也。然孔氏故有家庙在曲阜，世世以上公守林墓，奉祀事，六飞时巡，必祇谒焉。国家有大典礼，则专官祭告，其恭且严。如是其在衢州，则自宋建炎时。衍圣公孔端友，从高宗南渡家于衢，绍兴中赐田奉祠，衢之有家庙，自兹始。康熙二十一年，五经博士孔衍桢葺而新之，时渤海李文襄公总督两浙，实文其丽牲之碑。越道光壬午春，堮校士三衢，展谒庭庑，郡守谭君瑞东适以重新兹庙来告。明年落成，请锲文于石，从文襄公后。呜呼！当文襄作记时，军兴未息，郊垒从衡，跳刀走戟之徒，惧刍牧之弗禁，几筵俎豆，勵获宴安。今则寰宇砥平，声教洋溢，民生不见兵革，而士皆沐浴变化以成其材。莅兹土者，得与诸生揖让进退于堂下。然则百余年来，何修何饬，以克臻上理哉。惟孔子之道在明德新民，以演为帝王之学，惟我列圣循而行之。自格物致知以迄修齐治平,充之而靡有穷,施之而罔弗效,渐摩论浃以致刑厝,信乎。圣人之道大,王者之治隆,炳焉与三代同风,有繇然也。堮与文襄皆家渤海,去圣人之居若是其近。系官于南,先后睹兹庙之葺,夫岂偶然也欤?抑窃有惧焉,文襄当军书旁午之时,修明学校,容有未暇,且事非专司,然至今读其文,犹汲汲若是。堮之来也,袭承平之余,膺典学之命,教育之责重,则报称之道难,愿与肄业。于是者不惟词章训诂之务,修其孝悌仁让,由小学之节目进于大学之规模,以祖述孔子而勿囿于小成,庶几其可也。是役也,凡费白金万一千两有奇,而缙绅及当道之乐输者,克副其数,谭君主之,而任其事于学博姚君萝石、朱君兆熊、孙君仁鼎,鸠工庀材,蠲吉莅事。告成之岁,恭值今天子祀成,均临辟雍,颁御论于学官博士诸生,以时存肄,圣裔之在衢州者陪祀。礼成,以诸生注籍恩贡者二人,薄海烝烝,且轶建武永平而上之。若文襄所云,观感熏陶,风俗醇美,堮实亲见焉而转慨。夫文襄之不及觏也。时道光三年岁次癸未孟冬谷旦。赐进士出身、吏部右侍郎、实录馆副总裁、提督浙江全省学政,渤海杜堮恭撰。西邑生员余本煦书丹。

第八章 艺 文

第一节 诗 楹联

诗

送五十四代孙思模西安教谕南迁

[明]孔希学

派出仙源本一宗,馀枝如绍固难同。
三衢岁久成家业,千里心诚谒圣容。
夜饮醉归槐市月,春衣香惹杏坛风。
愿期南北贤诸族,与道绵绵万古隆。

送五十四代孙思模西安教谕南迁

[明]孔克伸

靖康兵起祖分违,从此南还作两枝。
宋室尚存前日传,孔庭犹记旧时碑。
忍将别意题诗句,且把宗盟付酒卮。
去去频当寄家信,秋风勿使雁来迟。

题 圣 庙
[明]李昌祺

阙里崇林庙,柯山盛子孙。
浙居从宋徙,谱牒到今存。
水木根源重,彝伦圣道尊。
六经如日月,千古照乾坤。

谒 家 庙
[明]周 木

扈跸南来孔祚遥,庙前松柏识前朝。
太和元气流行远,又苾香兰几叶苗。

谒 家 庙
[明]阎 铎

东鲁衣冠昔渡南,菱湖秋水尚拖蓝。
孔庭世纪馀香火,又沐皇明雨露霑。

复孔氏枋田谒庙
[明]彭 贯

宣圣传来几叶孙,昔随南渡幸今存。
远分洙泗源流派,深感乾坤覆载恩。
诗礼自承先世业,衣冠不改旧儒门。
祭田况复前朝赐,半绕衢城半绕村。

题 家 庙
[明]沈 杰

六飞随扈已多年,圣系南迁是正传。
怪底宋金分割久,遗留一脉子孙绵。

忆昔皇元召对时,圣公三让荷褒辞。
寥寥二百余年义,帝德汪洋雨露推。

柯城家庙历三朝,思鲁堂高岁月遥。
独有皇明崇圣裔,翰林主典帝恩绕。

谒孔圣新庙
[明]周文兴

菱角塘头迹已陈,邵阳人物树殊勋。
宫墙宗庙斯文在,棫朴荞莪圣泽存。
南渡冠裳重继武,新成栋宇欲干云。
翰林更有贤宗子,尤为孳孳究典坟。

九 日 登 高
[明]孔闻音

登高直上翠芙蓉,绝胜龙山兴自浓。
试问樵柯何处是,不知仙弈几时逢。
太虚一点无通窍,下界双坛风送钟。
把酒酣歌忘落帽,盘桓赋就抚孤松。

赠孔大博菱湖先生袭爵南还

［明］方　豪

圣道元无极，贤孙尚有官。

晓日摇朱芾，春风槾锦鞍。

光辉增阙里，安稳上严滩。

烦与尊翁约，柯山扫石坛。

送孔菱湖翰博还柯城

［明］任　聪

翰林鲁作散仙游，溪口黄花九月秋。

友得琴堂频载酒，诗寻茅屋更维舟。

莫辞后会烟萝远，可信吾人道义稠。

圣裔凭君作砥柱，一拳浮石障江流。

书　愤

［清］孔广升

囊有济时策，中怀报国心。

可怜不成用，空自发豪吟。

恭和宾臣公祖游柯山作原韵集字

［清］孔昭唆

古迹今犹在，人之不老天。

当初有殊遇，少坐得长年。

后惠尝无已，斯游亦暂然。

相期文化事，乐此寄群贤。

孔氏家庙瞻先师遗像系木刻传是端木子手雕

[清] 刘 佳

抠衣趋崇阶,虚堂幽以邃。
伯鱼与子思,配食列位旁。
于中设穹龛,穆哉神所萃。
再拜遗像前,萧然落遐思。
日角与龙颡,一一皆伟异。
传是卫国贤,摹刻老师宜。
千秋道范新,万古崇模寄。
铸金未易方,绣丝故同义。
斯言或难知,其人诚可识。
庶使后人观,恍惚神明契。
或如趋而从,或如立而侍。
尧可见羹墙,旦旦通梦寐。
直若见其心,人惟求诸似。
当其握叶时,微妙抚深意。
所以南渡孙,宝此勿失坠。
尊并遗履传,昭若发蒙示。
笑彼王右丞,刻画徒多事。

曲阜五十八世孙孔公钊赠诗

仰惟祖德覆如天,幸忝王孙自赧然。
忠孝有亏难力报,宗图重续喜由绵。
鲁衢派衍宣王后,南北支同至圣传。
不愧疏狂敢记比,再编未卜是何年。

孔氏北宗第一代翰林院五经博士闻礼赠诗

移家避寇耻臣金,南流扈从竭寸心。
莫道祖宗陵庙隔,梦中无夜不登临。

孔子六十世孙进袭曲阜知县承泗赠诗

江北江南感慨多,青年忽老亦云何。
琴书清暇香凝室,杖履逍遥目潇坡。
欲向祖庭询故事,好期孙子掇巍科。
行经鲁地迷时望,遥指村童向泗河。

孔子五十六世孙庭长希谨赠诗

远祖昔年扈宋皇,摅忠随主渡于杭。
国残犹记前朝事,世异仍联东鲁芳。
汝水盘回环碧玉,楷林森耸丽寒芒。
庙陵谒罢重回首,遥望云山万里长。

孔氏南宗临川支答诗

签阅师儒道德尊,时王臣子素王孙。
昔蒙移檄收同族,今捧明文科圣门。
沧海倘能容勺水,丘陵庶得附昆仑。
斯文南北虽云远,到底原由一气分。

楹　联

德冠生民溯地辟天开咸尊首出
道隆群圣统金声玉振共仰大成

印章两方:雍正宸翰(白文)　朝乾夕惕(朱文)

气备四时与天地鬼神日月合其德
教垂万世继尧舜禹汤文武作之师
印章两方：乾隆御笔（白文） 所宝惟贤（朱文）

劳之来之,匡之直之,辅之翼之,有教无类
博也厚也,高也明也,悠也久也,反身而诚

吾无间然矣,博我以文,约我以礼
圣之时者也,用之则行,舍之则藏

如切如磋,如琢如磨,以友辅仁,礼乐冠百王,允矣生民未有
自东自西,自南自北,无思不服,蒸尝垂万世,是谓圣集大成

夏商周,损益可知,集众善以为长,继往开来,日月光辉昭万象
诗书易,篇章俱在,统百家而立极,鸣金戛玉,冠裳整肃重千秋

第二节 文

孔子世家谱旧序

端朝闻诸父祖云,吾家自五代乱离,宗族散走他方,死亡殆尽,独袭封尚书讳仁玉守墓坟不去。尚书幼子讳勖,仕为侍郎。长子及孙皆为侍郎,从儒门复兴,聚族二百余人,皆尚书公子孙。依庙为宅,家有赐书,以至祭器、御书、田园、服役皆上所赐。许任乡官,着在吏部定为成法。繇是土人不以姓名称,止曰庙宅。族人无异居者。独安州族祖太子中舍讳宗简,因官不归,遂家焉。宣和末,金人入寇。靖康丙午,群盗蜂起,家所蓄藏,荡然云散。建炎戊申十月,端朝不得已去林庙南奔。明年己酉八月,蒙恩以孔氏子孙,特差徽州黟县令。后二年

辛亥四月赴官。六月，张琪犯徽州，黟之四境，焚杀一空。端朝与幼男奔出间，仅得不死。携上世诰敕，祖父遗书，生生之资皆失之矣。独此谱山中人得之，转以见归。此谱乃古本。顷叔祖贰卿，削去旁支，独载世袭。有识者惜之。今亡而更存，岂非天耶。因书之以示子孙。

绍兴二年岁次壬子五月朔，四十八代赐进士第，历秘书著作司勋员外、朝散郎、知临江军事端朝谨书。

按：四十八代孙临江知军序云，顷叔祖贰卿，削去旁支，独载世袭，有识者惜之。贰卿盖指刑部侍郎宗翰也，四十六代别无为贰卿者。今观刑部公知洪州日，刊行旧谱，其序止云家谱疏略之弊，止序承袭者一人，识者痛之。又云，宗族世有贤俊，苟非见于史册，即后世泯然不闻，是可痛也。末云，今考传记，乃知所遗之多也。则是刑部公增入旁支，而所云削去旁支，独载世袭，旧自有其人，非出于刑部公。涛疑此久矣。当于临江公叙之叔祖贰卿下补一谓字，则得其实。且其上文，此谱乃古本及下文今亡而更存，岂非天耶，文意晓然。岂非原本传写尚简，相仍不加考证耶。区区管见，未敢缀补，因著其说，以俟识者。五十三代孙、承事郎、平江路吴江州判涛辨疑。

《东家杂记》序

［宋］孔 传

先圣没，逮今一千五百余年，传世五十。或问其姓，则内求而不得；或审其家，则舌举而不下。为之后者，得无愧乎？窃尝推原谱牒，参考载籍，则知郑有孔张，出于子孔；卫有孔达，出于姬姓。盖本非子氏之后，而徙居于鲁者，皆非吾族。若乃历代褒崇之典，累朝班之恩，宠数便蕃，因可枚陈而列数。以至验祖壁之遗书，访阙里之陈迹，荒墟废址，沦没于春芜秋草之中，鲁尚复有之。故老世传之，将使闻见之所未尝者，如接于耳目之近。于是纂其轶事，缀所旧闻，题曰《东家杂记》，好古君子得以览观焉。时臣宋绍兴甲寅三月辛亥，四十七代孙、右朝议大夫、知抚州军州事兼管内劝农使、仙源县开国男，食邑三百户，借紫孔传序。

《孔氏六帖》序
［宋］韩　驹

唐白居易捃摭诸事，提其要，区分汇聚，有益于世。或谓："白公文采道德自足以托不朽，顾为此何欤？"古之君子学则与人共之，未有独善其身者也。且其大者尚将发明以示后世，况其细乎？使学者不执业、不占毕而有博闻之益，此仁人之心也。由唐至吾宋几四百年，故事畔散不属。东鲁孔侯，宣圣之裔，中丞公之孙也，数试艺于有司，辄不售，退为新书，以仿白公之意。方侯著书时，士皆挟一经，不治他技。而侯独奋不顾，自诗、颂、铭、赞、奇编、秘录，穷探历讨，纤芥不遗，斯亦勤矣。书成而当建炎、绍兴之际。主上复古救弊，士知博学，孔侯之书如富家之储材，栋橑枅栱，云委山积，匠者得之，应手不穷，功用岂小哉？若夫贪多务得，晦而不出，幸人之不知，以成己之名者，此侯之所耻也。余见侯临川，阅其书而善之。侯之言曰："古之学者必世其家，吾惟宣圣之后，而子思《中庸》杂于《大戴氏礼》，及子高、子国始立训传，阙然至今，吾甚惧焉，于是缀缉，使无坠厥绪。"则侯之意非独仿白公而已也。故余乐为之序。陵阳韩驹子苍。

跋孔元龙《洙泗言学》
［宋］真德秀

昔南轩先生尝辑《洙泗言仁》一篇，发挥其义，使学者知所以为仁。今衢孔君又辑其言学者四十余章，章为之释，使学者知所以为学。

君以先圣之裔而研精先圣之书，其所发明，有补学者。虽鲁论二十篇，言仁与学，盖无几，既而绎之，实无一语之非仁，亦无一语之非学也。姑以首篇言之，时习而说，朋来而乐，固学矣；孝弟以立本，巧令之鲜仁，非学乎？学在是，仁亦在是。知乎此，而后善读《论语》。

承直郎潮州路总管府知事孔君墓志铭

[元] 黄 溍

君讳涛，字世平，姓孔氏。先圣之四十三世，曰后周曲阜令、袭封文宣公、赠兵部尚书仁玉；又二世曰宋给事中、赠太尉道辅；又二世曰提举江南西路常平茶监公事、赠中奉大夫传，南渡初，自曲阜徙衢州；又二世曰迪功郎、监潭州南岳庙、赠少傅行可，则君之高祖也。曾祖讳从龙，迪功郎。祖讳应祥，从政郎，主管尚书刑工部架阁文字，入皇朝隐居，弗仕。考讳纯，西安县儒学教谕，以君贵赠承事郎、济宁路同知兖州事。妣陈氏，赠宜人。君幼有异质，五岁知读书，八岁能属文，架阁公爱其警敏，俾受业于默斋留先生。间出游郡庠，别驾陈公刚中大奇之。年二十举茂材，异等一时，名士大夫如永康胡先生、吴兴赵公、巴西郑公，无不器重焉。妇翁徐圣予从事江东宪府，携君以行。涿郡卢公，柳城姚公，前后持使者节，君皆为之执弟子礼。由是学益进，声誉益起。因察举，署宁国路儒学录。逮朝廷著取士令，延祐元年，曲阜首以君充。赋东平曹公子贞得君所为古文，叹赏不已。是岁，以乡荐上春官，所对伤太直且微讽切，主司竟不合用，特恩补溧阳州儒学教授。君即新其庙学，而士多苦于徭役，为白诸台府，悉蠲之。七年，再贡于东平，未行。江浙行中书省辟为掾吏曹务，虽君随事缓急关白以行，讫无所壅。杭之商税，比岁不登，俾君趋办，旬月而集。时宰以为能，而风纪之司，颇欲蹑寻其过误。后乃察其无他事，遂释。至治三年，复试东平第一，以泰定元年赐同进士出身用，有官超授从仕郎、平江路昆山州判官。未上，丁内艰。服除，改吴江州判官用。覃恩转承事郎，被省檄点浙东诸仓库。余姚因仍前弊，粮不宿仓，官吏惶骇，莫知所为。君知而不发，使自为之所粮。既充，而官吏亦得自道，乃皆感服君。始视州事，因有张甲，以擅杀盗钱乙坐逮狱已具，君谓所杀非平民，卒贷其死。岁饥，民多事剽掠，君设计捕致数十人，谓此皆迫于冻馁而然，不可以盗论，杖而遣之。州濒太湖，故筑埭以御水。缮修无时，病民特甚。君为改作，使可支久，民力以纾。水尝暴溢，君跣祷于市桥，移时水降，人恃以无恐。而四郊之外有溺死者，君亲收瘗焉。邻州饥，宪府俾君往赈之，全活甚众。御史盖公耘夫率同院举君治绩为诸州最，未报。会霖潦害稼，君所检视，当免输田租者。众使者覆按左右承风指诬君私庇之。居无何，诬君者以贿败投远方，而君得调桂阳州判官。天大旱，祷于神，弗答。君探狱有冤，出其无罪者三人，乃雨。广寇窃发，君独任军旅供亿，民不扰而军食亦无乏绝。州民与蛮獠难处，素号"难治"。知州方思广以贪虐启其争，杀人寘弗问，反加告者罪。君与之辩，莫能直，即日解印绶去。韩公德新乘廉车按是州，劾罢思广，勉君复留。君单骑直抵獠穴，谕以祸福，皆詟伏听命，人赖以安。秩满，选潮州路总管府知事用，入广，升承直郎。先是，君在桂阳感末疾而归，疾稍间，潮州迓吏至乘传行次武林驿，疾复作，移寓龙山保和僧舍，一夕卒，至正二年四月十七日也，年五十有七。妻徐氏，封宜人。子男一人，思构；女三人，适张日新、陈焕、盛骥君，易之夕，惟思构及季女在侧，发书筒得遗训数十百言，凡身后事，区处甚具。思构遵治命，奉柩涉江还衢州，以其年七月四日葬西安乡孝悌里先墓之次。初，太尉世父既袭文宣之封。五世至端友，与中奉公同南旋。由端友至洙，袭衍圣之封者又五世。至元十九年秋七月，有诏令洙赴阙，架阁公以族长被命与俱，中道而返，洙独入觐。廷议，俾仍嗣袭，洙力辞，乃以为国子祭酒，提举浙东学校。洙所居室匾曰"存斋"。君惜其以"存"自号，而不能钦承德意，存其封爵，因自称"存存斋"云。君所为诗，尚俊迈；文浑厚，不事纤巧。有《存存斋稿》，未及诠次，惟《阙里谱系》一卷为成书。君九岁时，祖母黄氏有疾，露香密祷，乞减寿一纪以延祖母之年，疾随愈，后十年乃终。人谓君得年不永，所祷殆有征焉。架阁公及兖州，府君相继下世，弟洧方孱弱，君独治葬祭，赀产皆委而不较，且援近比请授以官。存斋之子崇安尹楷卒于杭，君掇钱营护归葬，其子公溥暨两女沦落民间，咸访求得之。今公溥已强而仕，两女亦各有家。公溥兄割地为报，却弗受，其孝友出于天性然也。郡文学孔某系出永嘉族人，以其疏远而弗之，亲适以事置对宪府，时君甫八岁，力为求直而出之。同里徐伯润托其息女于君而没，君鞠之如己子。既长，为嫁于士人。术士顾知几来谒，遽以疾亡，君为具衣衾以殓，而缄其行橐，惟谨妻子闻讣而至，悉以授之，皆感泣，请以其术为献，拒弗纳。有同与计偕者，见黜于有司，贫不能归，君为贷钱一千缗于富人，而代偿之。其人后亦取进士，有禄秩。或谓可责偿矣，君不听而焚其券。其急于人之患难穷厄多此类。胡先生没，君集同志之士吊祭而上私谥焉。默斋之丧，主办尤力。溧水州判官朱性初，与君联事于省尹，到官未几而卒。丧过杭，君迎致于其家，而为位以哭，亲旧皆感动，争来归赙。其笃于师友之谊又如此。君与人交，欢然无间，然尚气不阿，有过必面折之。闻者若不能堪，久乃服其识。量平生无苟取，尝预书大藏经，有旨赐币，亦辞弗拜。家居不事生业，有书五千卷而已。君之葬也，思构已记岁月纳诸圹，复以状来谒铭。予缔交于君最久且亲，自谓知君莫予若，而状之所述，多予未及知者，予固不得而略也，庸备著以为序，而铭以系之。铭曰：

古有六行，以教万民。此屋可封，孰非全人？矫矫孔君，生今之世。无待而兴，六行兼备。直道以行，视险若夷。出其绪余，卒不大施。爰择斯藏，里曰孝悌。铭彰其存，用谂来裔。

故检校孔君权厝志

［明］宋　濂

故奉议大夫、湖广等处行中书省检校官孔公讳瀛，字世表，宣圣五十三世孙。初家曲阜，四十七世曰传，始迁衢。故事，孔子之后，得补文学掾。公年二十，有司以名上，署昌国州学正，教授岳州，湖北廉访使者辟为书吏，除江浙等处儒学副提举，阶将仕郎。闲乘马出道，逢宣政使，驺从甚都，公直前不避使。使人让之，公曰："我真圣人之裔，官乃伪浮屠，岂应相避耶！"政成，以入广例升尹海阳，改况江，二邑民安之。湖南乱，公供亿军中，朝廷录其劳，授以今官。寻以使事入蜀，议连兵殄寇。至蜀，蜀乱。公间关巴峡间久之，复经云梦矶、泛洞庭回鄂。鄂又乱，妻张、子思樵溺死，傔媵散尽，唯继室高昌氏及爨下两丁妪存。公度鄂不可居，航彭蠡直趋豫章，寻自豫章下九江。九江又乱，百具咸没。公被垢衣，伈伈走，持孔氏南北谱，惟恐失之。见者或曰："迁人哉。"或曰："此知本者也。"公一弗顾。转徙来金陵，依富川族孙克仁居。会高昌氏生子，颇自慰曰："得是，是亦足矣。"越三月，子死，灶妪亦亡，公旦暮泪不收。衢抵金陵，路余一千耳。思还衢，未行，适衢人至，言其家庙芜不治，田若庐为戍兵所据，益郁郁弗能解。血出阴中，药之剧。或具牲币，请禜钟山神，公骂曰："死生命尔，神安能制哉？急去，毋污我。"迨疾革，召克仁谓曰："克仁，克仁，吾出千万死至此，意能归正邱首，岂知死于道路，以鬼事累汝。"语已，目视霄汉者久之。克仁亦凄然不能对。夜漏下二十刻卒，时壬寅五月二十有一日，寿六十三。

公生纨绮家，遇风日佳时，必张乐设燕为乐，赵歌燕舞交错乎后先，公颓然，自放其中，适甚。末路颠连，孑孑作寒窭士，然生平侠气时时见眉宇间，识者怜之。性颇严介，子姓侍侧，终日不交一语，多惮不敢近。及是旅死，无为主后者，唯高昌氏拥鼻号，声不忍闻。克仁虽贫，力为具棺殓，择不食之地于石子冈，距金陵城南三百步。卒以后三日，舁公柩权厝焉。濂与公皆浙水东人，故数造公。公喜执濂臂曰："吾见子，殆欲忘食也。"未卒十五日，与会稽梁君元亨会饮克仁家。公居筵端，剧谈至日西下，饮酒虽稍减，精神浮动，犹津津然。不意公之遽亡也夫。

呜呼！人孰无患难，未有甚如公者。妻子死欲尽，流挫困踣，无所不极，似可已矣。若俾令终于乡，蕤骨从先人，复何害。亦竟赍魄于此，其甚可哀也。夫公生神明之胄，历仕四十年，又得中寿以死，死且得礼葬，视血染刀剑、身膏草莽者又何如，在公可以无憾。虽然后嗣弗续，古人所深悲，公不幸蹈之，人欤？天也！使公有知，目决不瞑于泉下，奈之何不哀乎！濂闻公死，哭之恸，克仁请志其事,因抆泪以书其略,若公群行之详,则有俟于撰铭文者。

浙江衢州东隅里老执结为孔绳实系
南宗嫡长宗孙乞分豁祭田粮额事

东隅一图里老邹敩等今于执结为褒崇圣裔以隆治化事。依奉勘据本图带管民籍孔绳即孔彦绳供,年五十三岁,系宣圣五十九代嫡长宗孙。始由四十八代祖袭封衍圣公孔端友,原系山东曲阜人氏,于宋建炎年间,同男孔玠并四十七代祖中奉开国男孔传俱扈从高宗南渡,赐居衢州。绍兴年间,诏立家庙,赐田五顷,以供祭祀。自四十八代孔端友至五十三代孔洙,袭封衍圣公爵,历传六代。宋殁建元。至元十九年,世祖召洙赴阙里,议袭公爵。洙因本枝祖坟俱在衢州,不忍废离,愿让爵与山东曲阜宗弟孔治承袭,赐洙国子祭酒兼提举浙东学校,归守江南,承奉庙祀祭,扫祖墓。备载志鉴纲目等书。及节奉诏书勘合事例,优免一应差役,蒙赐祭田。宋、元之时俱免粮额。迨至圣庙洪武年间,初造黄册,以轻则民田入额起科。后于洪武十九年,因有民人王希达,随母改嫁来家,相依住过,冒投同籍,本人为事累及,前田抄没入官,改科重粮一百二十六石零,以致子孙输纳艰难,岁祀不敷。近蒙本府知府沈到任以来,查见孔洙爵之后,一向有缺官职奉祀,深加悯恤。具本内开,阙里子孙袭封衍圣公爵,已有定制外,乞将衢州孔端友嫡派子孙一人,比照宋臣朱熹事例,添授五经博士一员,以主祭祀。仍乞将旧赐田亩,照依原税输纳,本府官仓支给,以供洒扫祭奠,等因。奏奉钦依事例,蒙行查勘。缘南渡孔端友生男孔玠,玠生孔搢,搢生孔文远,文远生孔万春,万春生孔洙,其洙无嗣,立孔传八世应继孙孔思许承绍,思许无嗣,立亲弟孔思俊子克忠承继,克忠生孔希路,希路生孔议,议生孔公诚,公诚生孔彦绳。见存的系孔端友遗流正派嫡长宗孙,家谱可照,不系疏远旁枝,身家并无过犯。及旧赐祭田,初无粮额,续以轻则起科,后蒙改征重粮。委的靠累输纳不前,乞赐转达分豁等情。据此。

尤恐不的，再三研审，及查黄册相同，中间果无违碍。保结如虚，甘罪无词。执结是实。

弘治十八年十月

里长　邹　敩

老人　赵　麟　结

孔 氏 家 规

　　正德元年正月二十四日，浙江衢州府知府臣沈杰谨奏。为条陈孔氏家规以彰圣教事。臣由进士出身，任浙江衢州府知府，因见本府西安县南隅地方，原有先师孔子家庙一所，及宋时旧赐祭田五顷，遗存正派子孙相传掌管，供祭不缺。臣谨考圣朝《大明一统志》及《寰宇通志》《续资治通鉴纲目》《宋史》诸书，俱载孔子四十八代孙孔端友，在宋时袭封衍圣公。建炎年间，端友与其子孔玠，并从父中奉大夫开国男孔传，俱扈从高宗南渡，赐家于衢，照阙里规制，建立家庙，赐田立祀，子孙皆袭爵封，历传圣公五代。宋殁。大元至元十九年，世祖宣端友之孙衍圣公孔洙赴阙，议令袭爵。孔洙因本支累代圣公坟茔在衢，难以弃离，况曲阜子孙守护先茔有功于祖，情愿让爵与曲阜宗弟孔治承袭公爵。世祖叹曰："宁违荣而不违道，此乃真圣人之后也。"赐孔洙以授国子祭酒兼提举浙东道学校，归守江南庙墓，南北遂为二枝。当将宋时给赐袭封衍圣公印信进缴于朝，迨今子孙相传，在衢分立二十余户，登籍百有余人，世守宗祀不绝。但先朝钦赐祭田五顷，中间多有硗瘠，每岁征纳官粮一百三十余石，子孙不能征纳，以致岁祭祀不敷，臣甚悯恤。遗存家庙，子孙承祀掌管漫无统纪，衣冠祭仪混同流俗。以经比照宋臣朱熹子孙世袭博士两处祭奠事例，欲乞圣恩，除原籍山东子孙世袭衍圣公照旧袭封，已有定制，万世遵行。乞将衢州孔端友子孙一人，添授以世袭翰林院五经博士一员，以主家庙，祭祀看守各代圣公坟茔，统领见存子孙。仍乞将本户旧赐祭田，照依原税数目，每岁依期上纳本府官仓，或儒学仓，按月支给与米贰石，以供洒扫祭奠，岁终将用过数目，开报官府查考。如此则家庙不至于隳废，祭田不至于变卖，子孙不至于流移，圣裔不至于淹没。千秋万载，足以见圣朝文明之化，普及华夷，皇上崇儒之心，无间南北，而宣圣在天之灵自将默佑圣明，以衍无疆之祚矣。等因。具本奏奉孝宗皇帝圣旨：该衙门看了来说。钦此钦遵。续蒙礼部会同吏部，逐一备查明白，及查志记、通鉴，俱载其事，俱有理。但自孔端友至今，历世远代，子孙蕃衍，傍正混杂，其旧赐祭田，年收租税，未审能给修庙供祀，必须查勘明白，事情可否有归。合无本部移咨都察院，转行浙江巡按监察御史，行委府县查勘孔端友嫡派长房子孙，推保相应一人，取具官吏各该供结，起送赴部。旧赐祭田应否免科，以为修庙岁享之费，逐一查明。至日本部议处具奏，取自上载。本年二月二十四日礼部尚书张□等官，于奉天门具题。次日，奉孝宗皇帝圣旨：是。钦此钦遵。已经移咨都察院，转行浙江巡按监察御史，见在取勘具结送部。除遵奉外，切照衢州一派子孙，自宋衍圣公孔洙让爵与阙里子孙孔治承袭之后，由元世祖至于我朝太祖高皇帝继元以来，列圣相传，遵崇旧制百数年，两派子孙俱无争异。恐后在衢子孙繁衍，愚哲不同，诗书少习，礼义或乖，又恐冒收异姓，紊乱圣派，诡寄田地，冒免差徭，未免贻玷斯文，无以倡率文教，必须严立防范，庶可杜绝其弊。臣系守土之官，不敢辄擅专行。今修家规七款，伏乞圣恩敕命礼部，斟酌定制，行令布政司颁降榜文，张挂于孔氏家庙，常训晓谕，使其子孙绳绳遵守，毋得妄行，永为规戒，则先师孔子之道，倡行于家族，统布于四海，垂及万世，自我圣天子龙飞九五之日为始矣。如此则天下幸甚，斯文幸甚。缘系修陈家规以彰圣教事理，未敢擅便，为此开坐具本，亲赍谨具奏闻，伏候敕旨。

计开

一遵制典。臣切照衢州一派子孙，自宋衍圣公孔洙让爵与阙里子孙孔治承袭公爵，元世祖深加奖谕。自我太祖高皇帝继元以来，列圣相承，遵崇旧制。在衢子孙看其庙墓，伏免杂项差徭。曲阜子孙嘉其守护先茔有功于祖，照旧袭封，千载不易。即今百余年未闻有觊觎争竞之人。窃恐后世两派子孙互相嫌隙，妄起争端，不惟有违圣朝制度盛典，又恐背忘伊祖德让之风，合无严立规戒，行令在衢子孙永遵制典，恪守祖风。有违者以不忠不孝论，置之重典，永不叙录。法令昭明，人无异议。

一端教源。臣添授世袭博士，无非欲其统领流寓家庙子孙。主典事无巨细悉以主之。为博士者，必须修明圣教，身先督率，躬行实践，庶不有负朝廷褒崇圣裔之盛典。博士不得倚官欺凌子姓，若子姓依众恃长欺凌博士，即以悖旨灭祖论，许博士牒移浙江巡按监察御史径自提问发落。如此则教源可端，而圣化行矣。

一示劝惩。臣以厚彝伦，以彰圣德。臣切恐子孙众多，贤愚不一，必须严立劝惩，庶免有玷圣祖。合无立塾于庙左右，平昔有学之人，以礼敦聘充为教读，将年幼子孙旦暮训诲，习读经书，讲明义理。中间有入府县学者，照旧选入，考有成效，收补廪增，照例科贡，以明录用。其有善者，以礼待之，恶者，以法治之。敢有子孙奸顽不守家规，结交恶党，三五成群，赌钱饮酒，为非为恶，生事害人，行凶杀泼，倚强欺弱，教唆词讼，败伦伤化，不公不法，轻则以从博士家规教戒，重则移明官府，律法断问，削除家谱姓名，生不许沾朝廷恩惠，免差入庙，死不许归葬圣公坟墓，以辱先祖。如此则礼义兴而风俗厚，教化明而贤才出矣。

一防冒姓。臣切惟孔氏相传，历世悠深，子孙繁衍，傍正混杂，恐有异姓冒归孔氏，紊乱先圣宗派，希图隐避差徭，合当严谨，随时查考。将孔氏今后生有子孙，令其每月开报到县申府立案。候遇大造黄册之年，再行查勘明白，依数登籍。不许收留外姓之人，妄拨宗枝，以乱圣派，隐避差徭。若有故违者，许本族邻里首告。就将妄收冒籍之人，治以重罪，明证归宗。知而不举者，一体连坐。庶冒姓隐差之弊可革，而游惰之民自可无矣。

一严诡寄。臣切照孔氏叨蒙历朝恩例，优免差徭，天长地久，盖尊师重道，崇德报功，故推恩及其子孙。恐有异姓人等，因见孔氏各户田粮得免差徭，故将他人田产，冒作孔氏己业，朦胧收册，隐避差徭。合无严立防范，将孔氏各户，自弘治十五年大黄册已后，买卖田地，随时明告到官，总候造册之年，查对的实，明白推收。如有诡寄田粮，许子孙自相觉举，邻里首告，追究作弊之人依律治罪。其田入庙祭祀，不许复还民家，杜绝异姓隐差之弊。

一守祀田。臣查得宋朝钦赐孔氏祭田五顷，相传奉祀，其田远近不一，恐后世俗变更，人心懈怠，未免产业移易，有失祭祀。合无官置簿籍四本，写立坐都土名四至，画图丘段，承佃户人姓名在上，将二本存入府县，其二本给付孔氏族长与世袭博士收存，永为执照。严禁子孙庶免盗卖。如有买者、卖者，许子孙并佃人随时首告，当就追究前产，仍供祭祀，价钱入官，违犯子孙不许祭祀，送官重治。其岁收祀田租，别立一义仓于庙旁，责令族长、博士公同收贮，除每岁祭祀并修庙之外，若有多余籽粒，周济本族贫难无倚子孙，庶免移流失所，年终开数到官查考，不许侵匿浪费，通同混克。

一责报本。臣照得先圣流裔传分两派，南北相隔路涉千程，若不定规谒会，恐后日渐废离，宗谱因而迷失，何以昭报祖德。合无今后令其南渡孔氏子孙，每十年一赴阙里，谒拜圣祖家庙，祭祀山林，以展木本水源时思之敬。就令会同南北宗谱，开保历代子孙名讳，居曲阜县者书引于前，居衢州府者书引于后，庶俾流裔清白，不致泮涣分离，且以见我国家一统，文明之化，普及南北，而褒崇之恩无遐迩矣。

正德元年正月二十四日，中宪大夫衢州府知府沈杰奏。奉圣旨：该部知道，钦此钦遵。

宣圣五十九代孙世袭翰林院五经博士孔绳谨识。

《三衢孔氏家庙志》序

［明］沈　杰

礼以义起，必圣人在位，操礼乐制度之柄，贤相在朝，寅亮辅弼，以熙帝载。

故能陶淑人心，以成一代盛典。

我太祖高皇帝有天下，迅扫胡元陋习，惟宣尼大圣，是尊是师，列圣继兴，缵承大统，褒崇之典，可谓隆矣。至是则议礼制度，视古益备。盖其道与太极合德，其气若太和流行，浑合不亏，万古一日。顾惟墓以藏魄，庙以栖神，而子孙继绳，则此道与气流行不绝也。方今六合一家，四海一国，自京师以及寰宇郡邑，莫不有庙，人人得而瞻拜者，以道也。家庙则惟鲁阙里有焉。自宋四十八代孙、袭封衍圣公端友，偕从父知抚州军州事开国男传，俱扈从高宗南渡，赐家于衢，始诏以郡学为家庙。后以郡守孙子秀请，遂立庙于郡城，赐田以供祀。事见我列圣御制诸事。鲁、衢有家庙，惟子孙得而瞻拜者，以气也。道与气本贯一而不相离。

国朝尊夫子以王者礼制，大新阙里庙墓，锡封衍圣公爵，又恤其庙与子孙之在衢者而加恩焉。所以崇正道，植元气，不使泮涣分违，俾南北子孙，均沾恩典。居阙里者，则世袭公爵，以守祖墓。居三衢者，则世授儒秩以守寓茔。太和元气，风流无滞，浑融不已。陋彼汉唐比宋诸君，制度粗立而礼仪未备。宋金南北分裂而子孙判隔，胡元窃据中原而礼乐未明，无惑乎道气之不克周也。杰忝知是郡，八年于兹，涵濡于君相礼氏之中久矣，既具疏请于上，复集是编，以见国家文明一统之盛。

弘治岁在乙丑秋八月吉赐进士出身
中宪大夫衢州府知府长州后学沈杰

题先师像碑

[明] 吕曾见

余初至三衢学宫，祗谒先师，随偕圣裔弟子员瞻拜家庙塑像。其世袭博士公讳闻音者更出其墨刻圣像相示，其右志曰：唐吴道子。笔须眉面目，慄然跃然。余于千百载后及见夫子，岂不厚幸矣乎。已而考之《孔丛子》曰："子思告齐君：先君生无须眉，天下王侯不以损其敬。"夫《孔丛子》乃先师八世孙孔鲋字子鱼者所论集也，去孔子未甚远也，岂其言直诞而无稽乎？抑笔于书者犹未得其真乎？《孔丛子》又曰："心之精神是为圣。"则门弟子之授受必在传其精神，略其形体。如子温而厉，威而不猛，恭而安，乃《乡党》一篇分明画出一个圣人，后世文庙不以像而以主者，良有以也。区区须眉之有无，又胡足论耶？阳明先生诗曰："个个人心有仲尼，自将闻见若遮迷。而今指与真头目，只是良知更不疑。"信乎？夫子真像至今在人方寸间，自识真心，斯能识先师真像。

阙里部祀恭纪

[清] 孔传锦

乾隆十三年春二月，皇上东巡敬祀先师于阙里。先期特命廷臣稽考旧章，详悉具仪。以闻大学士会同礼部恭查圣祖仁皇帝礼仪，遵照用阙里礼乐，钦颁乐谱，令太常寺乐部前往应用。复奉恩旨：南宗孔氏、闵氏、言氏、冉氏、端木氏、颛孙氏、卜氏、东野氏偕孔、颜、曾、孟、仲五氏一体部祀听讲。

二月初四日，皇上自京起程。衍圣公偕衢州世袭翰林院五经博士臣孔传锦率本族……并十三氏子孙官员共一百四十余人至德州郑家庄恭迎圣驾，御制诗一律颁示衍圣公五经博士等。

二十四日，圣驾将临阙里。衍圣公率族人至曲阜县之五里庙迎接。

二十五日，礼部太常寺堂官奏请皇上，恭诣行在，扈从王等内大臣侍卫文武官三品以上，地方官知府、武官副将以上，衍圣公、五经博士、曲阜县知县暨十三氏有职人员，前期俱斋戒一日陪祀，其余扈从及地方文武各官俱穿朝服带数珠，于行宫两旁排班候驾，出跪送皇上具补服带数珠，升辇仪仗全设。进曲阜南门，诣奎文阁，皇上由甬道旁行至大成殿拜位：前立。典仪唱：乐舞生就位，执事官各司其事。赞引官奏就位。皇上就拜位。典仪唱：迎神。协律郎唱：举迎神乐，奏《咸平之章》。乐作。赞引官奏：跪叩。皇上行三跪九叩头礼，王以下陪祀各官及分献官俱随行。礼毕乐止。典仪唱：奠帛，行初献礼。捧帛官、捧爵官前进向西立。协律郎唱：举初献乐，奏《宁平之章》。捧帛官跪进帛于皇上。右赞引官奏：献帛。皇上受帛，拱举，仍授捧帛官。捧帛官跪接，捧至先师位前，跪奠毕，三叩头，退。捧爵官跪进爵于皇上。右赞引官奏：献爵。皇上受爵，拱举，仍授捧爵官。捧爵官跪接，捧至先师位前，立献毕，退。次读祝官至祝版案前一跪三叩头，捧祝文至案左衹。俟乐止，赞引官奏：跪。皇上跪，王以下陪祀各官及分献官俱跪。赞引官赞：读祝。读祝官读毕，捧祝版至先师位前，跪安帛匣内，三叩头，退。乐作，赞引官奏：叩。皇上行三叩头礼，王以下陪祀各官及分献官俱随行礼。其分献各官依序引至四配十二哲位前，立献帛爵毕，各复位。乐止，行亚献礼，乐奏《安平之章》。行终献礼，奏《景平之章》。余仪俱如初献。三献毕，乐止，乐舞生引退。典仪唱：撤馔。协律郎唱：撤馔。乐奏《咸平之章》。乐止，典仪唱：送神，协律郎唱：举送神。乐奏《咸平之章》。赞引官奏：跪叩。皇上行三跪九叩头，王以下陪祀各官俱随行。礼毕，典仪唱：捧祝帛恭诣燎位。皇上转立东旁，捧祝官、捧帛官前一跪三叩头，捧起祝帛出中门，恭诣燎位。皇上还位立，祝帛焚半，赞引官奏：礼毕。皇上升辇回行宫，扈从官及地方文武官于行宫两旁迎候，驾过各退。是日遣官诣崇圣祠供献行礼。祀典竣，皇上出大成门，至黄□，次卸龙袍补服，少憩。扈从文职大学士以下京官，科道以上地方官，巡抚以下道员以上俱于承圣门外左翼排立，衍圣公五经博士三品以下执事各官十三氏有职人员、讲书人员俱于承圣门外右翼排立。礼部堂官奏请诣讲书堂，恭导圣上至承圣门外。鸿胪寺官带引两翼排立，各官跪迎候。驾过，俱随入于承圣门内照前两翼排立，司道各官俱候于门外。前期一日恭捧敕谕于大成门东诗礼堂内东旁案上陈设，又设讲案于堂前檐下，西旁陈所讲书于案上，复经礼部奏请添设御案，御览讲章正本。至期，皇上升座。鸿胪寺鸣赞官引衍圣公、五经博士及十三氏有职人员俱于台下行三跪九叩头。礼毕，退立原班。鸣赞官赞：讲书。讲书人二员（选用圣贤后裔同诣讲案前,行一跪三叩头礼,起,俱于讲案西偏立。先讲《四书》(《中庸》"凡为天下国家有九经"节),讲毕退立原班,次讲《经书》(《易经》"临卦大象"),及讲毕,退立原班。鸿胪寺于东边跪,奏请宣敕谕。鸣赞官赞:跪。衍圣公、五经博士及十三氏听讲人员、讲书人员俱跪。大学士敕案前恭捧敕谕出堂外,授内阁官。内阁官捧至阶前,向西展读。衍圣公、五经博士等跪听。宣毕,大学士恭捧敕谕,授衍圣公。衍圣公恭接敕谕,授西旁执事官,执事官跪接,起立。衍圣公等谢恩。鸣赞官赞:叩。兴行三跪九叩头。礼毕,执事官恭捧敕谕,仍授衍圣公。衍圣公跪接,起立。鸿胪寺引两翼各官出毓粹门外,候送驾。礼部堂官奏礼成,恭导皇上由毓粹门出。即日,诣先师墓前,躬行三酹酒礼。回行宫特命以曲柄黄盖留于庙中,永光秩祀。颜、曾、思、孟各专庙特命分遣。大臣前往祭献,御制四贤赞,勒石庙中。是日衍圣公、五经博士率十三氏子孙官员赴行在谢恩,讫,赐宴于行在。用内乐、宴毕,内阁奉上谕一道训示衍圣公,赐衍圣公蟒缎狐裘一领,黑貂挂一领,表里各五端,《唐宋文醇》一部,《朱子全书》一部,《日知荟说》一部。赐五经博士、曲阜县知县、四氏学教授,圣庙三品以下执事各官并十三氏现任人员蟒袍各一领,缎各四端,《唐宋文醇》一部,《朱子全书》一部,《日知荟说》各一部。赐十三氏候补、候选、进士、举贡、生监缎各二端。进士、举人各赏银拾两,贡监生员各赏银五两,曲阜县地丁银两概行免征,增广山东通省入学名数。特恩十三氏陪祀各官俱加一级,引驾官孔继汾以内阁中书用。特命于十三氏子孙内,令学臣选拔文行兼优者贡人成均。二十六日送驾回銮。

四月二十三日,衍圣公及五经博士率同十三氏子孙官员赴阙进表谢恩,讫。

五经博士孔传锦赴阙谢恩进表

[清] 孔传锦

伏念臣传锦圣裔宗子,典司衢庙。盖自先衍圣公讳端友从宋南渡迁浙,绍封列爵,历有六世。元至元十九年特召先衍圣公讳洙赴阙里,因让爵曲阜。元帝嘉其"违荣不违亲",遂命为国子祭酒提举浙东学校。《元史》及《纲目》具载其事。前明弘治年间,命南宗孔氏嫡裔世袭五经博士。兹者恭逢皇上尊崇先圣,临幸阙里,命南宗孔氏偕族人等陪祀听讲,仰瞻天颜,均沾圣泽,感激有心,报称无地,谨盥手恭赋矩章,以志盛典,云纪恩八咏。

东　巡
嵯峨阊阖启双钚,禁旅声从警跸传。
香霭祥光束凤阙,青葱春色映花鞯。
山呼圣寿临淄道,风转龙旗泰岱前。
封禅羞为汉帝事,蠲租诏下泽无边。

接　驾
遥望銮舆出禁城,风和日丽乐升平。
三春花满千畦绣,五色云开万里清。
朱鹭翱翔新卤簿,黄莺睍睆杂竽笙。
小臣栉沐来南甸,瞻仰龙光耀翠旌。

谒　林
忻逢盛世钦贤哲,御驾亲临泗水滨。
菁草烟凝春意暖,杏坛光满日华新。
非常隆礼超前代,无限恩波及后人。
汉祖太牢曾祀处,今来沾尽属车尘。

谒　庙
东巡非止为登封,阙里停銮小大从。
礼肃豆笾辉日驭,步摇环珮仰山龙。
神弦曲奏闻天乐,宝鼎香浮绕帝容。
陪祀诸臣相接武,趋跄谁不庆躬逢?

讲　书

石渠诏讲忆宣成,今日临轩萃鲁生。
夺席戴凭惭擅胜,传经刘向愧专名。
几研易象天心见,义演中庸圣教明。
帝德自兹垂永久,微言阐发播昌平。

赐　宴

圣主崇儒敞御筵,东山旧裔幸占先。
花沾晓露皆含笑,柳醉春风尽带妍。
珍列炮龙倾玉液,味逾瀹凤旁香烟。
承恩正在明良会,拜手彤墀颂万年。

赐　书

书抽廷阁九重开,叠册装成丽锦裁。
玉轴宛从天上落,金题高向日边来。
镌碑不数蔡邕博,捧籍惭无皇甫才。
拜受遗经同率舞,徽臣何以答涓埃。

赐　袍

阙里叨承赐叠重,宫袍宠溢旧章缝。
绡从碧海裁初出,丽若彤霞染处浓。
补衮自思惭吉甫,披衣何必羡王恭。
量来玉尺曾如许,莫馨恩长似岱峰。

烂柯纪梦（节选）

［民国］郁达夫

……孔庙和楷木孔子像最为一般人所知道,数千年来的国宝,实在是不容易见到的稀世奇珍。

陪我们去孔庙的是三衢医院的院长孔熊瑞先生，系孔子第七十三代裔孙。楷木像藏在孔庙西首的一间楼上；像高各尺余，孔子是朝服执圭的一个坐像，亓官夫人的也是一样的一个，但手中无圭。两像颜色苍黑，刻划遒劲，决不是近代人的刀势。据孔先生告诉我们的话，则这两像素来就说是出于端木子贡之手刻，宋南渡时由衍圣公孔端友抱负来衢，供在家庙的思鲁阁上；即以来衢州后的年限来说，也已经有八九百年的历史了。孔子像的面貌，同一般的画像并不相同，两眼及鼻子很大，颧骨不十分高，须分三挂，下垂及拱起的手际，耳朵也比平常人大一点儿。孔子的一个圭，一挂须，及一只耳朵，已经损坏了，现在的系后人补刻嵌入的，尚有孔子塑像一尊，东西两庑，各有迁衢始祖衍圣公孔端友等的塑像数尊，西首思鲁阁下，还有石刻吴道子画的孔子像碑一块；一座家庙，形式格局，完全是圣庙的大成至圣先师之殿。我虽则还不曾到过曲阜，但在衢州的孔庙内巡视了一下，闭上眼睛，那座圣地的殿堂，仿佛也可以想象得出来了。

《孔氏南宗考略》序

[民国] 姜卿云

衢县旧称西安，实大成至圣先师楷木遗像南迁奉祀之邦，次于曲阜，为全国第二圣地。自宋历元、明、清以及现代，孔氏子孙蕃衍，蔚为巨族。三十二年秋，予奉命督政五区，其时倭寇内侵，战事方亟，圣楷远在庆元，未能瞻仰。本年秋，区宇宁静，南宗奉祀官府迎护回衢，于圣诞节恭行还庙盛典，礼明乐备，为三十年来所仅见。予奉省电，代表致祭，因得虔诚展敬，获睹古代衣冠，良深忻幸。于时，本区文化建设委员会编辑、衢县徐映璞方纂成《孔氏南宗考略》一书，计分十有六章，都三万余言。八百年来之典章文物、古迹遗闻，用宏取精，剪裁适当。南宗纪述素乏专书，得此一篇，亦足以知其梗概矣。抑文化建设经纬万端，而要以致知格物、亲亲仁民为纲领。孔子乃万世师表，稽古右文，尊师重道，实一切建设之基础。故叙其略，为行世之介焉。

中华民国三十五年初冬兰溪心白姜卿云序于五区公廨

《孔氏南宗考略》序目

[民国] 徐映璞

民历三十三年，奉浙江省第五区行政督察专员姜心公命，纂《五区区志》。明年，复奉浙江省通志馆馆长余越公命，任通志采辑事宜。又明年，监察院监察委员刘公禹生拟编纂《孔子世家》，征求圣裔事迹于南宗奉祀府。盖孔子为万古圣人，南宗为孔子嫡裔，声名文物，弁冕中华，非特地方志乘所必登，抑而金匮、石梁所必载。《史记》列孔子为世家，《明史》列圣裔于儒林，良有以也。特是《东家杂记》《圣裔录》诸书均无传本，南宗谱系支自为支，派自为派，辗转抄录，颇乏完书。奉祀府无以应命，而通志、区志亦无从载笔。爰采撷正史及省府县志、碑碣、档案、野史、轶闻以及父老传说，偶有异同，辄复侧引旁证，折衷一是。原拟《孔氏南宗考》，嗣以牵涉过于繁重，乃节其芜蔓，加"略"字于下，庶几名实相副。除《艺文考》另辑专帙外，计分十有六章，其目如下：

孔子生卒年月考	孔子历代封谥考
北宋以前圣裔考	南渡以后世系考
附北宗世系考	圣系支派考
衢州家庙考	衢州家塾考
杭州敷文书院考	庙塾历代碑碣考
祭器乐器考	宋代名贤事迹考
元代名贤事迹考	明代名贤事迹考
近代名贤事迹考	圣泽遗闻

兵燹之后，久病之余，耆献寡证，典章未集，挂漏谅所不免，惟邦人君子进而教之。

共和纪元三十有五年丙戌长夏衢县徐映璞谨　序

跋《孔氏南宗考略》后

[民国] 孔庆臣

至圣之后，世居曲阜，四十八传而迁西安，又十八世而迁钱塘，及庆臣之身，已历七世。以本支论，身复有子，兄复有孙，盖自圣祖至今，实七十有五世，振振绳绳，丁口之蕃衍，殆不可以数计。瞻前顾后，深以失坠先绪是惧。南宗既系嫡裔，杭派亦为大支，祀相承，久而益永。惟谱牒失修，敦宗收族之谊缺焉。丁亥秋，获读衢州宿儒徐映璞先生所著《南宗考略》二卷，于吾宗世系源流、典章文物，网罗赅备，折衷至当。先生关怀掌故，致力于衢县志者十余年，于浙江省五区区志者三年，今兹又从事于《浙江通志》之纂辑。以如椽之笔，成一家之言，且经宗府秘席仲雄氏之参订，其所纪述自属信而有征，因亟怂恿付印，用垂久远。庆臣并预校勘之役，凡两阅月而成。因思本支自六十六世翰博之介弟兴燧驻杭，奉太和书院祀事，西安庠生毓墀继之，毓墀四子：传钊、传钺、传钧、传锡，钧三子：继勋、继恭、继思，恭三子：广槐、广树、广械，树二子：昭焯、昭炳，焯子西安庠生宪达，即先君子也，皆世主万松岭圣祖祀事。读此书，亦复知其梗概，而限于篇幅，未能详载也。如艺文考及世谱等次第出书，其有裨益于吾宗故实者，将益弘远。先生固有是志，惟吾宗人共襄盛举，用促其成也。

中华民国三十七年岁朝派驻杭州
执事官七十三世裔孙孔庆臣仲虎谨　跋

第三节　杂　记

高宗建炎二年，金粘没喝入袭庆府，即今之兖州府。衍圣公孔端友已避敌南去,军士欲废孔子墓者,粘没喝问其通事高庆裔曰:"孔子何人?"曰:"古之大圣人。"粘没喝曰:"大圣人墓安可废?"遂杀军士,于是获存。

——明·吕元善《圣门志》

宋建炎初,孔子四十八代孙袭封衍圣公端友扈驾南渡,端友殁,子玠袭封,始寓衢州。绍兴六年,诏权以衢州学为家庙,赐田五顷。孙搢、文远、万春、洙,六十年间俱袭封。淳祐乙卯,郡守孙子秀请于朝,以城北闲地建孔氏家庙,规制视祖庭。丙子毁于盗,洙遂即其家以祀。元至正十九年,有诏孔子子寓衢者赴阙,洙及弟演子楷入觐,奉问劳奖,谕授国子祭酒浙东提学,以宋政和年所降袭封铜印纳于朝。其封爵逊于曲阜弟袭焉。

——明·陆容《菽园杂记》

浙江衢州府孔氏家庙在府治西,先圣四十八代孙袭封衍圣公孔端友从宋高宗南渡,赐居衢州。绍兴二年,诏权以衢州府学为家庙,五年赐田五顷,以奉祀事。国朝正德元年,设立翰林院五经博士世袭。每岁春秋主祭。

——明·吕元善《圣门志》

东鲁孔传,字圣传,先圣之裔,而中丞道辅之孙也。为人博学多闻,取唐以来至于吾宋诗颂铭赞,奇编奥录,穷力讨论,纤芥不遗。撮其扼要,而分汇聚,有益于世。续唐白居易《六帖》,谓之《六帖新书》。

——明·胡仔《苕溪渔隐丛话》

传,字世文,兖州人,孔子五十世孙(按:此误,应为四十七世孙)。精于易学,建炎初与孔端友南渡,寓居衢州。率族人拜疏于阙下。叙家门故事,历知邠州、陕州、抚州,改知建昌。进续《白氏六帖》《文枢要览》,诏送秘书省。著有《东家杂记》《杉溪集》,官至中散大夫。

——明·凌迪知《万姓统谱》

(乾隆五十二年十一月)二十八日,偕二张润生谒夫子家庙,拜楷木所雕圣像及亓官圣配像。五经博士云:"像犹端木夫子手刻,盖南渡奉以至临安者。"

圣像首戴冠,类缁布,制而有三,柱又非梁,未审为何冠也。

——清·黄钺《泛桨录》

城南柯阳首庙,垣宇倾圮,有残碑卧丛棘中,字漫漶,不能卒读,就其存者缀之,略云:衍圣公端友负楷木圣像,扈跸来南,夜泊镇江,奉像舟覆,风浪中有三神人拥像,逆流而上,得于江滨。公焚香祷谢,烟篆"鲁阜山神"四字。公后赐家于衢,因建祠祀焉。

——清·冯世科《鲁阜山神祠记》

《孔氏家庙志》,清衢县陈朴撰,因孔氏家庙栋宇倾圮,心焉伤之,乃采史鉴及各家文集百余种,尊圣之言,辑为此书,凡二卷。博士孔昭烜上诸太守周犊山,击节称赏,乃以其书呈抚军文宗杜遂,各捐廉檄令重建家庙,时道光三年也。

——项士元、宋抱慈《两浙著述考》

衢州著姓,初以徐、王、郑、叶并称,及孔氏南渡,乃推徐、王、孔、叶,阀阅相承,世为婚媾。《仁德叶氏谱》载,叶忠简公义问子九江守端衡,元配孔氏,即端友之女也。

——徐映璞《孔氏南宗考略》

清代于孔子极为尊崇,康熙二十二年,御书"万世师表"额,并谕立"文武官员、军民人等过庙下马碑"。雍正四年,御书"生民未有"额。乾隆三年,御书"与天地参"额。嘉庆三年,御书"圣集大成"额。道光元年,御书"圣协时中"额。咸丰二年,御书"德齐帱载"额。同治二年,御书"圣神天纵"额。光绪七年,御书"斯文在兹"额。宣统元年,颁"中和位育"额。家庙同样设立悬挂。民国十七年以后,丁祭停止,文庙亦次第改毁,惟家庙尚存旧观。

——徐映璞《孔氏南宗考略》

大事记

南 宋

靖康二年(1127)四月,金兵攻破汴京(河南开封),俘虏徽、钦二帝,北宋灭亡。宋徽宗的第九子赵构,在部分北宋旧臣的保护下,匆忙南下。

五月,赵构在商丘(今属河南)登基,史称宋高宗,改元建炎,是为南宋。

建炎元年(1127)十月,宋高宗避敌扬州,以州治为行宫。

建炎二年(1128)十一月壬寅,冬至日,宋高宗在扬州郊外祀昊天上帝于圜丘,以太祖配,大赦天下。孔子第四十八世孙衍圣公孔端友及其从父孔传率领部分孔子后裔奉诏到扬州陪祀。

建炎三年(1129)二月,金兵大举南下,锋芒直指扬州,高宗君臣仓皇南渡。衍圣公孔端友及从父孔传,率部分族人奉孔子和亓官夫人楷木像等扈跸而南。

绍兴二年(1132),衍圣公孔端友及孔传立先圣遗像碑,碑高1.79米,宽0.8米。其像据南渡时所携唐吴道子先圣遗像摹刻。

是年,衍圣公孔端友病逝。其子孔玠,字锡老,诰以右承奉郎袭封衍圣公。

绍兴三年,族长孔传以平"鼎澧寇"进秩右朝议大夫,出知抚州(今属江西)。

绍兴四年(1134)七月,孔传以70岁高龄,单车平定抚州隔壁建昌军(治在今江西南城县)叛乱。因攻授"提举江南西路常平盐茶公事"。九月,孔传以中散大夫、仙源县(即今曲阜市)开国男致仕。

是年，孔传在抚州任上编成《孔氏六帖》30卷、《东家杂记》2卷。嗣后，刊刻于衢州孔氏家庙。

绍兴六年（1136），宋高宗下诏，"权以州学为家庙"，并"计口赐田"，免租税，以供祠祀和赡养族人。

绍兴八年（1138）二月，宋高宗定都杭州，改称"临安府"；六月，诏赐衢州孔氏"田五顷"，供衍圣公孔玠祠祀。

绍兴前期（1130—1145），孔子第四十八世孙孔端朝著《续阙里世系》，魏师逊为《序》。

绍兴二十四年（1154），孔子第五十世孙孔搢，字季绅，袭封衍圣公。

绍熙四年（1193），孔子第五十一世孙孔文远，字绍先，袭封衍圣公。

宝庆二年（1226），孔子第五十二世孙孔万春，字耆年，袭封衍圣公。

淳祐九年（1249），孔子第五十三世孙孔洙，字思鲁，袭封衍圣公。

淳祐四年（1244），衢州知州杨伯岩在任上与五十一世孙孔应选等编撰《六帖补》。

宝祐元年（1253），衢州知州孙子秀奏请朝廷新建孔氏家庙。理宗拨款36万缗，诏建家庙于郡东北菱湖芙蓉堤，其制"略同于曲阜"，广至"二百二十有五楹"，有玄圣殿、郓国夫人殿、齐国公殿、鲁国太夫人殿，祠祀沂水、泗水二侯于两庑之中，还有思鲁堂和咏春亭等特色建筑。

宝祐二年（1254），龙图阁学士、礼部尚书赵汝腾撰《南渡家庙记》。

景定三年（1262），孔子第五十一世孙孔应得在通判广德军任上编撰《续阙里谱系》并正误。

元

至元十三年（1276），菱湖家庙毁于兵燹。宋封衍圣公孔洙乃徙建家庙于城南，其制已非"宝祐之旧"。

至元十九年（1282），元世祖诏见南宗第五十三世孙衍圣公孔洙，欲令其载爵去曲阜主奉祀事，孔洙念先祖庙墓在衢州，不忍离去，毅然将爵位让予曲阜族弟孔治。世祖赞叹道："宁违荣而不违道，真圣人后也。"正宗罢封自此开始。

大德四年（1300），五十三世孙、遂昌县尹孔津与北宗五十三世孙、秘书省著作郎孔淑参订南北宗图，合为一本。

泰定元年（1324），五十三世孙孔涛登进士第张益榜。

天历二年（1329），五十三世孙平江路吴江州判孔涛诣曲阜谒庙，与北宗十三世孙朝城宰孔淑、五十四世孙衍圣公孔思晦考订宗支，续纂《阙里谱系》一卷，侍书学士虞集为《序》。

至正十六年（1356），五十四世孙、常山县尹孔思朴续修《阙里谱系》，兵部尚书周伯琦为《序》。

至正十九年，龙凤五年（1359），常遇春率兵攻克衢州，衢州纳入朱元璋治下。总制衢州军民事王恺修葺孔氏南宗家庙。

明

洪武二年（1369），明太祖朱元璋命五十五世孙孔克仁授诸子经，功臣子弟亦令入学。太祖初创，孔克仁侍帷幄最久，至此"复有是命"。

洪武十九年（1386），以五十六世孙孔希达为杨彦文陈情事，南宗祭田被抄没入官，致子孙贫难，供祭不前。

洪武二十一年（1388），五十四世孙西安县学教谕孔思模撰成《东家举要》。先是，孔思模于洪武十二年（1379）持谱归拜林庙，与北宗五十六世孙衍圣公孔希学等参究碑刻，编序宗次，考订宗谱，回衢后著成此书。

永乐后期（1419—1424），礼部左侍郎胡濙过衢，命有司修葺城南家庙。

宣德元年（1426），五十五世孙太常寺丞孔克准奉敕祭告帝王陵寝，就祀阙里，衍圣公孔彦缙等立石纪事。

正统元年（1436）七月，顺天府推官徐郁为"褒崇道学事"，上书朝廷，乞令所在有司访求衍圣公孔端友子孙，蠲其徭役，择其俊秀而教养；祠墓倾圮，官为修葺。明英宗以"所言甚切，命所司速行之"。

正统十年（1445），浙江等处提刑按察使司佥事彭贯上《乞复衢州孔氏旧赐祭田疏》。旨令拨还被抄没入官的祭田，由孔氏族人管业、供祭，仍纳官粮。丧失祭田前后有六十年。

弘治（1488—1505）初年，吏部郎中周木出使四川过衢，嘱同知萧显修拓家庙。此时适逢衢州知府张俊到任，相与协力拓建。城南家庙因此备具规模。建家塾于殿前西厢，专训孔氏衢州派裔孙。

弘治十年（1497），五十八世孙梧州府学训导孔公易续修《南渡阙里谱系》，并于翌年镂版成帙。

弘治十一年（1498），浙江右参政周木在杭州凤凰山北的万松岭报恩寺旧址，建万松书院，并建大成殿及附属设施。特征衢州孔氏南宗圣裔五十八世孙公衢、公绩兄弟到书院主持祀事。又划拨南宗山地五顷，亦称"孔家山"。

弘治十八年（1505），衢州知府沈杰上《乞添授衢州孔氏官职及处置祀田疏》，奏请朝廷封爵孔端友嫡孙，以主奉祀。

是年，沈杰编撰《三衢孔氏家庙志》刊行。

正德元年（1506），明武宗自内旨授孔子第五十九世孙孔彦绳为翰林院五经博士，子孙世袭，主衢州孔子庙祀。此为孔氏南宗在失去爵位224年之后，再受袭封之始。从此，北宗孔氏为世袭衍圣公，南宗孔氏为世袭五经博士。

是年，衢州博士署正式向杭州万松书院派执事官，一直持续到1949年前夕。孔庆臣是最后一位南宗奉祀官派驻杭州的执事官。

正德十四年（1519），孔彦绳之子孔承美，袭封为第二代五经博士。袭职后誓以振兴孔氏南宗为己任，去曲阜谒祭先祖，会叙宗亲族谊，加强南北二宗的联系。

正德十五年(1520),因家庙朽坏不堪,应孔承美请求,巡按御史唐凤仪、布政使何天衢等请于朝。武宗诏曰:"御史之言是。……家庙之设,所以隆道也;报功崇祀先王,所以化天下也。其何以斩,尔御史其亟行之,毋怠。"遂委官员专督,动支在库官银,将家庙移建于先义坊西安县学宫旧址(即今址),次年落成,保留宋敕建家庙形貌,并建有孔府,占地约7000平方米。

正德十六年(1521),于先圣遗像碑阴刻《诏建孔氏家庙碑》,保存孔氏家庙明代布局。

嘉靖九年(1530),全国学宫、书院的孔夫子圣像,一律换成木主(牌位),惟万松书院以家庙为例,仍留圣像,孔子第六十一世孙孔弘章特将保存在衢州家庙的圣像碑摹刻于院内。

嘉靖二十六年(1547),孔子第六十一世孙孔弘章,字以达,袭封翰林院五经博士。

万历五年(1577),孔子第六十二世孙孔闻音,字知政,袭封翰林院五经博士。

万历十二至十六年(1584—1588)间,知府廖希元对孔氏家庙进行维修。

万历四十年(1612),六十二世孙、翰林院五经博士孔闻音考订家谱。

万历四十三年(1615),孔子第六十三世孙孔贞运,字用行,袭封翰林院五经博士。

崇祯九年(1636),南宗江苏句容族人、六十三世孙孔贞运(与五经博士孔贞运同名人异),字开仲,进礼部尚书兼文渊阁大学士,为首辅。这也是中兴祖孔仁玉子孙唯一由帝师累官至宰辅者。

清

崇德元年(1636),定春秋仲月上丁日行释奠礼。

顺治元年(1644),定夏历每月初一朔日"释菜"、十五望日"行香"的祭祀制度。

顺治三年（1646），北宗族人、六十三世孙西安知县孔贞锐恭修衢州祖庙。

顺治六年（1649），孔贞锐"复捐俸设祭田一区"。五经博士孔贞运、族长孔弘恭等勒石纪事。

顺治九年（1652），孔子第六十五世孙孔衍桢，字泗柯，承袭翰林院五经博士，并赐准南宗五经博士舆导由皂盖改换为黄盖，以示特殊。又允许五经博士每隔三年可以朝见皇帝，恭贺"万寿节"。从此，开创南宗进京朝见帝王的典仪，直到清朝灭亡。

康熙十年（1671），浙江巡抚修复杭州万松书院，并更名为太和书院。

康熙十三年（1674），孔氏家庙因驻军旅而损毁。五经博士孔衍桢、衢州同知杨道泰督工修理家庙，重建大成殿、廊庑及仪门等，兵部尚书李之芳为之碑记。

康熙二十二年（1683），清圣祖手书"万世师表"匾额。

康熙四十一年（1702），孔子第六十六世孙孔兴㦿，字北衢，袭封翰林院五经博士。后以兼司太和书院祀事寓居杭州，死后葬万松岭孔家山。

康熙五十三年（1714），孔子第六十七世孙孔毓垣，字东安，袭封翰林院五经博士。

康熙五十五年（1716），巡抚徐元梦以康熙帝御书"浙水敷文"，额于太和书院内，重加修葺，更名为敷文书院。

康熙五十七年（1718），浙江巡抚朱轼增拨衢州拱辰门外濠田30亩，以供祀事。逾年，又续给30亩。

是年，以曲阜四氏学乡试耳字号例，题准浙江衢州孔氏后裔，"每学政按试，于正额外先行广额进儒童入学两名"，号称"无孔不开榜"。

雍正六年（1728），清世宗手书"生民未有"匾额。

雍正八年（1730），朝廷拨款修建家庙。

雍正九年（1731），改革村镇建制，衢州府西安县设141庄，孔氏南宗独立建制为第142庄。

雍正十三年（1735），孔子第六十八世孙孔传锦，字宫锡，袭封翰林院五经博士。

乾隆三年（1738），清高宗手书"与天地参"匾额。

乾隆八年（1743），确定丁祭乐章，颁发天下，各文庙均以丁祭乐章为准绳，按祭祀乐六章为定制。

乾隆十三年（1748），清高宗东巡致祭。命南宗五经博士孔传锦率族人赴阙里陪祀。清高宗赐蟒袍一领、缎四端，《唐宋文醇》《朱子全书》《日知荟说》各一部。

乾隆四十三年（1778），朝廷拨银885两重修家庙。

是年，翰林院五经博士孔传锦，重建庙前跨街两坊。

乾隆五十年（1785），清高宗首次举行临雍大典，翰林院五经博士孔传锦率数名南宗族人参加。礼成，传锦加一级，由文林郎晋阶奉政大夫。此后嘉庆、道光、咸丰各朝临雍大典，孔氏南宗均派员参加，赏赉如例。

嘉庆元年（1796），孔子第七十世孙孔广杓，字衡观，袭封翰林院五经博士。

嘉庆三年（1798），清仁宗手书"圣集大成"匾额。

嘉庆十四年（1809），翰林院五经博士孔广杓入贺万寿节，献《圣德颂》，赏大缎两匹。

嘉庆二十四年（1819），孔子第七十一世孙孔昭烜，字亘青，袭封翰林院五经博士。

是年，邑人陈朴撰《孔氏家庙志》2卷。

道光元年（1821），衢州知府周镐、继任谭瑞东先后倡捐集资修筑家庙。全城官佐及五县士民皆踊跃捐银、米、木料、砖瓦等。其中左营守备刘龙标，捐巨额资金，又从深山购来20余株千年大木。花费3年时间，将家庙拓建一新，把思鲁阁从大成殿后面移于西北隅，并将大成殿增高五尺，部分楹柱改木为石。崇圣祠以下,尽皆拓新,建成今日之全貌。

是年,清宣宗手书"圣协时中"匾额。

道光十四年(1834),以孔子第七十二世孙孔宪坤,字静一,代主祠祀。

道光十九年(1839),孔宪坤袭封翰林院五经博士。

咸丰二年(1852),分巡金衢严道刘成万修拓家塾,并易名承启家塾,其址在今庙东轴线南部。

是年,清文宗手书"德齐帱载"匾额。

咸丰八年(1858),重修承启家塾,并置家塾义田。

同治三年(1864),浙江巡抚左宗棠查核昭穆,以宪坤从弟宪型子孔庆仪入继宪坤大宗,题准承袭。

是年,孔子第七十三世孙孔庆仪,字肖铿,袭封翰林院五经博士。

是年,驻衢闽浙总督左宗棠捐银700两倡修家庙,"各大宪无不诚敬乐输",家庙遂得以重建,并赎回濠田。

是年,清穆宗手书"圣神天纵"匾额。

同治八年(1869),浙江学政徐树铭奏将龙游荒田约二千亩,拨入衢州孔庙,作为祀产。

同治九年(1870)、十一年(1872),龙游龙永安、龙秋元、龙向义等户名下荒田被拨入衢县五经博士孔氏户,计田1622亩1分2厘,地2亩5分5厘,山15亩4分5厘,塘6亩4分6厘,充族中赈济及拨补家塾经费。

光绪七年(1881),清德宗手书"斯文在兹"匾额。

光绪二十二年(1896),浙江学政徐致祥主持修葺家庙,并改建博士署。

光绪二十六年(1900),衢州发生震惊中外的教案。事后,西安县学奉上谕,停考三科,惟孔氏学子,仍允许应试。

光绪二十七年(1901),五经博士孔庆仪"于衢防肃清案内办团出力,赏给五品顶戴"。

光绪二十八年(1902),知府世善倡修家庙,得钱1 700缗,重修后的孔氏家庙,将正殿泥瓦改成筒瓦。

是年,五经博士孔庆仪将承启家塾改建为孔氏中学堂。

光绪三十二年(1906),孔子七十一世孙孔昭仁与同县刘泰钦膺选出国。"剪发易服,开风气之先。"孔昭仁毕业于日本早稻田大学博物科。

宣统元年(1909),翰林院五经博士孔庆仪入觐,钦加国子监祭酒衔,从四品。

是年,溥仪颁"中和位育"匾额。

中 华 民 国

3年(1914),北洋政府颁布《崇圣典例》,改南宗五经博士为奉祀官,北宗仍为衍圣公。

6年(1917),北洋政府大总统黎元洪手书"道洽大同"匾额。

8年(1919),北宗衍圣公孔令贻在北京逝世,南宗奉祀官孔庆仪适在北京,以族长监护北宗族人扶榇归鲁。

是年,令贻夫人王氏生遗腹子孔德成,孔庆仪以族长身份行监护之责,并参与孔德成承袭衍圣公世职报部审批事宜。

13年(1924),孔子第七十四世孙孔繁豪,字孟雄,承袭南宗奉祀官。

24年(1935),南京政府下令废除衍圣公爵位,南北两宗宗子均为"大成至圣先师奉祀官"。

28年(1939),国民政府内政部电令孔繁豪恭护圣像到浙南山区龙泉。并增设留衢主任一员及卫士16名。

29年(1940),电令孔繁豪恭护圣像到更偏僻的山区庆元县供奉,以不落日寇之手。

是年,龙游县县长周俊甫将龙游南宗孔府田转拨到教育局作教育经费。奉祀官孔繁豪上书政府申诉,后判归还。

31年(1942)、33年(1944),日寇两次进犯衢州,孔氏南宗家庙惨遭蹂躏。圣泽楼及孔府内宅皆被焚毁,所有祭器、乐器被洗劫一空。抗战胜利后,国民党南京政府于1946年拨款修葺,因货币贬值,所拨之款只够简单修理内宅。

32年(1943),孔氏完全小学改名为尼山小学。先后聘请浙江省通志馆馆长余绍宋之长子余翼等担任校长。

33年(1944),奉祀官孔繁豪为"恭护圣像"历经千辛万苦,积劳成疾,与世长辞。

34年(1945),孔庆臣代表南宗奉祀官,向杭州市政府要回日伪时期被伪市长何瓒占作墓道的孔家山。

35年(1946)八月二十七日,在孔氏南宗家庙举行圣像还庙典礼,由绥靖公署主任余汉谋主持并致辞;浙江省政府主席沈鸿烈特派五区行政督察专员姜卿云作为他的代表参加,另有军政要员40余人参加。孔子夫妇楷木像由一蒋姓团长护送还庙,孔氏家庙理事长、奉祀官的代表孔宪洛宣讲孔子言行。

是年,徐映璞纂成《孔氏南宗考略》一书。全书3万多字,分16章。

36年(1947),八月二十七日,衢州孔氏南宗家庙再次举行隆重的祭祀典礼。整个祭祀仪式由孔繁英和孔氏家庙理事长孔宪洛负责主持。先时孔氏族人于七时举行家祭,九时正式公祭。衢州绥靖公署主任余汉谋因故缺席,由其代表荣斡中将担任主祭官,由衢州钟专员、衢县程运启县长为分献官,衢州"各法团首长"为陪祭官或同祭官。

37年(1948)春,在浙江省通志馆任职的徐映璞采松苗万株,由孔氏驻杭执事官孔庆臣鸠工栽植,补足万松岭万株之旧,并求得陈季侃手书"南宗孔林"张贴于万松岭山口。

八月二十八日,在孔氏南宗家庙举行祭孔大典暨教师节纪念大会。由衢州绥靖公署主任汤恩伯的代表陈大庆副主任为正献官,翁振书院长、程运启县长为分献官,各机关法团首长陪祭,仪式甚为隆重。

是年，孔子第七十五世孙孔祥楷，字子摹，被南京国民政府行政院委任为奉祀官。他是孔氏南宗最后一代奉祀官。

是年，衢州绥靖公署借驻于孔氏家庙，公署给资，嘱学校暂徙，分别在孔庙附近弥陀寺、府山天主堂、峥嵘公园茶室等处授课，直到1949年解放。

中华人民共和国

1950年，衢州修建军用机场，为国防需要，除孔氏家庙孔府驻军外，尼山小学暂迁校址，供空军使用。同年暑期尼山小学更名人民小学。

1954年7月12日，楷木像从衢州中心文化馆调至浙江省文管会。经手人为孔元超、潘臣青。

1957年10月19日，衢县人民委员会公布孔氏南宗家庙为第一批县级文物保护单位。

1959年9月27日，楷木像由浙江省文管会借予山东省曲阜县文管会用于复制，借期半年，因故逾期未还。现藏曲阜家庙。

是年，浙江省文化厅拨款7000元，修理大成殿。

1961年12月，衢县人民委员会拨款修理大成殿和思鲁阁。

1965年，衢县人民委员会再次公布孔氏南宗家庙为县级重点文物保护单位。

1966年，"文化大革命"开始，孔氏家庙受到严重破坏，棂星门石坊被推倒，石碑被砸碎，古银杏被砍两株，孔府、五支祠、六代公爵祠、袭封祠等被拆除改建。

1974年，杭州大学历史系、中文系和厦门大学历史系师生来到衢州，与衢县革委会政工组联合组成调查组。杭州大学调查组历时40天，写出调查稿以及报刊摘录共92篇30万字。厦门大学调查组搜集撰写调查稿84篇，计25万字。

1982年，衢州市（县级市）政府派出工作组，上访山东曲阜孔庙，为修复孔氏南宗家庙打下基础。

1984年，浙江省文物局、衢州市人民政府（县级市）拨款对孔氏南宗家庙的主要建筑进行维修。共耗资52万元人民币。

1988年12月28日，以孔氏南宗家庙为馆舍的衢州市博物馆对社会开放，第一次举办"孔氏南宗家庙史迹展"，接待海内外游客。

1989年6月，中共衢州市委宣传部、衢州市计划委员会、衢州报社编写的《南宗圣地——衢州孔氏家庙》一书编成付印。

9月，衢州市邮电局发行《孔子诞生二千五百四十周年纪念》南宗原地极限封。

12月12日，浙江省人民政府公布孔氏南宗家庙为省级重点文物保护单位。

1991年10月，"儒学与浙江文化研讨会"在衢州召开，38位来自国内外的专家、学者向大会提交论文22篇。孔子第七十五世孙、原孔氏南宗家庙奉祀官孔祥楷（时任沈阳黄金学院副院长）前来参加会议。

1992年，人民小学复名尼山小学。

1993年4月，衢州孔氏南宗最后一任奉祀官孔祥楷调回衢州，任衢州市市长助理。

1994年1月4日，国务院批准衢州为国家级历史文化名城。

1月，孔氏北宗第七十五世孙、曲阜文管会主任孔祥林陪同日本友人三浦启荣来衢州孔氏家庙访问时题"南北一脉"。

5月，中共衢州市委宣传部、衢州市社会科学联合会编写的《南孔圣地衢州》一书，由天津人民出版社出版发行。

是年，大成殿新塑孔子、孔鲤、孔伋彩塑像。

1995年4月，孔祥楷当选为衢州市政协副主席。

11月7日，由市文化局承办的中国孔庙保护协会在衢州市举行首届年会。北京、上海、山东、四川、江苏、海南等17个省市的42位学者、专家和越南赴中国参观孔庙代表团6人参加了年会。北宗第七十五世孙孔祥林参加会议，与孔祥楷联合举行记者招待会。

1996年7月18日,香港实业家、香港孔教学院院长汤恩佳先生向衢州孔氏南宗家庙捐赠价值10万元港币的一尊孔子铜像运抵衢州。铜像高3米,重1200斤,青铜铸造,呈古铜色。随同运来的还有长113厘米、宽59.5厘米、高58厘米的青铜方鼎。

9月4日,在孔氏南宗家庙举行汤恩佳先生馈赠孔子行教像揭幕典礼。汤恩佳先生及夫人甄得萍女士一行,浙江省文物局副局长陈文锦、衢州市委书记沈雷、市长张达洋、市人大常委会主任黄锡南、市政协主席董效武等领导以及孔子第七十五世孙孔祥楷参加揭幕典礼。

11月20日,国务院公布衢州孔氏南宗家庙为全国重点文物保护单位。

12月,衢州市人民政府决定对孔庙及原孔府所在地新桥街进行开发改建,根据历史文化名城城市建设规划需要和《文物保护法》有关规定,作出恢复孔府原貌的决定,并将其列入"国庆50周年献礼"项目。

1997年9月29日至30日,衢州孔子学术研究会成立暨首届年会召开,会议通过孔子学术研究会章程,选举孔祥楷为衢州孔子学术研究会会长。

1998年7月,由市文化局局长谢昌智任组长的南宗孔府遗址发掘领导小组及南宗孔府遗址考古发掘队成立。在省文物考古研究所的指导下,于7月31日正式开始发掘。至9月16日,第一期清理工作完成。发掘面积2325平方米,出土清代方孔圆钱、青花瓷碗残片和瓦当、滴水、碑记等文物标本。

10月26日至12月14日,经国家文物局批准,进行南宗孔府遗址第2期考古发掘工作。由浙江省文物考古研究所所长刘军研究员任领队,具体发掘工作由市博物馆承担,该发掘探明了明代孔氏家庙、孔府的建筑布局。

1999年1月25日,成立衢州孔氏南宗家庙管理委员会。名誉主任陈荣、傅章经,主任孔祥楷,副主任王荣正、谢昌智、王义布。办公室设在市博物馆内。

2月,浙江省人民政府命名衢州孔氏家庙为"浙江省爱国主义教育基地"。

4月2日,成立《衢州孔氏南宗家庙志》编纂委员会。在市文化局召开第一次编纂工作会议,拟定编纂纲目,落实编写人员。

2000年3月,由衢州市政府投资1400万元复建的孔府及家庙西轴线竣工。7月1日,正式对外开放。

5月,根据衢州市文物局的要求,浙江省文物局经充分调查取证,正式行文山东省文化厅,要求归还楷木像。

2004年,衢州孔氏南宗家庙以现代人公祭的方式恢复了中断56年的南孔祭典仪式,时任孔氏南宗家庙管理委员会主任、最后一代大成至圣先师南宗奉祀官孔祥楷亲自策划了此次祭典。此后衢州以"当代人祭孔"的理念重新诠释了南宗祭典,并一直在坚持下去。

2011年,衢州南孔祭典入选国家级非物质文化遗产代表作名录。

附录：衢州孔子学术研究会论文选

衢州孔氏家庙及其文化内涵

崔铭先

一

清康熙二十一年（1682），为讨伐福建耿精忠叛乱而率十万之众驻扎衢州多年的兵部尚书李之芳在《重修孔氏家庙碑》中写道："自唐开元后，郡邑皆立孔子庙，有司岁时奉祠，至今不废。而为孔氏之家庙者，遍行天下，唯曲阜与衢州耳。"

公元前479年，孔子逝世之后，"弟子及鲁人往从冢而家者百有余室，因命曰孔里。鲁世世相传，以岁时奉祠孔子冢"。"孔子冢大一顷，故所居堂……后世因庙藏孔子衣冠琴车书"。汉高祖十二年（前195），刘邦"过鲁，以太牢祠焉。诸侯卿相至，常先谒，然后从政"（司马迁《史记·孔子世家》）。汉明帝永平年间（58—75），皇帝诏郡县祀圣师周公、孔子于学，孔子被推向全国。汉桓帝永寿二年（156），鲁相韩敕以官钱修葺曲阜孔庙。自此开始，孔子所居宅堂之庙逐渐变成了官设的祀孔子的庙堂。可见，曲阜孔庙是因孔子后代及其弟子、乡邻祀孔子而起，后来逐渐变为皇帝、官僚祀孔子之处，演变成了名副其实的官庙。

唐贞观四年（630），唐太宗诏令州县立孔子庙，奉祀孔子木主。同时，还令兖州建阙里孔子庙，从而使曲阜的孔庙规格升高。由地方官的关注之处变成了皇帝亲自关注之所。以后的历代帝王又不惜重金,不断地修饰营造,使曲阜孔庙的规模越来越大。

孔庙实际上已成了皇室祭孔之所。自汉武帝以后的两千年来,凡是太平岁月,历代帝王为了维护自己统治的需要,为了维护大一统的局面,他们必然地要求用孔子的思想作为封建大厦的梁柱。他们必然地尊崇孔子,崇尚儒学。一方面,他们对孔子褒封加谥,使之成为"大成至圣文宣先师",庙中孔子像也是一派帝王气象:执镇圭、冕十二旒、服十二章,祭用太牢。另一方面,他们给孔氏宗子封官晋爵。再一方面,则是无限制地扩充孔庙。他们有的亲至曲阜祀祭,有的遣官致祭,使曲阜孔庙成了皇家祭孔尊儒的场所。历代帝王到了孔夫子灵前也必行三跪九叩的大礼,以表达对至圣先师的崇敬虔诚。实际上,曲阜孔庙已经演变成儒家思想在整个封建时代所占据地位的物化象征。

曲阜孔庙已成了官庙,这已毋庸置疑了。然而,到过曲阜的人自然知道,曲阜孔庙之东还有一座庙,那就是曲阜孔氏家庙。孔子辞世之后,起初是以宅为庙,这实际上就是家庙。在孔庙成为官设的富丽堂皇的庙堂之后,最迟在宋代,遵照孔子"生,事之以礼;死,葬之以礼,祭之以礼"的教导,孔氏嫡裔依然保留着孔氏家庙,作为孔氏宗子家祭先祖的专祠。现在的曲阜孔氏家庙重建于清雍正二年(1724)。据《山东省志·孔子故里志》记载,家庙"面阔7间,进深3间,灰瓦绿边硬山顶,雅伍墨彩画;木架为七檩四柱前后廊式;前为廊,不设斗拱,脊桁下以叉手支撑,梁枋瘦巧。院前三门,砖墙承重,均为灰瓦硬山顶。家庙建成后,仍供奉孔子夫妇、孔鲤夫妇、孔伋夫妇及四十三代孔仁玉中兴祖"。

可见,曲阜有两庙,一是名称显赫之孔庙;二是知者甚寡之家庙。前者是皇家祭孔之所,后者是宗子祭祖之处。两庙分设,各有自己的作用。

二

衢州之庙是孔氏家庙。

衢州之有家庙是因为宋朝皇室的南迁。宋靖康二年(1127)四月,金兵陷汴京,掳走徽宗、钦宗二帝,北宋亡。同年五月,赵构在应天(今河南商丘)称帝,为高宗,改元建炎。此为南宋之始。建炎二年(1128)秋,宋高宗在扬州行宫举行郊祀,诏远在曲阜的孔子48代孙衍圣公孔端友等侍祀。这时,金兵分三路向山东、河南、陕西进发。取道山东的一路,在建炎三年(1129)春初攻下徐州,渡淮而南,直指扬州。宋高宗皇廷仓皇至杭。孔端友已无法回到被金兵统治的曲阜,亦只好随宋高宗南渡。同年九月,金兀术分兵两路过长江,破建康,进逼杭州。宋高宗只好携众往浙东逃窜,直到建炎四年(1130)春金兵北撤,才返回杭州。此后,宋高宗赐孔氏宗子寓衢,"权以州学为家庙"。从此时起,孔氏宗子一脉就在衢州生息繁衍。起初,家庙"时尚草创,即庠为家庙,酌田供礼,未有定数"(家庙《碑记》)。到绍兴六年(1136),宋高宗颁赐铜印,赐田五顷,以供族人祀祭。孔氏南迁者才逐渐安定了下来。

孔氏衢州家庙建立以来的八百多年间,数易其址。

先是"权以州学为家庙"。但是,这个"权以",却拖到一百多年后的南宗宝祐年间才兴建了新的家庙。当时,衢州知州孙子秀奏请建庙,宋理宗因北伐无望,中原难回,就准了孙子秀的奏本。孙子秀奉皇命"得地于城之东北陬浮屠氏废庐,撤而宫之。枕平湖以象洙泗,面龟峰以想东山。对庙门而中为玄圣殿,西则齐鲁,后则郓国,祠沂泗二侯于庑之东西,又别为室以祠袭封之得祠者。后为堂曰思鲁,俾之合族讲学,且以志不忘阙里之旧也。堂之东亭曰咏春,以憩四方之士仰止高山低回而不能去者。为屋二百二十有五楹。经始于宝祐癸丑元年(1253)仲夏,落成于次年仲春朔"。这一最早的衢州孔氏家庙"仿曲阜之制,追鲁庙之遗,栋宇巍然,丹碧一新。岂独使承祭者祼献尽礼,观瞻如在,暨今过者如式宫墙,入者如升丝竹之堂,息者如风乎舞雩。水光涟漪,上接天碧;林薄蔽云,远接城市;鱼鸟飞跃,道体森然,春沂杏坛气象可想,不亦伟乎"。这是当时的礼部尚书、翰林学士、国史实录修撰赵汝腾所记。可见，最初的衢州孔氏家庙是以曲阜之官办孔庙为本而建的。然而，最多也只是过了三五十年时间，至宋末，此庙即兵乱而毁。

宋末元初，孔子53代嫡长孙衍圣公孔洙将家庙迁建城南，但已没有宝祐家庙的规模了。后因孔洙让爵于曲阜的族弟孔治，免税的祭田也变为纳官粮之田，孔氏已无力修葺，城南的孔氏家庙即逐年损毁。

《明史·文苑传》中记载："弘治十八年（1505），衢州知府沈杰奏言：衢州圣庙自孔洙让爵之后，衣冠礼仪猥同氓庶。今访得洙之六世孙彦绳，请授以官，俾主祀事。又言其先世祭田，洪武初轻则起科，后改征重税，请仍改轻，以供祀费。帝可之。正德元年（1506），授彦绳翰林院五经博士，子孙世袭，并减其祭田之税。"正德十五年（1520），明武宗朱厚照允许动用库银重建衢州孔氏家庙于今址。经明、清两朝的多次修葺扩充，衢州孔氏家庙又有了相当的规模。

八百多年来，衢州孔氏家庙几经变迁，屋舍可多可少，可新可旧，可简可繁，但从未减弱衢州孔氏对家庙的崇仰，从未省去孔氏家族对孔子的祀祭。庙内的大成殿、崇圣祠、圣泽楼、南孔独有的思鲁阁，以及庙外的"德配天地""道冠古今"两坊等等，也从未减去。正如明正德年间谢迁所言："衢之子孙其尚礼易萃之义，孚利用以格祖考。则是庙也，亦犹夫鲁也。"

三

衢州孔氏家庙当然不可能像曲阜孔庙那样接受皇帝们的叩拜和祀祭，也不可能像曲阜孔庙那样受皇命而一次次地扩建修葺。因为曲阜孔庙是官庙，从某种意义上说，它是皇帝事业的一部分，而衢州的庙却是家庙，并且是离开了孔子故里的家庙，当然不可能吸引历代皇帝到此驻足。所以，在八百多年的岁月中，它一直是在沉寂中度过的。然而，它却远比曲阜孔庙之东的孔氏家庙来得幸运。曲阜家庙几千年来一直是默默无闻，而衢州家庙即使是在元代孔洙把衍圣公的爵位拱手让给曲阜的孔治之后,仍然吸引着官府的介入,同时承担着官庙和家庙的双重责任。也正因为如此,它才有着比曲阜孔庙或是曲阜家庙更为丰富的文化内涵。

(一)衢州孔氏家庙的双重作用

从孔端友随宋高宗南渡寓衢(先是权以州学为家庙,后在城东北菱湖边改旧佛寺新建家庙),至元朝至元十九年(1282)的一百五十多年时间里,共延续了六代衍圣公。可见,在整个南宋期间,南宋皇帝是以衢州为曲阜的。绍兴年间,朝廷为衢州家庙铸制了铜印,颁定了释奠孔子的仪式。宋之后的若干年里,衢州孔氏家庙也受到过皇室的关注。元代规定每年春秋二祭。明代规定了祭器、祭品和乐器的名目数量,并重新颁布了释典仪式,扩大了祀祭活动的规模。清代颁布制造祭器、乐器式样、规格,并确定了祀祭乐章。正如南宋赵汝腾所言:"夫子与太极合德,故其祀遍于天下,此非其子孙所得而私也。然遍庙郡国,缺庙于家,此其子孙之责,亦郡刺史之任。"正因为如此,历朝历代的衢州州官、府官,也是把保护、建设衢州孔氏家庙作为自己的应尽之责的。他们请皇命、捐俸禄,组织力量,一次次地修葺家庙,一次次参加祭奠孔子的活动。实际上,衢州的官员是把衢州孔氏家庙作为官庙来看待、来规制的。也正因为这样,衢州孔氏家庙的命运和曲阜孔氏家庙不同,而和曲阜的孔庙相类,即包含着相当浓厚的政治色彩,体现着封建统治者尊孔崇儒、以儒家思想治国的传统。在南方,衢州孔氏家庙则责无旁贷地成了封建统治者推崇孔子思想的物化象征。这是衢州孔氏家庙的作用之一。

衢州孔氏家庙还具有曲阜孔庙所没有、曲阜孔氏家庙才具备的另一个作用,也即家祭的作用。

曲阜的家庙是孔子嫡裔长孙祭祖的专祠,也就是孔氏宗子一支的祠堂。孔氏是一繁衍旺盛的姓氏,可以毫不夸张地说,世界各地几乎都有孔氏家族的足迹。每一支、甚至每一小支都有自己的近代祖宗。故而每一支、每一地的孔氏都有自己祭祖的祠堂。然而，他们只能称为祠堂。唯独孔子的嫡裔长孙一支方可称为家庙。在曲阜孔庙演变为官庙之后，在其东面的家庙随即设立。这座家庙才是曲阜的孔氏长房长孙祭祖的地方。孔端友南迁衢州之后，衢州的孔氏家庙建立。在整个南渡时期，曲阜的孔氏家庙已失去了实际意义。只有到元代孔洙把衍圣公的爵位让给曲阜的族弟孔治之后，曲阜的家庙才又成了名义上的孔子嫡裔长孙的专祠，而作为实际存在的孔子嫡裔长孙——衢州孔氏，依然保留着只有大宗方可设立的家庙。曲阜的孔氏家庙只有一个用处，就是用作孔氏家族祭祖之场所。而衢州的家庙却同时承担着两个任务：一是前面说的官方祭孔场所的官庙；二是孔氏祭祖的专祠。

衢州孔氏家庙作为祭孔之所，它设有曲阜孔庙里面的部分建筑，如棂星门、大成门、大成殿、两庑、俏台等。衢州孔氏家庙作为嫡长孙的专祠，它还设立了用于家族之内必须设祭的一些建筑：崇圣祠，祀孔子的五代先祖；思鲁阁，阁上供奉孔子夫妇楷木像，阁下立孔子遗像碑，以祀孔子；五支祠，祀孔氏家族五房之祖；六代公爵祠，祀南渡的自孔端友至孔洙六代衍圣公；袭封祠，祀自明代的孔彦绳至清末的孔庆仪十五代翰林院五经博士；圣泽楼，存放皇帝和官方给孔子嫡裔的文墨和赠品；报功祠，祀历朝历代有功于衢州孔氏的兴旺发展和家庙建设的官员，如宋宝祐间新建家庙的衢州知州孙子秀，明弘治正德年间为衢州孔氏复兴、新建家庙而尽力的吏部郎中周木和衢州知州沈杰等。其中尤为突出的建筑是曲阜孔庙、家庙均不可能有的思鲁阁。思鲁阁在宋宝祐年间所建的孔氏家庙中即已有之，不过那时是称之为堂的："后为堂曰思鲁，俾之合族讲学，且以志不忘阙里之旧也。"当时已是南渡的第六代衍圣公孔洙了。孔洙于淳祐元年（1241）袭封，他任衍圣公后十二年的1253年，在知州孙子秀的主持下，开始建筑孔氏家庙。第二年庙成。孔洙在庙内规制了"思鲁堂"这一建筑自然有其深意。孔洙是以曲阜城东北的洙水为名的，字思鲁，号存斋。从他的名、字、号中我们不难体会他对曲阜故里的怀念。如果说他的前几辈衍圣公还和南宋皇帝一样心存回归故里之念的话,到了他这一代,回归之望怕是已彻底破灭了。他的父辈也只好用给孔洙取故乡之水为名,表达心念之字来显示有家难归的心思了。孔洙是南渡的末代衍圣公。南宋末年,他曾先后出任衢州通判、吉州通判、平江通判、信州通判,宋亡之后,即家闲居。据《元史类编》记载:"世祖既平宋,议所立,或言寓衢者为大宗。召洙至,欲封之,使归鲁。洙以先世庙墓在衢州,不忍舍,固让其爵于在鲁者。且以母老乞南还。世祖嘉之曰:'宁违荣而不违亲,真圣人后也。'授祭酒兼提举浙东学校,以便奉母。"此事发生在至元十九年(1282),可见,最迟从孔洙的父亲孔万春起,衢州孔氏已下决心寓居衢州,只是用字、名及思鲁堂(后改为思鲁阁)来表达对孔氏故乡曲阜的怀念了。

从衢州孔氏家庙的建置来看,它不但沿袭了曲阜家庙的惯例,供奉孔子夫妇、孔鲤、孔伋及中兴祖孔仁玉,同时也供奉了南渡至衢州的六代衍圣公和历代五经博士,并一直保留着思鲁阁,还悬挂起"东南阙里""泗浙同源"等匾额,表达了强烈的思乡之情。可见,它的内容远比曲阜的孔氏家庙丰富。

由以上分析可以看出,衢州孔氏家庙同时具有官庙和家庙两种身份。也就是说,它从内容上涵盖了曲阜的孔庙和家庙。它的官庙身份虽然比不上曲阜孔庙显赫、荣耀,显得逊色,但它的家庙身份却远远超过了曲阜的孔氏家庙。

(二)衢州孔氏家庙的兴衰,是国家安定与否的象征

当然,曲阜的孔庙和家庙同样是国家安定与否的象征。但南北相比,南方的衢州孔氏家庙所表现的大起大落则更加突出地表现了历代皇朝的兴衰、动乱与安定。

绍兴六年(1136),宋金对峙局面初定,朝内主战议和两派之争未减,岳飞、

刘光世、韩世忠等连克金兵，收复了大片失地，朝内迎二帝、还中原的呼声愈加强烈。宋高宗只好暂缓寓江南之计。于是，"诏权以州学为家庙"，借以告诉世人，他并未做长期留在江南的打算。

宝祐二年（1254），南宋与蒙古联合灭金，而蒙古却趁机占领了中国北方土地。宋理宗见"端平入洛"失败，北归无望，只好安心于南方，"庙于鲁者礼也。舍鲁而南者，宗子去国以庙从焉，亦礼也"（孔氏家庙《碑记》）。于是，拨官钱36万缗，由孙子秀主持兴建了衢州孔氏家庙，使之广为225楹，规制略同于曲阜，算是做了长期打算。

元兵南侵，战火殃及河、江，衢州孔氏家庙因兵灾而毁。元统一中国之后，衢州孔氏家庙迁建于城南。因已让爵于曲阜，只好苟延于一隅。明灭元后，天下太平。朱元璋及他的重要大臣刘基等人又多是皖浙人士，不可能不了解衢州孔氏家庙的始末。于是，永乐五年（1407），请皇命而修家庙。弘治初（1488）又修，使城南家庙具备了相当规模。正德元年（1506），第一任五经博士孔彦绳主持衢州孔氏家庙祀事。正德十五年（1520），为"展奠有地，博士有居，斋宿牲庖燕集弦诵之所无弗备者"，明武宗准予动用库银在西安县学旧址新建了衢州孔氏家庙。明亡清立之后，康乾盛世之时又相继大修之，使衢州孔氏家庙焕然一新。

可见，只要是历史上安定的年代，从地方官到朝廷都十分重视衢州家庙的修葺、扩建。这样做，一方面表现了天下已经太平，朝廷也希望通过尊儒术以保长治久安；另一方面，也一次次地表现出"孔子道高如天，德厚如地，教化无穷如四时，为万世帝王之师"（《衢州孔氏家庙碑记》）。不管哪一民族的领袖人物统治中国，都不能离开集中华民族优秀文化之大成的孔子思想。从这个意义上也可以说，衢州孔氏家庙的兴衰演变，是国家政治的象征，它生动地表现了南宋以来的中国历史。它本身就是一部活生生的中国历史。

(三）衢州孔氏家庙强烈地体现了孔子的主张

作为一个伟大的思想家，孔子的思想学说以"仁"为核心，以"礼"为行为规范，以"中庸"为思想方法。他提出的社会原则和社会理想包括丰富的内涵：既维护以君、臣、父、子为核心的宗法等级制度，又强调各等级之间应该互相承担的责任和义务，尤其还倡导一种从天子到庶人，从治世到修身都应当具有的道德精神。可以说，他的思想学说具有明显的政治伦理道德化、伦理道德政治化的特色。全国各地的孔庙（文庙），尤其是曲阜的孔庙，实际上都是孔子这一思想的物化象征。《论语·述而》云："子以四教：文、行、忠、信。"而衢州孔氏家庙及家庙的主人们却更细腻生动地体现了这一点。

1. 文

文指《诗》《书》、礼、乐等典籍。孔子教导弟子要学习这些古文献，并多次阐述了学习典籍的意义与重要性。《论语·季氏》载："尝独立。鲤趋而过庭。曰'学诗乎？'对曰：'未也。''不学诗，无以言。'鲤退而学诗。他日，又独立。鲤趋而过庭。曰：'学礼乎？'对曰：'未也。''不学礼无以立。'鲤退而学礼"。这就充分表现了孔子对学习典籍的重视。"默而识之，学而不厌"，是孔子求知的态度。

孔子逝世后，孔子子孙"即宅为庙"，"世以家学相承，自为师友"（《阙里文献考》），严格地秉承了孔夫子关于学习的教导。汉武帝时，司马迁适鲁，"观仲尼庙堂车服礼器"，就曾见到"诸生以时习礼其家"（《史记·孔子世家》）。从那时起，曲阜孔庙办学就成了代代相继的优良传统。到宋哲宗元祐元年（1086）十月，皇命"改建学于庙之东南隅，置教授一员，令教谕本家子弟"。这就明确了曲阜庙学为孔氏家学。

宋室南迁，孔端友寓衢之后，先是以州学为庙，到宝祐年间修建了规模如同曲阜孔庙的衢州孔氏家庙。当时，是用思鲁堂（后改为思鲁阁）作为家学场所的。元代应是延续了这一作法。当然,整个元代,衢州孔氏已经是形同庶民,苦于支撑了。那时的家学到底如何,诸志书均无记载,但是可以想象,作为孔氏大宗的衢州孔氏是决不会舍子弟而不教的。到明弘治初,修整城南家庙时,于殿前西厢设立了孔氏家塾,以训孔氏子孙。其塾为门三;为堂三;为东序三,以迪成材;为西序三,以启幼稚。可见这时的孔氏家塾规模已十分可观。以后的历朝历代,家庙均设孔氏家塾,从未间断。衢州的孔氏家塾以孔子的"好仁不好学,其蔽也愚;好知不好学,其蔽也荡;好信不好学,其蔽也贼;好真不好学,其蔽也绞;好勇不好学,其蔽也乱;好刚不好学,其蔽也狂"(《论语》)为训,不但教育自己家族的子弟,还为衢州的教育起了推波助澜的作用。衢州孔氏家庙在注重言教的同时,还十分重视身教。历代衍圣公和五经博士及其族人都是恪守孔子训导、严于律己的表率,对孔氏一族和衢州地方民众也起到了极好的示范作用。

孔氏子孙继先祖之志亲涉教坛者不乏其人。其中最有代表性的是五十世孙孔元龙。孔元龙被聘为柯山书院山长,主持书院的教育,他的讲稿辑录为《柯山论语讲义》《鲁樵集》等行世,死后衢州等地弟子号哭于道者三万余人,后被赠为太子少师。

此外,衢州孔氏家庙还是我国东南最为吸引文人儒士的场所,正如清代李之芳所云:"数百年来,东南之士不克重趼,裹粮以登洙泗之堂者,俎豆羹墙,于焉是寄。"他们都是把衢州孔氏家庙作为曲阜孔庙的别宫来瞻仰礼拜的。

所以说,衢州孔氏家庙的存在显示了孔氏重教的内涵,推动了当地教育的进步。

2. 行

行,即一个人的德行,也就是一个人的思想品德。孔子所主张的德行就是"仁",它包含三个方面的内容,这就是:克制自己的私欲;一切合乎"礼的规范";做到"非礼勿视,非礼勿听,非礼勿言,非礼勿动"(《论语·颜渊》)。

"己所不欲,勿施于人"(《论语·卫灵公》),要爱人,要有恻隐之心,而衢州孔氏家庙的存在恰恰包容了这些思想。

首先,衢州孔氏家庙的建立正是因为遵守"礼"的结果。这正如古人说的"庙于鲁者,礼也;舍鲁而南者,宗子去国以庙从焉,亦礼也"。如果不是孔端友以礼为本,在南宋皇室未下决心建都于杭州的时候,怎么可能要求到"权以州学为家庙"呢?"子曰:生,事之以礼,死,葬之以礼,祭之以礼。"(《论语》)建立家庙,使南来衢州的孔氏宗子有祭祖之所,不正是礼的表现吗?这里还可以联系南宋初年在衢州落户的其他人士的情况,当时在衢州落户的北宋官员有福建人、国子祭酒邵知柔,安定郡王赵令衿,工部尚书、后升少宰的刘正夫等等,他们均在风景优美的菱湖圈地建园。一时间亭台楼阁环湖而起,却从未听说过他们曾设祖庙于斯。而作为衍圣公的孔圣人后裔却仅仅是"以州学为家庙"而寓之。"君子食无求饱,居无求安"(《论语》),这不正说明孔端友等人不但崇尚而且在实践孔子所提倡的"非礼勿视、非礼勿听、非礼勿言、非礼勿动"吗?

其次,衢州孔氏家庙几次建设,从《碑记》中可以看出,并未从民间征集一分一毫的款项。生活于元代的五十三代孙孔瀛在金陵时,可以对强令让道的权贵说:"我真圣人之裔,官乃伪浮屠,岂应相避耶!"而当"衢人至言家庙芜不治,田庐皆为戍兵所据"时,却表现出"君子无所争",并未与当权者争执,而只是"郁郁弗能解,血出阴中"而亡。这也许正是遵循了孔圣人"己所不欲,勿施于人"的教诲吧。

再次,据志书记载,南宋绍熙四年(1193)袭封衍圣公的孔文远与新城(今富阳新登)人周雄同学。嘉定初,周雄因母去世,仰天捶胸一恸而绝。孔文远感其诚孝,遂为之漆身塑像,并捐余地为之建庙。这座周王庙(又称周孝子庙)至今仍在。这不正说明生活在衢州的孔子嫡裔的爱人和恻隐之心吗?

这些事实都不能离开衢州孔氏家庙而孤立地看待。正是由于衢州孔氏家庙的存在,才养育、熏陶了孔子的后人;也正是这些后人恪守礼义,才丰富了衢州孔氏家庙博大的内涵。

3. 忠

所谓忠,照孔夫子的解释,应该是尽自己的能力去做该做的事,其中包含着事君要忠,为人要忠,为事要忠。而对一个普通人来说,事君要忠还包含事祖要孝这一层要求,衢州孔氏家庙自建立以来,就聚融了这一丰富的传统文化。

首先,在建炎二年(1128)秋,宋高宗在扬州行宫郊祀时,诏衍圣公侍祀,孔端友即与从父孔传等一起,揣曲阜孔庙珍藏的吴道子所绘先圣遗像、负子贡手摹的孔子夫妇楷木像,赶到扬州侍祀。而赵构仓皇南渡后,孔端友又携孔氏子弟陪君适南,最后遵皇命安家于衢,以州学为寓。与此同时,南宋皇室还在杭州万松岭建筑孔庙,令衢州衍圣公派员掌庙。衢州孔氏家庙即不间断地派人前往主持。"祭神如神在",楷木像立于衢州孔氏家庙之后,孔氏家族视之为孔子化身,几百年来保护完好。同时,孔端友、孔传立碑镌刻吴道子所绘先圣遗像,使之完好如初地保存到今天。孔氏寓衢之后,并未向皇室提出任何要求。而当元朝皇帝诏孔洙返鲁任衍圣公时,孔洙却因南渡祖庙在衢、慈母在堂而让爵于北。孔氏家庙几次变迁,从来都耸立着祀先祖的崇圣祠、圣泽楼,并且还另建了具有特殊意义的思鲁阁。这些,正说明了衢州孔氏恪守皇命,敬上敬祖,不可谓不忠也。

其次,衢州孔氏家几百年来学之有成者甚多,虽然历代皇帝也任命他们做过一些官,但他们只是忠于职守,并未有另外的奢求。在任职时,他们忠于皇室,认真地实践着孔子"爱民"的训导,做了许多好事。如孔传,"至衢,后守临州。时建昌军亦累招降,皆不受,必欲见传为信。传挺然往谕,叛军以平"(嘉靖《衢州府志》)。又如孔元龙等孔氏南宗人的授业解惑,著书立说,无不一丝不苟,忠于其事。再如,衢州孔氏家庙所祀祭、所颂扬的人和事,哪一件不包容着这种精神?

4. 信

信为立身处世之本。言行要一致,与朋友交要诚信。正如孔夫子说的:"道千乘之国,敬事而信,节用而爱人,使民以时"(《论语·学而》);"人而无信,不知其可也。大车无輗，小车无軏，其何以行之哉！"（《论语·为政》）孔氏衢州家庙正是蕴含着"信"这一根本。

首先，自从端友公舍家携亲南迁，在衢州这个人生地不熟的地方生活，可以想见孔氏宗子一脉当时的困难，但他们坚信老祖宗"德不孤，必有邻"的教导，尽管生活困苦，连正常的祭祖活动都难以为继，却从未有过怨言。当曲阜孔庙几经皇帝恩宠，修建得金碧辉煌时，衢州孔氏一族对端友公南来之事也从未有过指责之词，从未有过后悔之心，而只是建阁、祀祭以示敬祖念故之情。衢州孔氏诸辈是言出必行，不可谓不信。

其次，第五十一世嫡长孙孔文远可以结交一个极为平常的周雄为友，并与之建立深厚的感情，在朋友死后还为之捐地立庙；七十四世孙奉祀官孔繁豪为护圣像而辗转浙南，死于异地，他结交的农民朋友为之筑墓护灵，几十年不改初衷。这些不能不说是衢州孔氏的优良传统。"君子周而不比"，结交不论贫富贵贱，这正是"朋友信之"的表现。

从以上分析可看出，衢州孔氏一脉正是继承了"子以四教：文、行、忠、信"这一在日常生活中体现的儒家学说精神的。这种精神，在南方，恰恰是衢州孔氏家庙所蕴含的。

四

综上所述，衢州孔氏家庙雄踞东南，兼曲阜孔庙和曲阜家庙二庙之功能，数百年以自己的变迁、族人的风范，在显示中国历史的同时，还向世人显示着：律己以严，待人以宽，谋事以忠，学而不厌，富而不奢，穷而不馁。这些精神于今有用，于今后依然有用。

清末南宗孔府机构分析

詹 剑

"孔氏之家庙者,遍行天下,惟曲阜与衢州耳。"[1]有孔氏家庙就有孔府,在衢州孔氏南宗家庙西侧有一幢四进建筑,即为南宗孔府。明清时因南宗嫡长裔孙的封号而称"世袭翰林院五经博士署",简称"翰林公署"。这是在曲阜衍圣公府之外,孔氏家族又一管理孔氏家族事务的官方正式机构。由于史料的缺乏,明代翰林公署的机构无可考,民国学者徐映璞在其所著的《孔氏南宗考略》中对清末翰林公署的机构设置略有记载,但语焉不详。本文试图通过对这些有限记载的分析,揭示翰林公署机构的职权及其构成特点和性质,以便对南宗孔府的地位和作用的认识有所裨益。

一、机构的设置和职权

清末,翰林公署额设"督理一员,典籍一员,司仪二员,司乐二员,掌书二员,书写四员,驻杭(州)、龙(游)执事官各一员,散执事官四至八员,乐舞生三十二名,礼生十二名,卫士十名,洒扫丁十六名"[2]。这些官吏及属员由翰林博士分别选用,报礼部、吏部备案,并相应给发执照。

若散执事官以八员计,则执事官以上共计二十二人,"视正从八九品,以年资议叙"[3]。其他属员七十人,总计九十二人。清沿袭明制,世袭翰林院五经博士官秩正八品,与县丞、主簿平级。如此众多的编制,相对于一个八品官的衙门来说可谓庞大至极。

翰林公署各官吏、属员职权未见史载,今从其官谓及典制出发考其职权。

---

[1] 李之芳:《清康熙衢州重修孔氏家庙碑》。
[2][3] 徐映璞:《孔氏南宗考略》之《圣泽遗闻》。

翰林公署内有圣泽楼建筑，收藏有诏书诰命、御赐物品、历代儒家文献典籍、孔氏南宗家乘谱牒，设典籍一员掌理之。家庙春秋二季上仲月大祭，先圣孔子祭、诞日及逢年过节小祭，设司仪二员，掌祭祀礼仪。另设礼生十二名负责祭器、祭品陈设，祭祀时鸣赞、引赞、奠帛、献爵、读祝。又设司乐二员，掌祭祀乐舞，辖乐舞生三十二名，负责祭祀时的乐器演奏、佾舞表演。散执事官则参与大成殿助祭，担任五支祠、袭封祠等处的主祭。翰林博士作为朝廷正式官员，与衍圣公府及各地孔氏南宗支系多有公文、书信来往，设掌书二员，书写四员负责翰林公署的文移书写。

督理一员，职权不明，从其字面而言，具有督导、总管之意；从其排位而言，仅次于翰林博士，职权应该是相当大的，卫士十名、洒扫丁十六名应归其所掌。卫士，即翰林博士的私人卫队，额设十名，是翰林博士权力的象征。卫士的设置既是对翰林博士的保护，又是对南宗孔府私有财产的保护，更主要的则是为了便于翰林博士行使职权，统治孔氏南宗族众，统治南宗孔府的乐舞生、礼生及庙户、佃户。孔府庙户的设置，始于唐开元二十七年（739）"赐百户洒扫庙庭"。[1]翰林公署额设洒扫丁十六名，当属南宗孔府的庙户，只是其不以户计而以丁口计。这些洒扫丁除"耕种之外，复供应庙墓洒扫及一应府中催粮办祭，搬运口粮、祭品，岁修各处水火，更夫轮番值宿，伺候呼唤"[2]。

杭州凤山门外有万松书院，自弘治十一年（1498）建成以来，素以孔氏南宗圣裔派员祭祀。清康熙五十五年（1716），圣祖南巡，御书"浙水敷文"额匾于院，遂更名为敷文书院。[3]驻杭（州）执事官即负责敷文书院祭祀。

同治八年（1869），浙江督学徐树铭奏请将龙游荒田约二千亩，拨入衢州孔氏

---

[1] 乾隆《曲阜县志》卷二十二。
[2] 曲阜孔府档案1506之十五。
[3] 《孔氏南宗考略》之《杭州敷文书院考》。

南宗家庙,作为祀产。此后,又于九年(1870)、十一年(1872),先后将龙永安、龙秋元、龙向义等户名下的无主荒田,拨入翰林博士孔氏户,计田一千六百二十二亩一分二厘,地二亩五分五厘,山十五亩四分五厘,塘六亩四分六厘,历充族中赈济及拨补家塾经费。如此仅龙游一地,翰林博士所掌握的土地当在3600亩以上,故设驻龙(游)执事官一员,以掌其事,其职权兼有屯官之意。

二、与衍圣公府机构设置的比较

清代曲阜衍圣公府沿袭明制,设百户、管勾、司乐、曲籍、知印、掌书六厅,其编制、职权与翰林公署对照列表如下,从中管窥南宗孔府机构设置的特色。

衍圣公府				翰林公署	
农司	管勾厅	管勾一员	屯官九名	驻龙执事官一员	
兵司	百户厅	百户一员	健丁八十名	督理一员	洒扫丁十六名
					卫士十名
乐司	司乐厅	司乐一员	乐舞生二百四十名	司乐二员	乐舞生三十二名
礼司	典籍厅	典籍一员	礼生八十名	典籍一员	礼生十六名
				司仪二员	
知印厅			知印一员	(翰林博士自掌印信)	
掌书厅			掌书一员,书写一员,差奏一员	掌书二员,书写四员	
其他属官			随朝伴官大员	(清初有随朝、伴官等名)	
			执事官四十员	散执事官四至八员	
			翰林博士、学正、学录	驻杭执事官一员	

由此表可见,翰林公署机构设置的最大特点在于其是仿照曲阜衍圣公府的机构编制设立的。衍圣公府六厅及其他属官,翰林公署基本上均有同等性质的属官与之相对应,只是级别、规模较小。由于衍圣公府与翰林公署均为管理孔氏家族内部事务的官方机构,只是衍圣公与翰林博士级别有差异,所辖范围有差异,两者机构的相似性和级别、规模上的差异性也就不难理解了。

翰林公署作为衍圣公府的一个独立下属机构，其机构设置又具有自身特点。衍圣公府的百户、管勾、司乐、典籍四厅，简称兵、农、乐、礼四司，是孔府机构的核心，是孔府统治乐舞生、礼生和庙户、佃户的主要工具，翰林公署虽一一有所设置，但在职权上有所偏向。

翰林公署的机构设置主要集中于礼、乐方面。礼司设典籍一员，掌典制、收藏；设司仪二员，掌祭祀礼仪，其分工比衍圣公府更细，职责更为明确。乐司则设司乐二员分掌。乐舞生、礼生的相对额数也较大。这些与翰林博士主衢州家庙祀的职责是密切相关的。

而兵、农二司则力量相对较弱。翰林公署仅设督理一员负责兵、农二司，其卫士额数仅占衍圣公府额数的12.5%，但却是拥有一定自主军事力量的象征。衍圣公府仅御赐庙户一项，乾隆二十五年（1760）核定"林庙、尼山共存庙户一百零三户，四千八百五十丁"，[1]如果加上妇孺在内，庙户人口数当超万户。而翰林公署农司名下额定庙户（洒扫丁）仅十六丁，加上妇孺，不过百口，不足1%。故龙游田产需额设驻龙执事官一员，以掌其事。翰林公署正是通过督理、驻龙执事官，掌管着南宗孔府的万亩田地、山塘，[2]掌管着一定数量的庙户和佃户。兵、农二司的这种设置与翰林博士官秩正八品的地位是相适应的，也是符合孔氏南宗自身特点的。

总之，不论其规模大小，翰林公署仍然参照衍圣公府的机构，将兵、农、礼、乐四司设置完备。从而使清末的南宗孔府不再仅仅是一个世袭贵族地主的府第，而与衍圣公府一样，是一个统治着一定数量的土地和人民、拥有一定自主军事力量的，具体而微的象征性的政权。从这一点而言，它赋予了清末南宗孔府以鲜明的开府诸侯的特色。

---

[1] 曲阜孔府档案5071之二十九。
[2] 民国时衢县有孔氏田4240亩，孔氏地1108亩，孔氏山359亩，孔氏塘161亩，祭田495亩。加上学田、龙游田产，南宗孔府拥有田地、山塘总计当在万亩左右。

孔氏南宗谱牒述略

刘国庆

孔子乃万世师表。衢州南宗为孔子嫡裔,声名事物,弁冕中华。南渡八百七十年来,子孙藩衍,蔚为巨族。

谱牒,又称宗谱、家谱,是封建社会宗族共同体存在的文字形式。其内容包括本族源流世系、族籍登记、先贤礼赞、界址墓图及各类规训等,是中华民族传统文化的宝贵遗产。民国时期,著名学者刘成禺拟编纂《孔子世家》,曾征求圣裔事迹于衢州孔氏南宗奉祀官府,惟迭经兵燹,南宗谱牒已乏完帙。迨至今日,其修纂情况更鲜为人知。爰采撷各种史料,将孔氏南宗谱牒历代修纂情况述略如下:

考孔氏旧谱创始于北宋四十六代孙、刑部侍郎孔宗翰。其知洪州时,于元丰八年(1085)镂板行于世。此谱仅收录直系长子长孙,颇为疏略。识者曾叹之:"宗族世有贤俊,苟非见于史册,即后世泯然不闻,是可痛也。"此旧谱建炎南渡时尚存。四十八代孙赐进士第历秘书著作司勋员外朝散郎知临江军事孔端朝曾叙述此谱南渡后之遭遇:"宣和末,金人入寇,靖康丙午,群盗起,家所蓄藏,荡然云散。建炎戊申十月,端朝不得已去林庙南奔。明年己酉八月,蒙恩以孔氏子孙,特差徽州黟县令。后二年辛亥四月赴官。六月张琪犯徽州,黟之四境,焚杀一空。端朝与幼男奔山间,仅得不死。携上世诰敕,祖父遗书,生生之资皆失之矣。独此谱山中人得之,转以见归。"

绍兴五年(1135),桐汭守丹阳洪兴祖以"太史公作孔子世家,序防叔以来至欢而止;前汉孔光传,序孔鲤以来至均而止;后汉孔僖,序均以来至完而止;太子贤注,序羑以来至德伦而止;唐宰相世系表,序徵仲以来至昭俭而止;孔宗翰家谱,叙仲尼以来至若蒙而止;唐艺文志,有孔子系叶传一卷,其书今亡。

今得旧谱于孔氏,虽号古本,刊谬颇多,因以历代史、诸家书、前世石刻,互相参考;缺者补之,误者正之,疑似者两存焉。又求《左传》《史记》作先圣年谱列于卷首"。

宋景定三年(1262),五十一代孙孔应得惜洪兴祖之谱"自四十七世而后续刊者,讹误颇多。先祖景丛子尝欲刊而未果,今又数十年矣。应得蒙恩赘贰于兹,幸公务简静,因得考阅数月,乃以家庭所见闻,正续刊之误绪,撰成《家谱正误》"。

孔应得,旧名文在,字德夫,号退学,柯山书院山长孔元龙之子。嘉熙二年(1238)补入太学。淳祐元年(1241),驾幸太学,赐同进士出身,任吉州泰和县主簿。秩满,还衢,槐城王国用送行诗有:"携取鹤归清献里,载将书入仲尼家"。孔应得后历绍兴、临安府教授。景定中,以奉议郎添差通判广德军,兼管内营田事,《家谱正误》即于此时完成。咸淳三年(1267),以国子监丞轮对,发明《中庸》《大学》之旨,帝嘉奖曰:"卿所奏皆得先圣渊源之学。"旋知安古州、台州,累官资政殿学士,谏议大夫、签书枢密院事。

元大德四年(1300),五十三世孙孔津与北宗孔淑等重修。孔津,字世鲁。先继衍圣公孔洙嗣,改名楷,字鲁林。至元二十八年(1291),有司以大宗世嗣,举闻于朝,授常州路教授。秩满,宰相搭拉罕以孔氏子孙,特升承恩郎、遂昌县尹。给由赴都,得与曲阜五十三代秘书省著作郎孔淑,参订南北宗图,合为一本。又以寓衢缘由,并历代优免赋役曲故,具陈朝省,当蒙行移,一体存恤。再授崇安县尹。年四十五卒,赠奉训大夫,兖州知州。著有《鲁林集》一卷。后族议孔楷与孔洙为兄弟行,以弟继兄,宗法不顺,告庙归宗,乃立孔楷长子思许,以继孔洙后。

元天历二年(1329),五十三代孙、平江路吴江州判官孔涛往谒曲阜阙里,拜展林墓,惇叙宗次。孔涛认为,建炎初四十七世孙中奉开国男孔传偕四十八代孙袭封衍圣公孔端友扈从高宗南渡,寓居衢州,庙宇祀田皆出敕赐，承袭封爵，代不乏人。惟元至元间，五十三代孙孔洙奉诏返鲁奉祀，不忍远离三衢坟林祠庙，"宁违荣，不违亲"，遂让爵与鲁之宗弟孔治承袭，而爵遂弗及南。鉴于建炎南渡后，南北阻隔百有余载，世系多不相知。犹恐来者罔闻，遂与曲阜五十四代孙、袭封衍圣公孔思晦、崇安尹孔思楷编订谱系，并录汉时典章。

孔涛既没，五十四代孙常山尹孔思朴曾于元至正十六年（1365）重修。孔思朴，字淳道。元末，恩授德兴县主簿，调寿昌、常山，升衢州路经历、常山县尹。入明，守衢州总制官辟参赞屯练，摄金斗翼元帅府都事，以疾辞。任衢庭族长，主祀事。

明洪武二十一年（1388），五十四代孙、西安礼科给事中孔思模持谱归拜林庙，修祀会族，与北宗五十六代衍圣公孔希学等参究碑刻，编序宗次，子孙有未载及事业缺略者悉补之，讹舛者正之，葳蕤明辨，灿然在目。继而，袭封衍圣公府、曲阜县各移文至衢，特表尊祖敬宗之意，复书南渡庙额及同宗图卷为别。孔思模还衢，袭封衍圣公孔希学作《送五十四代孔思模西安教谕南还》，诗云："派出仙源本一宗，余枝绍祖固难同。三衢岁久成家业，千里心诚谒圣容。夜饮醉归槐市月，春衣香惹杏坛风。愿期南北贤诸族，与道绵绵万古隆。"曲阜尹孔克伸赠诗云："靖康兵起祖分违，从此南还作两枝。宋室尚存前日传，孔庭犹记旧时碑。忍将别意题诗句，且把宗盟付酒卮。去去频当寄家信，秋风勿使雁来迟。"此年秋，孔思模南还，以宗子孔希学所染庙额刊以揭之，又欲取孔涛旧谱，续以祖庭闻见，诚恐僭逾，有所不敢，兹以孔氏实录、纂要等书采摭统绪，自先圣祖以下逮五十七代，从源至流，继承传系、名字、言行之当记及附典故年爵之梗概，删繁就简，编写成帙，题曰"《东家举要》"。

明正统十二年（1447），五十六代孙三衢孔希承念"历年既久，南北子孙蕃盛如瓜瓞之绵绵，螽斯之蛰蛰。有未增入者，悉广搜博访其行第字表并隐显事迹,大书其纲,分注其目,井然有条,秩然有序,命工锓梓,以示来世"。

明弘治间,衢州知府沈杰悯三衢大宗嫡裔,奏称三衢家庙自五十三世孔洙让爵后,缺官奉祀,衣冠礼仪,猥同氓庶。今访得孔洙之六世孙孔彦绳,请授以官,俾主祀事,又言其先世祭田,洪武初,轻则起科,后改重征税,请仍改轻,以供祀费。帝可之。正德元年(1506),授孔彦绳翰林院五经博士,子孙世袭,并减其祭田之税。衢宗之袭封,中断二百二十五年,祭田之重则起科,亦六十年矣。

嘉靖三年(1524),六十代孙三衢世袭翰林院五经博士孔承美重修家谱。孔承美,字承实,号菱湖,孔彦绳子。正德十四年(1519),承袭翰林院五经博士,主奉衢州先圣祀事。省拜阙里林庙,会叙宗族,及还,即以振家声为己任。十五年,巡按御史唐凤仪临衢,孔承美以宋建庙,元燹于兵,永乐初修葺之城南家庙,浅狭卑陋,不称崇祀,且又日久颓敝,乞将西安县学旧址,鼎迁改建,以妥圣灵。唐慨然曰:"圣人之道,衣被万世,宗祠家庙,尤圣灵所眷注者,庙貌不严,诚为缺典。"乃具疏以请,诏许之。动支库银,委官督造,又创宅一区,以处博士。事竣,嘉靖改元,诣阙谢恩,赐宴慰劳,驰驿以归。嘉靖三年(1524),孔承美家统,继春秋笔法,有善必录,有过必惩,虽孝子慈孙莫能掩其私,通守礼法之严,编订宗谱以明世派,以正行名。嘉靖八年(1529),孔彦绳卒,年五十八。

明万历四十年(1612),六十二代孙、袭封翰林院五经博士孔闻音,学识渊雅,于谱系颇多订正。民国奉祀府存传抄谱,犹有余绪存焉。清乾隆十三年(1748),乾隆帝东巡驾幸曲阜庙陵,衢州六十八代孙、承袭翰林院五经博士孔传锦前往迎驾观礼庙庭,因便观宗谱,遂与东鲁诸宗人考世系,序昭穆,一本之传,灿然在目。于是,请得万历年旧牒以归圣公,遂各有诗以为赠行。

清道光十七年(1337),有修谱之议,不果行。七十一世孙孔昭焜甚为叹惜,乃取六十二世孔闻音所订谱系,重加考录,补接袭封一派,存什一于千百,手写成帙,即奉祀府传抄本。迨至民国,徐映璞纂《孔氏南宗考略》时,尚存《袭封位下传抄旧谱》《博士署抄谱》《南门支传抄谱》《沟溪传抄谱》《乌桥支传抄谱》《庙前支传抄谱》等。

斗转星移,世事沧桑。孔氏南宗谱牒传而今已寥若星辰。己卯初秋,衢县沟溪孔祥驹、孔祥云先生以《续修沟溪支谱》见示,邀余拟定编修体例,并询及南宗谱牒纂修之概况,嘱余撰之。故成此篇,聊以塞责。惟求方家进而教之。

后记一

孔氏南宗家庙是历史文化名城衢州的重要组成部分。八百多年来,孔氏南宗家庙对衢州的政治、经济、文化产生了重大而深刻的影响,特别是在文化方面,其影响更是持久而深远。但长期以来却没有一部全面系统记述孔氏南宗家庙的志书,这与衢州这个历史文化名城的地位很不相称。为了弥补这一缺憾,加快孔氏南宗文化研究、丰富历史文化名城的文化内涵,在市领导的支持下,1998年由市文化局牵头,着手进行《孔氏南宗家庙志》的编纂准备工作。

1999年4月,《衢州孔氏南宗家庙志》编纂会议在市文化局召开。志书编写和工作人员十八人参加了会议,研究和讨论编纂事宜,确定人员分工,制定编写计划。志书编纂自此正式开始。

在编写过程中,编写人员查阅了市博物馆孔氏南宗档案、图书馆藏书及个人藏书,并派专人前往北京、曲阜、南京、上海、杭州等地查找资料。同时进行实地采访和调查,千方百计收集资料。董志珍采集到的明沈杰《三衢家庙志》,系北京图书馆善本。期间又多次召开编写工作会议,探讨和解决编纂中出现的各种问题。经过一年半的努力,三易其稿,《衢州孔氏南宗家庙志》送审稿终于完成。

参加本志各章初稿的编写人员是:凡例、大事记,王学莉;概述,徐寿昌;第一章,王学莉、詹剑、孔柳先;第二章,王家寿、詹剑;第三章,詹剑、王克;第四章,黄吉士、周樟华、詹剑;第五章,徐寿昌、詹剑;第六章,刘国庆、董志珍;第七章,徐雪莲、潘三古;第八章,刘国庆、崔铭先、鄢卫建、陈定謇。谢昌智负责全书总纂。

此外,柴福有等同志提供了孔府发掘资料,崔铭先提供了孔研会论文,市博物馆提供了孔庙图片,王洁廉、陈笑贞提供了孔府图片。封面照片由何钟永提供。

编写本志参考资料有:宋《东家杂记》《孔氏祖庭广记》,明《三衢家庙志》《衢州府志》《曲阜孔府档案》,清《衢州府志》《西安县志》《曲阜孔府档案》,民国《衢县志》《两浙史事丛稿》《浙江通志》《孔氏宗谱》,现代《孔府研究》《中国家族制度史》《清代宗族法研究》《衢州市志》《衢县志》《南宗圣地衢州孔氏家庙》《南孔圣地——衢州》《中国历史文化名城衢州》等。限于篇幅不一一注明,谨向作者和资料提供者深表谢意。

本志书的编纂始终得到市委、市政府和市政协的极大关注和指导,也得到了有关部门和单位以及专家学者、热心群众的大力支持和帮助,值此付梓之际,谨向为编纂出版本志作出贡献的同志们表示衷心的感谢。

由于孔氏南宗家庙记录保存下来的资料很少,加上历次战乱的损毁,使得资料更为匮乏,这无疑给编写工作造成了很大难度;同时由于时间仓促,编写力量不足,水平有限,且无蓝本可以借鉴,疏漏、缺陷和错误之处在所难免,敬希领导、专家和广大读者不吝指教。

编　者
2000年10月

后记二

2001年出版的《孔氏南宗家庙志》是一部里程碑式的著作，是对民国以前孔氏南宗历史的系统总结。为了把好编撰的质量关，当时专门成立了志书成立编撰委员会。委员会主任由孔子75代嫡长孙孔祥楷先生担任，谢昌智、崔铭先二先生担任副主任，成员有戴志敏、王克、董志珍、刘国庆、徐寿昌、王家寿、陈定謇、鄢卫建等。还专门成立了写作班子，主编是谢昌智先生，编纂人员按照姓氏笔画排序，有王克、王学莉、王家寿、孔柳先、刘国庆、陈定謇、周樟华、徐寿昌、徐雪莲、崔铭先、董吉士、董志珍、鄢卫建、詹剑、潘三古等15人。正是他们在史料稀缺的条件下，克服种种困难完成了这项填补空白的著作。15年后，我们重新再看此志书，依然是难以轻易逾越的高峰。

2013年，衢州市文广新局开始编纂《衢州文库》。南孔文化、孔氏南宗家庙依然是我们不能回避的重要课题。10余年来，我们对孔氏南宗及其家庙的历史虽有重大突破，但依然不能否认前志在体例、内容上的成绩。为此丛书编委会经过认真商讨，决定对志书加以修改，并以《东南阙里——衢州孔氏南宗家庙》为题重新出版。具体的修改工作由南宗历史专家徐寿昌先生撰写初稿，最后由詹剑先生最后改定；主要内容涉及概述、第一章南宗第一至第三节、第三章孔府、第五章人物以及大事记中的部分内容，特别是关于南渡时间、孔洙子孙部分的修改。本书的编撰原则"重古略今"，内容依然以揭示南宗历史文化为主。对于近现代以来的部分争议暂不做详尽论述。因为编写力量的不足，不到之处敬请方家批评指正。

编 者

2016年10月